反韓
내셔널리즘
의
계보학

일동학연구총서2

反韓
내셔널리즘
의
계보학

이노우에 아쓰시 지음
이기원 옮김

보고사
BOGOSA

서문

한일관계(조일관계)에 관한 저작은 다수 존재한다. 특히 1990년대의 조선통신사에 관한 활발한 연구를 계기로 종군위안부 문제나 독도 문제, 한류 혹은 혐한류, 한국의 급속한 경제성장이나 정권변동, 그리고 최근의 한국에서의 '반일' 동향의 분석 등 30년간의 한국·조선시대에 관한 저작은 확실히 증대하고 있다.

그러나 조경달이 "일본 근대사 연구자의 대다수는 한국사에 대한 관심이 더욱 희박하다. 이웃나라의 역사임에도 불구하고 유럽이나 중국의 역사만큼이나 한국의 역사를 알지 못하는 듯하다"[1]고 지적하고 있듯이 드라마·화장품·가요·식품 등의 대중문화, 혹은 정치·경제·외교 문제 등의 사회과학 분야 연구와 비교하여 역사·사상 관계 연구는 확실히 '희박'하다고 할 수밖에 없다.

하우봉의 『조선실학자가 본 근세 일본』(페리칸사, 2001)을 번역 출판한 이래로 나는 항상 '어째서 한일관계에는 말로 할 수 없는 음습한 이미지가 따라다니는가'를 자문해왔다. 한일관계에는 처리하지 못한 지하수맥이 도도하게 흘러 정치 상황이나 경제 상황이 불안정에 빠지면 지하에서 솟아오르는 듯 등에 짊어진 과거의 유물이 소생하여 한일관계가 비방 중상에 내몰리는 것을 통절한 마음으로 지켜봐 왔다. 미처

---

1 趙景達, 『近世日韓關係史』, 有志舍, 2012, i쪽.

리 지하수맥을 분명하게 해독할 필요가 있는 것은 아닌가? 한일사상사 연구자의 한 사람으로서 최근 급속하게 그러한 생각이 강해졌다.

이 책은 그러한 나의 과거 20년간 써내려온 글을 다시 논의에 올리면서 한일관계가 왜 비방 중상의 언설로 얼룩져버렸는지의 문제를 언설 편성에 주목하면서 분석을 시도한 것이다. 분석에 있어서 언제나 염두에 둔 것은 대학원 시절에 배운 미셸 푸코의 다음과 같은 메시지였다.

'심성'이나 '정신'의 관념으로 해도 그러한데 이러한 관념으로 혹은 한 시기의 동시적인, 혹은 계기적인 현상들 간에 의미의 공통성, 상징적인 연결, 유사와 거울과의 운동 등을 세우는 것이 가능하게 되고-혹은 또한 통일성 및 설명의 원리로서 집합의식의 지상권이 생긴다. 이러한 발생한 종합, 통상 모든 검토 이전에 인정받는 집합, 처음부터 그 유효성이 인지되는 결합 등을 다시 물어볼 필요가 있다. 그러한 것들 사이에서 다양한 언설(discourse)을 연결하는 습관을 부여하는 이러한 애매한 형식과 힘을 군집에서 끌어내는 것이 필요하다. 이러한 것이 지배하는 어둠에서 그것을 쫓아내는 것이 필요하다. 그리고 그러한 것을 자연발생적으로 가치 있을 때까지 두기보다는 방법상의 배려에서 또한 무엇을 제쳐놓는다 해도 분산된 사건의 집합만을 상대로 하는 것을 받아들이는 일이다.[2]

푸코는 '심성'이나 '정신'을 '다시 묻는 것이 필요'하며 '분산된 사건의 집합만을 상대로 해야' 한다고 말한다. 그러나 나에게는 아무튼 실제로 '심성'이나 '정신'에 관한 언설을 분석하여 논문을 쓰지 않으면 푸코가 의도하는 것을 이해할 수 없다는 생각이 든다. 그 때문에 분석 대상을 이것저것 이동시키면서 '다양한 언설(언술)을 결합하는 습관을

2 ミシェルフーコー(中村雄二郎 譯), 『知の考古學』, 河出書房新社, 1981, 36쪽.

부여하는 이러한 애매한 형식과 힘'에 의식을 집중시켜 그것을 '군집에서 끌어내는' 것을 시도해 왔다.

일본인은 한국인을 어떻게 인식하면서 언설을 생산해 왔는가? 그것을 탐구하기 위해 지식인이 남긴 텍스트뿐만이 아니라 지방 관료가 남긴 텍스트, 서민이 남긴 텍스트, 재일한국, 재일조선인이 남긴 텍스트 등의 언설 분석을 통해 거기에서 어떠한 변동이 있는지를 확인하면서 언설을 결합시키는 '애매한 형식과 힘'의 추출에 의식을 집중시켜 분석하려 한 것이다.

그러면 그 '애매한 형식과 힘'이란 무엇인가? 결론부터 말한다면 그 것은 국가가 우리들의 상호 인식에 미치는 거대한 힘이다. 특히 1990년대 후반의 일본 역사 교과서 문제에 발단한 일련의 계쟁(係爭)소송, 즉 전 종군위안부 문제, 독도 문제, 전 징용공 문제 등에서 양 국민의 국가 관념은 망설일 것도 없이 고양되어 이대로 간다면 한일관계는 파탄 나는 것이 아닌가 하는 걱정조차 안고 있을 정도로 한일관계는 지금 불가역적인 상호 불신으로 발전하고 있다.

이 책은 그러한 한일관계의 언설 편성에서 작용하는 '애매한 형식과 힘'을 추출하여 출구가 보이지 않는 상호 불신의 소용돌이에서의 탈출을 목적으로 편집된 텍스트이다.

또한 한국과 조선의 호칭에 대해서도 원칙으로서 조선왕조기에 관한 것은 조선을, 근대에 관하여 전전(戰前)은 조선을, 전후(前後) 대한민국과 조선민주주의인민공화국으로 분단된 이후는 한국과 북한을 병용한다.

한국어판 서문

　이 책은 2001년에 하우봉의 『조선후기 실학자의 일본관 연구』를 일본어로 번역 출판한 이래 내가 한일관계에 관해 발표한 논문을 모은 논문집이다. 발표의 장은 주로 일본의 학회지나 학술잡지였는데 한국에서 발표하는 기회도 적지 않게 있었고 그 때마다 한국에서 생각한 것이 토대가 되어 있다. 이른바 한국과 일본을 왕래하면서 생각한 것의 집대성이라 할 수 있다.

　한일관계에 관한 서적은 매년 다수 출판되고 있는데 이 책의 독자적인 점이라고 한다면 내가 근무하는 대학이 독도의 영유를 주장하는 시마네현에 있는 시마네현립대학이라는 점일 것이다. 시마네현이나 일본 외무성과 한국 외교부와의 사이에서 반복적으로 퍼져가는 극심한 영토문제에 대한 논쟁을 당사자로서 학생들과 함께 들었다. 나의 전공은 텍스트 해석에 관한 언설분석이며 영토문제와는 인연이 없는 영역이다. 이 때문에 나는 독도의 영유나 귀속에 관해 발언할 자격이 없지만 영토문제란 기본적으로 외교문제이며 특히 전근대의 영토 영유에 관한 문제는 역사학이 안고 있는 영역이 아닌가하고 생각한다. 전근대에 근대와 같은 영유권이 의식되지는 않았을 것이다.

　그 대신 내가 이 책에서 추구한 것은 전근대(근세)에 일본인이 어떻게 하여 반한 내셔널리즘을 배양해 왔는가, 그 메커니즘을 밝히는 것이었다. 제5장 〈이예와 이와미를 둘러싼 한일관계〉에서 분석한 것처럼

에도시대에 쓰인 양국의 텍스트를 정밀하게 읽어보면 이와미 지방(시마네현)과 조선왕조는 아주 우호적인 관계를 갖고 있었다는 역사적 사실을 발굴할 수 있다. 그러나 그러면서 한편으로는 전근대 일본인의 반한 감정은 서서히 높아져 그것이 현재와 같이 수복불가능한 듯 한 악화된 관계까지 와버린 것을 생각할 때 어째서 우리들은 그것을 방지할 수 없었는가라는 자책감에 휩싸인다.

대학이란 젊은 세대의 학생을 교육하는 장이다. K팝에 관심을 가진 것을 계기로 한국어를 공부하려고 입학하는 일본인 학생이 많다. 그러나 한일관계가 여기까지 악화하여 또 코로나19 문제에 의한 입국 제한도 영향이 있어서 한국 유학을 희망하는 학생은 격감하고 있다. 또한 한국에서 일본에 유학하고 있는 학생도 비슷한 모양새이다. 한일관계의 악화가 이러한 다음 세대를 짊어질 젊은 세대에 커다란 악영향을 미치고 있는 것을 양국의 정치가는 더욱 깊이 인식해야 하지 않겠는가?

또한 이 책의 일본인의 반한 내셔널리즘의 분석에서 또 하나 의식한 것은 재일한국·조선인의 언설을 무시하지 않는 일이었다. 일본에서의 재일한국·조선인 연구는 특수한 영역으로 취급되어 한일관계 연구에서 거의 무시되었다. 그러나 그들의 언설을 정당하게 평가하는 것은 역사적으로 생각해봐도 분명히 영토문제 이상으로 중요한 것이다.

이 책의 원제는『상극의 한일관계사』였는데 한국에서의 출판을 생각하여 제목을『反韓 내셔널리즘의 계보학』으로 했다. 일본의 난해한 고문서의 해독 등 전문적 내용을 많이 포함하고 있어서 결코 읽기 쉬운 책이라고는 말할 수 없는데 한일관계의 개선을 바라는 사람들에게 조금이라도 참고가 되는 부분이 있다면 다행이다.

번역은 알게 된 당시는 아직 교토대학 대학원 학생으로 석사논문을 쓰던 이기원 씨에게 부탁했다. 지금은 훌륭한 일본사상사 연구자가 된

이기원 씨의 폭넓은 학식과 열의가 없었다면 이 책의 출판은 없었을 것이다. 이기원 씨에게 감사를 드린다.

2022년 2월 20일
이노우에 아쓰시

역자의 말

한일관계를 다루는 저서의 대부분은 본서에서도 언급하고 있는 것처럼 주로 조선통신사, 영토 영유권, 강제징용, 종군위안부, 혐한류 등 한일 간의 첨예한 대립과 그 해결방안의 모색을 담고 있다. 하지만 그러한 노력에도 불구하고 최근 한일관계는 파탄의 지경에 까지 이르렀다는 여론이 많다. 한일 간 산적한 문제는 어째서 해결되지 않는 것일까?

여기서 하나의 질문이 떠오른다. 한일 간 문제가 해결되지 않는 것은 동일한 사건에서 한국과 일본 양국이 서로 보는 시점이 다르기 때문일까? 여기서 중요한 것은 일본인들의 인식론적 논리 배후에 있는 인식론적 프로세스를 파악하는 것이다. 일본인들의 사물을 이해하고 판단하는 인식론적 논리를 이해하는 것이 한일 간 대립된 문제를 해결할 수 있는 하나의 방법이 될 수 있다고 생각한다.

본서는 책 제목에서 알 수 있듯이 일본에서 반한 내셔널리즘의 계보를 '언설편성'이라는 측면에서 고찰했다. 저자인 이노우에 아쓰시 교수는 동아시아사상사 및 한국과 일본사상을 연구하는 사상사 연구자이다. 사상사 연구자이기에 가능한 '언설' 분석은 인식론적 논리와 인식론적 편성의 심층에 있는 것을 표면으로 끌어낸다. 예를 들어 본서에서 분석한 것처럼 일본이 조선을 식민지하면서 조선을 일본에 동화시키고자 취한 동화정책이란 언어와 정신을 바꾸는 것이었다. 언어와 정신을 바꾸기 위해 일본어의 사용과 유교식 제사를 없애고 일본식의 신사

참배로 제례 의식을 강제했다. 이러한 방법으로 조선인들의 정신이 바뀔 것이라고 판단했다. 언어와 제례는 외형적인 것이다. 일본은 외형적인 것을 바꾸면 내면의 마음이나 정신도 바뀔 것이라 판단했다.

이러한 일본인들의 인식론적 판단은 '신체적 사고' 즉 '신체지'에 중점을 둔 사유구조라 할 수 있다. 일본인들은 정신을 바꾸기 위해 신체에 습속화 시키면 그것이 마음에 영향을 준다고 판단했다. 그러나 조선인들은 외형적인 것이 바뀐다고 해서 내면도 바뀐다고 생각하지 않았다. 이러한 점에서 보면 한국인들과 일본인들의 사물을 보고 판단하는 방식의 상이성이 보인다. 본서는 '언설편성'이라는 분석 틀로 한일관계에서 지속적으로 나타나는 반일, 배일, 멸시관에 대한 문제를 전근대에서 현대에 이르는 방대한 사상가들의 저서와 사료의 정밀한 분석을 통해 밝히고 있다.

이 책에는 또한 이노우에 교수의 한일관계의 회복을 바라는 절실함이 드러나 있다. 본서에서도 강조한 것처럼 고통을 받은 피해자, 약자의 입장에서 상대방을 응시해야 한다는 사상사 연구자의 시선이 있다. 또한 일본에 거주하는 재일한국인 뿐만 아니라 재일조선인의 문제까지도 시야에 넣고 한일관계를 조망하고 있다. 재일조선인 문제는 연구자들의 시야에 잘 포착되지 않는 부분이 있었다. 재일한국인·재일조선인들의 아이덴티티 문제의 중요성을 거듭 주장하고 있다.

이노우에 교수는 이 책의 마지막에서 "내셔널리즘에서 시티즌십으로의 전환이 요구된다. 아시아에 사는 시민의 한 사람으로서 우리들이 할 수 있는 것을 모색해 가는 일, 그 뜻을 지속하는 가운데 희망이 있다고 믿는다"고 하여 '아시아적 시민'으로서 할 수 있는 일을 지속가능하게 만들어가는 것에 희망을 걸고 있다. 역자 또한 지속가능한 한국과 일본을 위해 할 수 있는 일을 중단없이 지속해나가는 일에 희망이 있다고 믿는다. 이 책을 통해 우리들은 무엇을 해야 하는가를 다시 한 번 생각해보는 계기가 된다면 그것으로도 충분하다고 생각한다.

이 『반한 내셔널리즘의 계보학』은 어느 한쪽의 시점을 취하지 않고 중용적 입장에서 한일관계를 바라보지만 약자, 피해자의 입장에서 문제를 보는 것의 중요성을 거듭 강조한다. 이 시점에서 타자와 어떻게 공존하며 살아가야 하는가에 대해 생각해보는 시간을 갖는 것도 필요하지 않겠는가? 미래의 한일관계가 파탄이 아닌 희망의 시대가 되기를 희구하면서 이 책을 번역했다.

한일관계에서 아주 중요한 내용을 담은 이 책의 출판을 흔쾌히 승락한 보고사에 감사드린다. 출판사정이 어려운 점을 감안하면 감사한 일이다. 또한 이 책은 강원대학교 일본연구센터에서 발행하는 총서로 일본연구센터의 출판지원을 받았다. 일본연구센터장을 맡고 계신 황소연 학장님께 지면을 빌려 감사의 말씀을 드린다.

2022년 3월 1일
역자 이기원

[추신]

『반한 내셔널리즘의 계보학』의 2차 수정에 몰두하던 2022년 4월 14일 오전, 한통의 메일을 받았다. 저자 이노우에 아쓰시 교수님이 4월 11일(월)에 갑자기 돌아가셨다는 내용이었다. 너무나 황망한 비보였다. 한일관계의 회복을 위해 이노우에 아쓰시 교수님이 할 일은 아직도 산적해 있는데 너무 빨리 가셨다. 이노우에 아쓰시 교수님의 남겨진 과제는 후학도의 숙제라 생각하며 이 책을 고인의 영전에 바친다.

목차

제1장

한일관계에서 멸시관의 변용

1. '당인(唐人)'에서 '조선'으로

일본에서 한국·북한은 지리적으로도 가장 가까운 외국이다. 그 때문에 한일 양국은 고대 이래로 정치, 경제, 역사, 문화, 예술 등 모든 영역에서 다른 어느 두 나라보다도 긴밀한 관계를 유지해 왔다. 최근에는 종군위안부 문제, 독도 문제, 징용공 문제 등 어려운 정치 과제에 직면하는 한편으로 여전히 대중문화의 상호 침투나 관광객의 상호 방문은 착실히 증가하고 있다.

그러나 이러한 대립과 유화(宥和)가 서로 대립하는 한일관계는 도요토미 히데요시의 조선 침략, 조선통신사의 왕래와 종료, 1910년부터 45년까지의 식민지 지배, 그리고 1965년의 한일기본조약의 체결 등, 실로 400년 이상도 넘는 파행적 관계 안에서 구축되어 온 특별한 심성에 관한 문제가 있다. 그것은 우리들 일본인은 왜 '조선'이라는 언어에 막연히 모멸과 공포를 느끼는가. 또 그것은 왜 형언할 수 없는 음습한 이미지를 동반하는가 하는 문제이다.

1980년대 '조선'이라는 말이 어느 정도의 차별어로 일본인 사이에서 사용되었는지에 대해 이상호와 양태경은 다음과 같이 기술한다.

> 아무튼 조선인이 무엇을 하려 하면 '조선인 때문에'라고 금방 말해버리죠. 지역 사회에서도 그렇습니다. '조선인 주제에 건방진 짓을 하지 마라'라는 목소리가 나옵니다. 아이들도 그렇습니다. 다른 일로 싸워도 돌연 '조선인 주제에'라거나 '조선으로 돌아가'라는 말이 나옵니다. 극히 자연스럽게 나옵니다. '조선'이라는 말 그 자체가 차별의 무기로 사용되고 있다는 실태입니다. 아이들 사회에서도 어른들의 사회에서도 구석구석까지 그러한 의식이 널리 퍼져있구나 하는 느낌이 듭니다.[1]

> 본래 '조선'이라는 말은 하나의 보통명사이지 차별어가 아니다. 그럼에도 매도어가 되고 조롱하는 말이 되어 차별적인 의미를 가지고 말하는 경우가 있다. 차별 의식이 반영되면 차별어가 되어 버린다.[2]

전후 70년 이상이 지난 현재에서도 일본인은 고유명사의 '조선'이라는 말에서 차별이나 매도, 조롱의 뉘앙스를 불식시키지 못한다. '조선'에 대한 차별 감정을 우리들이 마음속 깊은 곳에 간직하고 있는 한 아무리 팝컬쳐가 활발히 교류되어도 우호관계는, 혹은 일과성의 것에 지나지 않고 정치나 경제, 외교 문제의 변동에 따라 쉽게 원래대로 얼어붙어 왜곡된 관계로 회귀해버릴 것이다. 한일관계에서 본질적인 우호나 신뢰를 바란다면 먼저 왜 우리들 일본인은 '조선'이라는 말에 음습한 모멸이나 공포의 감정을 부여하고 있는지를 한번 철저하게 분석해 볼 필요가 있다.

김광철은 무로마치시대(室町時代, 1336~1573)나 에도시대(江戸時代,

---

1 内海愛子·梶村秀樹·鈴木啓介 編, 『朝鮮人差別のことば』, 明石書店, 1986, 4쪽.
2 위의 책, 8쪽.

1603~1868)를 '선린우호의 시대'라 간주하는 생각을 비판한다. 그에 의
하면 무로마치시대는 신라를 일본의 '개'로 보는 신공황후담(神功皇後
談: 신공황후가 삼한을 정벌했다는『일본서기』의 이야기)이 일본의 구석구석
까지 침투하여 정착한 시기이다. 또한 도요토미 히데요시의 조선 침략
도 돌연변이적인 현상이 아니라 신공황후담적인 조선관에 기인하는 것
이다. 김광철은 에도시대도 이 신공황후담은 단절 없이 각지의 고마이
누(狛犬: 사원이나 신사 입구 등의 옆에 세우는 사자나 개 모양의 짐승상)나
민간 가구라(神樂: 신에게 제사 지낼 때 사용하는 무악)의 전승, 가부키, 조
루리의 공연 제목으로 계승되어 있다는 것을 검증하여 일본인의 조선
멸시관은 고대부터 '면면히 이어온 전통'을 갖는 것이라고 결론지었다.[3]

확실히 일본사에서 신공황후담이 헤아릴 수 없이 재발견되고 모멸
적인 텍스트가 대량 생산되어온 것을 생각하면 "도요토미 히데요시의
조선 침략의 시대를 제외하고 무로마치시대부터 에도시대까지의 400
년을 '선린우호의 시대'라 하는 '목가'적 사관은 예를 들어 선인(鮮人)
호칭 하나를 봐도, 에도시대의 대응, 사실 면에서도 역사 해명의 과학
적 사관은 되지 못한다"[4]는 비판도 수긍이 간다. 그러나 고대부터 현대
까지의 긴 시간의 경과 속에서 신공황후담이 가령 몇 번 부활했다 치더
라도 그것이 즉 일본인의 조선관이 고대부터 현대까지 일정 불변이었
다는 것을 의미하는 것은 아니다. 조선에 대한 멸시관이 어느 시대나
존재했다 해도 멸시관이 항상 같은 강도나 깊이로 일본인의 대외인식
이나 세계관을 지배해왔다고 단정하기 어렵다.

---

3 金光哲,「南北朝, 室町期における朝鮮觀の中心思想-室町時代=善隣友好の時代觀批
   判」및「江戸時代の朝鮮觀の諸相」, 金光哲,『中近世における朝鮮觀の創出』, 校倉書
   房, 1999.
4 위의 책, 〈후기〉.

이케우치 사토시는 "근세 일본의 조선 인식에 대해 아프리오리한 조선 멸시관이 재생 강화되어 근대로 계승되는 것만으로는 해결되지 않는 문제가 깊숙이 들어있다"[5]고 하여 멸시관을 '아프리오리'로 파악하는 견해를 비판하며 조선 인식에서 지역 차, 계층 차를 배려해야 한다는 것을 말한다. 다만 이케우치는 "일본인의 조선관을 고정적인 것으로 다루는 것이 아니라 변화하는(망각되어 재발견되는) 것으로 파악하고 또한 지역적인 편차를 동반한 것으로 파악한다"[6]고도 기술하고 있다. '망각되고 재발견되는' 역사는 반복된다는 순환론을 의미하고 '지역적인 편차를 동반한다'는 것이 지역의 독자성을 강조하는 지역주의를 의미한다면 그러한 관점에서 조선관에 인식론적 변용을 읽어내는 것은 곤란할 것이다.

하우봉의 『조선후기 실학자의 일본관 연구』는 17~19세기 조선 실학자의 일본 관련 기록을 조사대상으로 한 노작이다. 이 연구의 등장으로 조선 후기 실학자의 일본관의 시대적 변천을 조감할 수 있게 되었을 뿐만 아니라 근세 이후의 한일 양국의 상호 인식을 비교연구하기 위한 기초자료가 제공되었다. 이 노작의 성과를 참조하면서 한일관계에서 멸시관의 변용을 개관하고 그 위에 우리들 일본인의 '조선'에 대한 잠재적인 모멸이나 공포가 어떻게 하여 탄생하고 변용해왔는가를 고찰하고자 한다.

여기서 유의해야 하는 것은 타자를 어떻게 인식하는가 하는 대외관은 필연적으로 자기를 어떻게 인식할 것인가 하는 자의식과 서로 관련

---

5 池内敏, 『唐人殺しの世界-近世民衆の朝鮮認識』, 臨川書店, 1999, 155쪽.
6 池内敏, 『日本人の朝鮮觀はいかにして形成されたか』, 講談社, 2017, 11쪽, 동, 『大君外交と武威近世日本の國際秩序と朝鮮觀』, 名古屋大學出版會, 2006, 16쪽에도 같은 해설이 있다.

되고 있다는 것이다. 시바하라 다쿠지(芝原拓自)는 이 대외관과 자의식의 관계에 대해 "밖의 세계로의 이미지는 살아 움직이는 세계, 아시아 속에서의 일본 위치에 대한 자기 인식, 나아가 이 세계와 주체적으로 관계하려는 일본인 자의식의 하나의 반영이기도 하다. 그래서 이 자기 인식이나 자의식의 다양성이나 흔들림과 대외관의 다양성이나 흔들림과의 밀접한 관련성을 부정하지 않는다"[7]고 기술하여 자의식과 대외관이 밀접하게 관계하여 서로 영향을 주고받는다는 것을 지적한다. 그리고 걸핏하면 대외관에는 외적 세계의 실상과는 다른 허위의식, 즉 "자국의 이해가 관련되면 관련될수록 종종 불손하여 제멋대로 혹은 모멸적이 되어 단면적인 것이 되기 십상이며, 그것이 내적으로의 국민적인 관심이나 선택의 방향까지도 서서히 제약하여 특정한 진로를 납득시키고 정당화시켜 간다"[8]고 하는, 대외관에 불가피하게 부수되는 의식적인 현실의 '불손하여 제멋대로 혹은 모멸적인' 왜곡이 존재하는 것을 지적한다.

전혀 교섭이 없는 두 나라라면 몰라도 지리적으로도 역사적으로도 아주 밀접한 관계를 유지해 온 한일 양국은 어느 시대에도 서로를 의식하지 않고는 있을 수 없었다. 임진왜란, 정유재란 식민지 통치 등의 자존심의 전면적인 균형 가운데 확실히 양국의 허위의식은 서로 영향을 주고받으면서 증식해 왔다. 따라서 한일 양국의 자의식이나 대외관은 그러한 강고한 허위의식에 유지되어 자신에게 적합한 가치만을(자의식), 혹은 상대에게 좋지 않은 가치만을(대외관), '제멋대로' 집약시켜 구성된 인식이라 생각하는 것이 당연하다. 일본인의 한국관도 한국인

---

7 芝原拓自, 「對外觀とナショナリズム」, 日本近代思想大系, 『對外觀』, 岩波書店, 1988, 459쪽.

8 위의 책, 532~533쪽.

의 일본관도 모두가 허위의식이라는 거대한 괴물이 제멋대로 만들어
낸 산물에 지나지 않을지도 모른다.

　일본인은 에도시대에 조선인을 '당인(唐人=도진)'이라 하여 멸시적으
로 불렀다. 한편 같은 시기 조선에서는 일본인을 '왜놈'이라 멸시적으
로 불렀다. 그리고 양국이 근대를 맞았을 때 '당인'은 '조선'으로, '왜놈'
은 '쪽발이'로 바뀌었다. 명칭의 변화는 명칭의 배후에 있는 인식의 변
화를 의미한다. 근세에서 근대에 이르는 한일관계 안에서 상호간 멸시
적인 호칭이 다른 것으로 바뀌었다. 그것은 양국의 자의식이나 대외관
을 형성하는 인식론적 배치(에피스테메)가 변동한 것을 의미하며 거기
에 일본인의 '조선'에 대한 잠재적인 모멸이나 공포의 연원을 해명하는
열쇠가 숨어 있다고 생각된다.

2. 16세기 전후의 상호인식

　아라노 야스노리는 근대 이전의 동아시아 각국이 공유해 온 '화이질
서'에 대해 다음과 같이 설명하고 있다.

　　화이질서는 말할 필요도 없이 화이주의에 근거한다. 본래 중국 왕조
　가 주변 민족들과 대치할 때의 지배이데올로기로서 자기를 문화적 우월
　자='화(華)'라 하고, 그 외를 '이(夷)'로 하는 불손한 자존 의식에 근거해
　있다. 이러한 국가 의식은 그것이 엄밀한 의미에서의 '화이의식'이라
　할지 어떨지는 별개의 문제라 해도, 전근대 동아시아의 국가 권력이
　자주독립 의식, 즉 자율의식의 표현으로 한결같이 가지고 있었다고 생
　각된다.[9]

9　荒野泰典, 『近世日本と東アジア』, 東京大學出版會, 1988, 31쪽.

또 로널드 토비는 명대(1368~1644)의 동아시아 각국과 중국과의 대외 관계에 대해 다음과 같이 기술하고 있다.

우주 중심에 중국 황제를 두고 각국의 질서 중심에 중국을 위치시키는 중국의 표면상 질서에 대해 주변국들의 대응은 여러 가지였다. '중국형 세계질서'에 가장 열심히 참가한 것은 아마도 조선이며 가장 주저한 나라의 하나는 틀림없이 일본이다. 그 외에 예를 들어 샴(태국)처럼 무역이나 문화의 은혜만을 얻기 위할 뿐으로, 중국 중심의 세계관 복종의 형식에 어쩔 수 없이 참가한 나라도 있었다. 한편 일본의 경우 역사적으로도 중국으로의 복속에는 적극적이지 않은 면이 있었다. 왜냐하면 천황을 신격화한 신화와 깊이 결합되어 있는 자국인식이 있어서 일본보다 상위의 권위를 인정하는 것을 아주 곤란하게 여겼기 때문이다.[10]

두 사람이 지적하는 것처럼 같은 중국형 세계질서를 수용하고 그이념에 따라 세계를 화(華)와 이(夷)로 구분하는 화이질서를 공유하면서 조선은 중국 중심의 화이질서에 스스로 참가한 것에 비해 일본은 그 화이질서의 수용을 완고하게 거부하고[11], 반대로 일본 중심의 화이질서로 대체시켜 버렸다. 좋은 대조를 보이는 중화의식 안에서 한·일 양국의 상호 인식은 과연 어떠한 것이었을까?

---

10 ロナルドトビ, 『近世日本の國家形成と外交』, 創文社, 1990, 139쪽.

11 로널드 토비는 이 시기의 일중관계에 대해 "무로마치시대에 단기간이면서 아시카가 막부가 무역의 은혜를 확보하기 위해 중국의 종주권을 인정한 적이 있었는데 원래 거기에는 쇼군 요시미츠가 천황의 재가 없이 처리하려고 했다. 명의 '세계질서'의 일본 참가는 16세기 중반에 최후의 사절이 북경에 가서 그리고 얼마 지나지 않아 최후의 감합부가 불태워져 소실된 것으로 종언을 맞이했다. … 결국 일본은 '중국형 세계질서'에는 가담하지 않고 오히려 그러한 것에서 발을 뺐다. 그 대신 일본은 이것을 대신하는 일본이 생각해 낸 질서의 확립을 시도했다"라고 설명하고 있다. 『近世日本の國家形成と外交』, 140쪽.

하우봉에 의하면 조선은 거듭되는 왜구의 습격에 골머리를 앓았기 때문에 이퇴계(1502~1571)나 김성일(1538~1593) 등의 유자는 일본을 금수, 이적이라 간주하는 철저한 멸시관을 가졌다. 그러나 대외적으로는 15세기 대일외교의 최고 책임자였던 신숙주(1417~1475)의 일본관으로 대표되듯이 '사대교린'을 기저로 한 정책을 취했다고 한다.[12]

강재언에 의하면 이 시기의 조선 유학계는 훈구파(역성혁명에 의한 조선왕조의 창업과 수성에 참가한 기존의 관료 유자 그룹)에서 사림파(역성혁명에 반대하여 이상적이며 도학적인 유교정치의 실현을 추구한 지방에 거하는 유자 그룹)으로의 이행기에 해당한다. 1498년부터 1545년까지의 네 번의 사화(훈구파에 의한 사림파의 탄압 사건)를 경험한 후 사림파 정치가 실현되었다. 그러나 사림파 정치가 실현되자마자 사림파 내부에서 대립 항쟁이 시작되어 동인과 서인으로 분파되는 사태를 초래했다고 한다.[13]

당파 싸움 와중에 도학정치의 실현이라는 최고의 이상을 내건 사림파가 이적(夷狄)인 일본을 정확히 인식하는 것은 곤란했을 것이다. 도요토미 히데요시가 조선을 침략하기 직전에 일본을 방문한 김성일이 히데요시를 알현했음에도 침략의 야망을 알아차리지 못한 것도 이상한 것이 아니다.[14] 오히려 일본인을 '거짓말을 하고 약한 것을 능멸하며 허점을 이용하여 속이는 것을 잘하고, 재(災)를 이용하고 위기(危)에 편

---

12 河宇鳳(井上厚史 譯), 『朝鮮實學者のみた近世日本』, ペリカン社, 2001, 23쪽.
13 姜在彦, 『朝鮮儒教の二千年』, 朝日新聞社, 2001, 260~272쪽.
14 위의 책, 281쪽. 강재언은 이 부분의 사정에 대해 "사림파 정치가 시작된 16세기 후반기는 조선왕조 창건에서 거의 200년. 창업과 수성기의 기운이 점차 침체되고 세대 교체에 의한 유교 정치의 혁신이 요구되었다. 사림파는 그 혁신을 주자학 일변도의 '도학정치'에서 찾았다. 따라서 조광조는 사림파의 원조이다. 그런데 이 혁신을 담당할 사림파는 이 시대적 요청에 부응하지 못했을 뿐만 아니라 동서 분열에서 시작되는 사분오열의 당파싸움은 훈구파 말기를 뛰어넘는 정치적 및 사상적 혼란을 초래하는 발단이 되었다"고 설명한다.

승하고 저돌적으로 다투는' 것 같은 멸시할 수밖에 없는 민족이라 생각
했으니까.

그 한편으로 조선은 스스로를 '소중화'라 자인했다.[15] '소중화' 혹은
'소화(小華)'라는 말은 본래 중국이 한반도의 나라를 평가하여 사용한
용어였다. 16세기가 되어 사림파가 등장하고 주자학이 조선 사회의 지
배이념이 되는 시기에는 명에 대한 계층질서적 인식도 확고해진다. 이
에 '중화=명, 소중화=조선'이라 이해되면서 조선은 고대부터 공자가
존경한 기자의 후예이며 중국에 뒤지지 않는 문화국이라고 자인하게
된다.[16]

그렇다고는 해도 소중화의식은 굴절된 자의식이다. 왜냐하면 스스
로의 존재 이유가 '중화'인 중국에 의해 부여된 것이며 천지·자연·우
주·신 등으로부터 직접적으로 찾아서 나온 것이 아니어서, 항상 중국
의 의향을 신경 써야 하며 자존심은 중국에 허가받은 신하의 영역을
넘지 못하기 때문이다. 그것은 어느 의미에서 완전히는 자립되지 못한
자의식이다. 이 '소중화'라는 굴절된 자의식은 중국과의 연결만이 생명
선이라는 생각에 중국 문화의 연결=정통성에 대해 과민하게 반응할
수밖에 없었다. 그리고 정통성의 집착은 곧 이단의 엄격한 배제를 동반
했다. 왜냐하면 중화와의 특별한 관계를 독점하는 것으로 비로소 유동
성 없는 특권적인 '소중화'의식을 가질 수 있기 때문이다. 따라서 이단
의 최고 모델이었던 일본은 훨씬 기피 대상으로서 인식의 밖으로 배제
되고 계속해서 멸시당할 뿐이었다.

---

15 박세무(1487~1554)가 『동몽선습』에서 "동이는 배운 것을 분명히 하여 인륜을 변화시
켜 실행한다. 천하 이것을 칭하여 소중화라 한다"고 기술했는데 조선이 소중화라는
것을 자인한 선언문이 되었다. 河宇鳳(井上厚史 譯), 『朝鮮實學者のみた近世日本』,
358쪽.

16 위의 책, 357~358쪽.

한편 13세기의 두 번에 걸친 몽고내습(元寇)을 '신풍(神風)'[17]으로 격퇴했다고 믿던 일본은 '신풍'을 계기로 자국을 신의 나라로 간주하는 신국사상을 확립하게 되며 그 이후 중국적 세계질서 참가에는 관심이 없었다. 일본 신국사상이 구상한 세계관에는 일본이야말로 '화'이며 조선은 '이'였다.

무라이 쇼스케에 의하면 중세 일본인의 세계관에는 '정(淨)-예(穢)의 동심원'이라 불러야 하는 것, 즉 깨끗한 천황의 몸을 구극(究極)의 중심으로 하여 그 주위를 몇 개의 동심원이 둘러싸고 밖으로 갈수록 게가레(穢=더러움) 정도가 강해지며 결국에는 경계 밖에는 귀신의 거처가 되어 버린다는 세계관이 존재했다.[18] 그리고 이 '깨끗함-더러움의 동심원'에 신국사상이 통합되어 조선(고려)을 '귀계(鬼界)'로 파악하는 멸시관이 형성된 것이라고 한다.

신국사상에 기초한 일본 성역관(聖域觀)이라고도 할 수 있는 것이 널리 중세의 자국관 속에 침투해왔습니다. 그러한 의식 안에서 고려의 위치는 어떠했는가를 말씀드린다면 방금 말씀드린 것 같은 경계관 속에서 여러 지명이 등장합니다. 앞에서 소토하마(外浜)와 귀계도(鬼界島)를 소개했는데 그 소토하마의 밖에 있는 장소를 에조지시마(蝦夷島)라 합니다. 그리고 귀계도의 밖, 이것이 류큐가 되는데요, 그와 동일하게 고려를 위치 짓는 방식, 즉 '귀계, 고려'라는 호칭이 중세의 문학 작품안에 나오는 것이죠. 그리고 그러한 조선상이 몽고내습이라는 사건을 거쳐 더욱 증폭되어 옵니다. 조선을 축생시하는 노골적인 멸시관이 되어가는 것입니다.[19]

---

17 최근의 연구 성과의 진전으로 '신풍'신화가 허구였다는 것이 밝혀졌다. 상세한 것은 服部英雄, 『蒙古襲來』, 山川出版社, 2014 참조.
18 村井章介, 『國境を越えて、東アジア海域世界の中世』, 校倉書房, 1997, 89~90쪽.

또한 『하치만우동훈(八幡愚童訓)』에 "몽고는 즉 개의 자손, 일본은 즉 신의 말엽"이라는 표현이 있으며[20], 또 이른바 신공황후 삼한정벌담이라 불리는 "신라국의 대왕은 일본의 개"라는 표현이 나오는 것처럼[21], "개의 이미지는 아마 일본적 화이사상으로 한반도의 각국을 일본의 주변, 주연부(周緣部)에 위치하는 이적이라 간주하는 것에 의한 것으로, 그것만이 아니라 견무(犬舞)로 상징되는 차별관, 귀천관을 충분히 포함하고 있다는 것에 유의해두어야 한다"[22]는 지적도 있다.

이렇게 보면 16세기 후반까지의 일본인의 조선관은 '게가레', '귀계', '개'라는 언어로 표현되는 멸시관에 지배당해 있으며 신국사상이 강화되면 될수록 조선 멸시관도 강해져 갔다고 생각할 수 있다. 결국 일본에게도 조선은 단순한 멸시의 대상일 뿐이었다.

16세기까지 이미 한·일 양국은 신국사상과 소중화 의식으로 서로 상대를 멸시하는 사상적 틀의 구축을 완료했으며 또 그것이 어느 정도 사회에 공유되어 있었다. 그러한 상호 멸시관 안에서 도요토미 히데요시의 조선 침략은 시작된 것이다.

3. 17~18세기의 상호인식

한일관계에서 최대의 사건 중의 하나는 역시 도요토미 히데요시에 의한 조선 침략, 즉 임진정유왜란(1592~1598)이다. 이 7년간에 걸친 전쟁으로 한반도의 경지는 약 3분의 1로, 또 인구도 학살과 기아자, 병역

---

19 위의 책, 95~96쪽.
20 金光哲, 『中近世における朝鮮觀の創出』, 34쪽 참조.
21 村井章介, 『國境を越えて、東アジア海域世界の中世』, 96쪽 및 金光哲, 『中近世における朝鮮觀の創出』, 304~312쪽.
22 市川浩史, 『日本中世の光と影』, ペリカン社, 1999, 110쪽.

자(病疫者)의 속출로 큰 폭으로 감소하였고 5~6만 명의 도공을 시작으로 하는 조선인이 일본에 연행되었다고 한다.[23]

그때까지 이적으로 무시하고 멸시하던 일본인에 의한 이 갑작스러운 침략은 피해의 크기도 물론이지만 조선인 자존심에 커다란 상처를 주는 것이었다. 예를 들어 임진왜란으로 일본에 포로로 잡혀와 후세의 일본관에 커다란 영향을 끼친 『간양록』의 저자 강항(1567~1618)은 도요토미 히데요시를 '시랑(豺狼: 승냥이와 이리)의 화심(禍心: 해치려는 마음), 연체(蜒蠆: 징그러운 동물과 전갈)의 추악한 무리', 일본을 '개와 양의 무리', '칠치(漆齒: 이를 검게 칠하는 것)'의 '누방(陋邦: 더러운 나라)', '횡목(橫目: 옆으로 찢어진 눈)의 별종'이라 부르며 매리잡언(罵詈雜言)을 퍼부었고[24], 비교적 객관적인 필치로 일본을 묘사했다고 평하는 이수광(1563~1628) 역시 '왜놈'이나 '별종(異類)'이라 멸시적으로 불렀으며[25], 당시 많은 조선 지식인이 "가슴을 조이는 듯한 적개심을 갖기에 이르렀다"[26]고 했다. 또한 신경(申炅, 1613~1653), 홍여하(洪汝河, 1621~1678), 허목(1595~1682) 등의 17세기 중·후반기의 지식인도 역시 일본을 '견양', '견축(犬逐)의 도둑[27]', '추장(酋長)[28]', '동해(東海)의 잡종', '만이(蠻夷)', '흑치(黑齒)'[29] 등으로 표현하여 강렬한 멸시관이 한 세기 정도에 걸쳐 유지되었다. 그리고 이 시기에 일본인에 대한 호칭으로 '왜놈'이라는 말이 일반화되었다.[30]

---

23 『新訂增補 朝鮮を知る事典』, 平凡社, 2000, 224쪽.
24 河宇鳳(井上厚史 譯), 『朝鮮實學者のみた近世日本』, 32쪽.
25 위의 책, 37쪽.
26 위의 책, 71쪽.
27 위의 책, 41쪽.
28 위의 책, 45쪽.
29 위의 책, 50쪽.
30 河宇鳳, 「17, 18世紀 韓國人の日本認識」, 小島康敬·M·Wスティール 編, 『鏡のなか

여기서 주목해야 하는 것은 이적에 해당하는 일본에 대한 증오가
고양되는 것과 병행하여 중국에서는 1618~1683년에 걸쳐 화이변태
(명·청교체)가 일어났기 때문에 조선의 정통의식이 상하로 확장하면서
결국에는 조선 스스로를 중화라고 의식하기까지 고양되었다는 점이
다.[31] 이 자의식의 급격한 고양을 하우봉은 "조선중화주의 의식"[32] 혹은
"조선 중심의 천하질서"[33]의 발로라 파악하면서 "홍여하와 허목의 소
중화 의식은 신경과는 달리 인종적, 지리적 성격을 띤 본래 의미에서의
중국 중심의 화이질서에서 빠져나오려 했다. 그 때문에 그들의 소중화
의식은 문화의 우열에 의해 국가의 위치를 상하 관계로 규정하려는
문화주의적 중화관의 표명이며 그들의 일본관도 거기에 뿌리내린 것
이다. 특히 허목의 경우는 숭명적 성격을 피하여 조선 중심적 성격을
띠기 시작했다는 점에서 소중화 의식의 발전이라 할 수 있다"[34]고 평하
고 있다.

한편 강재언은 "조선의 유학계는 그(송시열에 의한 숭명배청의 북벌론)
이래로 중국의 중화문명의 전통은 청조에 의해 이적화했다고 하여 멸
시하고는 그 사람들을 '호로'나 '견양'으로 간주했다. 그리고 중화의 전
통을 계승한 것은 조선뿐이라고 하는 유아독존적인 '소중화' 사상이
풍미하기에 이르렀다"[35]고 평한다.

문화의 기준은 이미 만주족인 청=중국에는 없고 조선에만 존재하며
문화적으로 말한다면 조선은 이미 중국과 대등할 뿐만 아니라 중화문

の日本と韓國』, ペリカン社, 2000, 126쪽.
31 河宇鳳(井上厚史 譯), 『朝鮮實學者のみた近世日本』, 41쪽.
32 위의 책, 43쪽.
33 위의 책, 54쪽.
34 위의 책, 54쪽.
35 姜在彦, 『朝鮮儒教の二千年』, 354쪽.

명의 유일한 계승자이다. 이에 반해 일본은 이적·금수의, 문화를 갖지 못하는 야만국이며 교화해야 할 대상에 지나지 않는다. 이러한 강렬한 자존심을 안고 있던 17세기 조선 지식인의 일본관은 "주자학적 가치관에 부합하지 않는 이국의 풍속이나 문화를 배척, 야만시하는 경향"[36]을 동반한 것이었다.

16세기에 성립한 소중화 의식은 임진왜란에 의한 일본의 증오와 악감정, 명·청 교체에 의한 숭명배청사상으로 조선 스스로를 '중화'라 간주하는 강렬한 자의식의 고양을 가져와 17세기에는 쌓여온 중국 콤플렉스가 극복되는 듯했다. 그러나 현실적으로 생각한다면 반도의 소국인 조선이 명을 멸망시킨 강국인 청을 능가할 리가 없으며 거기에는 확실히 존대한 허위의식이 작용하고 있었다. 임진정유왜란, 병자호란, 명·청 교체라는 동아시아 정세의 격동 가운데 사림파의 대두에 의한 치열한 세력 투쟁이 발생한 조선에서는 현실 직시는 어려웠으며, 비현실적인 북벌론이나 존대한 자의식의 고양은 피하기 힘들었다. 위기적인 상황이 되면 될수록 자의식은 단련되어 그것이 얼마나 비현실적이든지 간에 결국에는 오랜 시간 중국 콤플렉스가 극복되어 염원의 자립성을 획득하기에 이른 것이다.

18세기가 되어서도 이러한 경향은 관료층 사이에 뿌리 깊게 내려앉았다. 당시 주류파를 형성한 것은 송시열(1607~1689)의 계보로 이어지는 노론파였는데 그들은 청에 대해서는 북벌론을, 일본에 대해서는 복수의식을 강조하여 17세기적인 일본관은 그대로 계승되었다.[37]

그러나 그 한편에서는 18세기 조선인의 대외인식에 새로운 움직임이 나타났다. 일본으로의 통신사나 중국으로의 연행사가 가져온 일본 및

---

36 河宇鳳(井上厚史 譯), 『朝鮮實學者のみた近世日本』, 71쪽.
37 小島康敬·M·Wスティール 編, 『鏡のなかの日本と韓國』, 128쪽.

중국에 관한 정보의 비약적 증가나 중국 경유의 서양 과학서의 한역본의 대량 유입으로 재야의 학자나 소장파 관료 사이에서 이른바 '실학'의 기운이 높아졌다. 이에 이익(1681~1763), 안정복(1712~1791) 등 남인파 실학자나 박제가(1750~1815), 이덕무(1741~1793), 홍대용(1731~1783) 등 북학파 실학자가 청에서 배운 '북학'이나 서양에서 배운 '서학'을 제창하여 전통적인 일본관과는 다른 일본관을 갖는 자들이 나타나기 시작했다. 그 중에도 개명적인 일본관을 보여준 것은 이익과 홍대용이었다. 이익은 내외(화이) 구별을 부정하고 일본의 문화도 중화문명을 계승한 것이라고 평가했다. 또한 홍대용은 "화이는 하나이다"[38]라고 주창하여 화이적 세계관을 근본에서 덮어버리려는 주장도 나타났다.

그들은 '북학'이나 '서학'을 제창하여 서양 과학사상에 영향 받은 개명적인 일본관도 생겨나기 시작했다. 그러나 1800년 정조(1752~1800)의 죽음과 함께 등장한 노론파 정권에 의해 천주교 탄압이 시작되어 서학 자체도 금압되는 가운데 그들은 해체와 쇠퇴를 당하면서 개명적인 일본관도 결국 시대의 대세는 되지 못했다.

그러면 이 시기의 일본인의 조선 인식은 어떻게 변동했는가?

아라노 야스노리에 의하면 근세 일본인의 대외 인식의 틀은 중세의 '본조, 진단(震旦=중국), 천축'이라는 다원적 세계관을 계승한 '본조, 당, 서양'이라는 세계관과 신국사상을 계승한 '일본형 화이의식'으로 묶을 수 있는 자기인식으로 구성되었다고 한다.[39] 그리고 그 세계관 안에서는 조선, 류큐, 에조는 무시되는 존재였다. 왜냐하면 조선, 류큐, 에조는 어느 것도 자율성을 갖지 못하고 더욱이 조선에 관한 삼한정벌이나 신라 입공, 류큐에 관한 미나모토노 다메토모(源爲朝, 1139~1170) 도래

---

38 河宇鳳(井上厚史 譯), 『朝鮮實學者のみた近世日本』, 176쪽.
39 荒野泰典, 『近世日本と東アジア』, 53~54쪽.

전설, 에조에 관한 미나모토노 요시쓰네(源義經, 1159~1189) 도래 전설 등의 속설 유포로 어디까지나 멸시나 침략의 대상으로 인식되었기 때문이다.[40]

조선에 대한 이러한 멸시는 당시의 사상가들이 남긴 텍스트에 여실히 각인되어 있는데 그 상황을 아라노는 다음과 같이 정리하고 있다.

> 근세의 사상가들이 조선을 문제로 삼는 경우는 거의 멸시 아니면 침략의 대상으로 하고 있으며, 그 외에 근세를 통해 조선의 특정한 인물(예를 들어 이퇴계)이나 문물에 대한 존경의 뜻을 갖는 주자학 그룹이 존재하지만 이들은 사상적으로는 발전되지 않았다. 조선 멸시를 표명한 구마자와 반잔이나 야마가 소코 등을 살펴봐도 그 근거는 거의 일본이 오래전 부터 독립을 유지했음에 비해 조선은 중국·일본에 복속되어 있었던 점 및 일본이 천황을 고대 이래로 보존해온 것에 비해 조선은 몇 번이나 왕조의 교대를 반복해온 점, 이 두 부분에 다 들어 있다. 이 두 부분은 중세의 지배적 이데올로기에서도 같은 양상으로 보이는데 근세에도 별반 다를 바 없이 집요하게 반복된다.[41]

당시 일본의 대다수 지식인에게 조선은 〈본조, 당, 서양〉이라는 표면적인 세계관의 틀 밖으로 밀려나 조선의 조공제도나 정권의 불안정함을 근거로 하여 당연히 멸시할 대상으로 간주되었다. 그러나 17세기의 시점에서는 일본은 아직 '이적'의 위치에 지나지 않았다. 쓰가모토 마나부가 지적하는 것처럼 가이바라 에키켄(貝原益軒, 1630~1714)이나 구마자와 반잔(熊澤蕃山, 1619~1691)은 중화세계의 우월성을 전제로 '이적으로서의 일본'을 찬양하고 있었는데 이토 진사이(伊藤仁齋, 1627~1705)

---

40 위의 책, 54쪽.
41 위의 책, 54쪽.

나 야마가 소코(山鹿素行, 1622~1685), 오규 소라이(荻生徂徠, 1666~1728)
등에 의해 "이적이 중화세계보다도 훌륭한 세계가 될 수 있는" 가능성
이 서서히 열리기 시작했다.[42]

예를 들어 이토 진사이는 "무릇 천이 덮고 있는 곳, 땅이 싣고 있는
곳은 똑같은 사람이다. 적어도 예의가 있다면 즉 이적은 중화이다. 예
의가 없으면 즉 중화라고 해도 이적을 면하지 못한다"[43]고 하는 인륜의
보편성을 근거로, 또 야마가 소코는 '칙(則)'='법칙'이라는 일본 한자어
의 치환작용에 의한 중국 문화와 일본 문화의 동일성을 근거로[44], 또한
오규 소라이는 "삼대 이후는 중화라 해도 또한 융적이 이것을 어지럽
힌다. 옛 중화가 아니다. 그러므로 그들에게 옛 중화라는 이름을 사모
하는 자는 또한 잘못이다"[45]라는 규범을 상실한 중국의 쇠망을 근거로
일본을 아래에 두는 화이의식에서의 탈각이 시도되었다. 그들의 이러
한 자기 인식의 커다란 변화에는 17세기 후반에 중국에서 일어난 화이
변태(명청교체), 그리고 그 동란을 일본에서 재구성하여 18세기 초기
인기를 끈 조루리 『고쿠센야갓센(國姓爺合戰)』(타이완에서 명의 부흥운동
을 이끈 정성공(鄭成功, 1624~1662)의 이야기를 각색하여 상연) 등의 상연에
의한 기운의 고양도 관계되어 있었을 것이다.[46]

그들은 일본을 조선처럼 '소중화'로 인식하지 않고 '이적의 일본'에
서 한 발 더 나아가 "동방군자의 나라"[47]로 보려 했으며, 소중화 의식보

---

42 塚元學, 『近世再考 地方の視點から』, 日本エディタースクール出版部, 1986, 77쪽.
43 위의 책, 78쪽. 또한 인용문은 『日本名家四書注釋全書』 第三卷 論語部1, 鳳出版,
    1973, 137쪽의 원문을 새롭게 훈독했다.
44 井上厚史, 「山鹿素行の注釋と普遍性の問題」, 『島根縣立短期大學紀要』 第四號, 1997,
    88~101쪽 참조.
45 『徂徠集』 第25卷, 「復柳川內山生」, ペリカン社, 1985, 270쪽.
46 이 점에 대해서는 池内敏, 『唐人殺しの世界―近世民衆の朝鮮認識』에 상세하다.
47 『徂徠集』 卷2, 「同賊鳳凰鳴朝陽」, 21쪽.

다도 더 중국으로부터의 자립과 자국에 대한 자긍심을 강화한 것이었다. 그들은 이적 일본을 극복했기 때문에 이토 진사이처럼 이퇴계의 주석을 비난하는 것이나[48], 야마가 소코처럼 조선을 일본의 '번신'으로 간주하는 것[49], 오규 소라이처럼 금리(禁裏=천황)를 조선 왕의 상위에 두는 것[50]이 가능했다.

한편 중세의 신국사상을 계승한 일본형 화이의식은 17세기에 천황 및 거기에 동반하는 제도들이나 무력의 우월을 근거로 한 '국가'의식으로 부상했는데 그것을 폭증, 강화시킨 것은 문화의식인 화이의식의 성장이었다.[51] 문화의식이란 문화를 기준으로 하여 타자와 미개로 준별하는 의식을 말하는데, 이 의식이 화이의식과 결합되자 타자는 '문명'= 중화와 '미개'=이적으로 이분되어 '미개'=이적을 엄격하게 소외시키고 배제하는 의식으로 성장했다.

근데 일본의 에조지관을 검증한 기쿠이치 이사오(菊池勇夫)는 이 문

---

48 伊藤仁齋, 『동자문(童子問)』 中卷에 "나는 어렸을 때 일찍이 조선의 이퇴계가 모은 주자의 서찰(주자서절요)을 읽었는데 양자직(楊子直)이 성(姓)자 아래에 이것을 주석하여 말하길 '주자 문하의 반도(叛徒, 반란을 도모하는 무리)'라고 썼다. 내 일찍이 이것을 업신여기며 말하길 보는 바가 어찌 이리 비루한가? 가는 사람은 쫓아가지 않고 오는 사람은 거절하지 않는 것이 옛 법도인데 어찌 '반도'라고 이름을 붙였는가? 이황은 '주자의 문하'만을 사사로이 여기는 구나"라는 언설이 있다. 日本古典文學大系, 『近世思想家文集』, 岩波書店, 1966, 129쪽.

49 山鹿素行, 『중조사실(中朝事實)』에 "원나라의 주군은 종종 (우리를)엿보았으나 우리 나라를 침범하지 못했다. 하물며 조선, 신라, 백제는 모두 본조의 번신 아닌가? 성신(聖神)이 하늘에 비상하여 이 향리를 보고 내려오신 일은 가장 좋은 것이다"라는 언설이 있다. 『山鹿素行全集』思想篇 第13卷, 岩波書店, 1940, 22쪽.

50 오규 소라이의 『정담(政談)』에 "일본의 고법에는 조선 왕을 금리(禁裡=천황)와 동격으로 하지 않는다. 금리(禁裏)는 황제이다. 조선 왕은 왕위이다. 그렇다면 조선은 일본의 신하로 칭하는 예법으로 하기 때문에 언제나 게라이(家來)의 상대이고, 조선의 사신은 배신 격이라서 이것은 또 맞지 않다"라는 언설이 있다. 平石直昭 敎注, 『政談服部本』, 平凡社, 東洋文庫, 2011, 162쪽.

51 荒野泰典, 『近世日本と東アジア』, 56~59쪽.

화의식인 화이의식을 도쿠가와 막부에 의한 일본 풍속의 통제 정책에
서 발견하고는 다음과 같이 설명한다.

> '일본 풍속'이라는 것은 … 국가가 관여하는 차원의 체제 풍속이라고
> 도 할 수 있는 것으로 질서로서 모든 것에 우선되고자 한다. 국내의
> 신분제와 대외적인 화이편성에 즉응한 풍속의식으로 나타나는데 '일본
> 풍속'이 어떠한 마찰도 없이 이루어지고 또 유지될 수 있었다고 생각된
> 다면 그것은 맞지 않다. 권력에 의한 부단한 규제, 통제의 결과였으며
> 반질서적 풍속(이풍)에 대해서는 철저하게 금압했다. '가부키모노(かぶ
> き者=전근대 색다른 차림을 하여 이목을 끌던 사람들)'가 '이풍자(異風
> 者)'로 단속된 것이 그 예이다.[52]

도쿠가와 막부가 실시한 아이누 민족에 대한 일본풍의 머리모양과
복장 등의 '일본 풍속'의 강제='풍속의 개선', '귀속'[53]을 분석해 보면
중세의 모토도리(髻: 머리카락을 정수리 부분에 모아 묶은 모양), 에보시(烏帽
子: 모자)가 갖고 있던 표식관념이 근세가 되면 도쿠가와 막부에 의해
사카야키(月代: 머리 정수리까지 머리를 밀어버린 모양), 마게(髷: 상투), 히게
소리(髭剃り: 면도하는 것)를 '일본인의 표징'으로 규정하는 재편·정형화

---

52 菊池勇夫, 『北方史のなかの近世日本』, 校倉書房, 1991, 18쪽.
53 기쿠치 이사오(菊池勇夫)는 풍속을 "생활상의 습관, 관습이라 하는 이상으로 위, 즉
　위정자의 교화에 의해 바르게 인도되는 생활습관으로 받아들였다. 그 때문에 치자가
　되는 무가에게 '풍속'은 정치의 근본을 이루고 풍속을 바르게 한다는 것은 종종 정치
　개혁을 의미했다"고 정의하고는 1710년 4월에 〈무가제법도〉 제1조의 아라이 하쿠세
　키 주해를 예로 들어 분석한다(菊池勇夫, 『北方史のなかの近世日本』, 57쪽). 에도시
　대에 풍속이 이렇게 체제 풍속으로 이해되었기 때문에 오규 소라이는 『태평책』, 『정
　담』 등의 일본의 정치론의 문맥에서 "성인의 도는 습관을 첫째로 한다. 성인의 다스
　림은 풍속을 첫째로 한다"(『太平策』, 日本思想大系, 『荻生徂徠』, 岩波書店, 1973,
　473쪽) 하는 것처럼 풍속을 바로잡는 것을 강조했다. 그것은 또한 한편으로는 소라
　이도 문화의식으로서의 화이의식을 공유하고 있었다는 것을 증명하는 것이다.

가 이루어진다. 이 규정에서 이탈하는 것은 '이풍'으로 사람들로부터 소외당하게 되며[54], 이 이풍 배제 정책이 "머리모양에 그치지 않고 대도 (帶刀: 칼을 차는 것), 의복과 같은 신체적인 것에서부터 널리 생활, 문화 수준까지 신분제적인 규제들에 미치기"[55]까지 강화되어 갔다고 한다.

아라노 야스노리는 이 기쿠치의 설을 받아들인다. 아라노에 의하면 18세기 초기까지 막번 권력의 끊임없는 교정에 의해 일본 문화=화속 (和俗)이 일본 사회에 정착한다. 이어 화이의 준별이 "언어나 생활양식 수준에서의 문화의 분단"을 의미하게 되자 원록(元禄) 문화 등의 도시 문화의 발전으로 생겨난 문화 계층성의 하부에 속하는 지방이나 지배 하의 민중을 '이적'에 가까운 존재로 간주하려는 문화 상황이 출현하게 된다. 그 결과 언어나 생활양식을 달리하는 "이민족 고유문화에 대한 조롱, 멸시"의 풍조가 생겨났다.[56]

또 로널드 토비는 조선통신사를 소재로 한 서민회화를 정밀하게 분석한 결과 근세 초기의 일본인은 중국인이나 중국의 무역품 박래문화를 '당인', 조선을 '고려', '조선', '한(韓)', 오키나와를 '류큐', '중산(中山)'이라 하여 각각 다른 명칭으로 불렀다. 그런데 원록 이후가 되자 서양인을 포함한 모든 외국인을 멸시하는 호칭으로 '당인'을 적용, 일반화하여 생각하게 되었다고 지적한다.[57]

18세기에 외국인(이국인)을 '당인'으로 총칭하기 시작한 것은 일본형 화이의식이 이 시기에 질적인 변화를 이루었다는 것을 의미한다. 18세기의 문화의식의 고양=일본 문화에 대한 자신은 문화에 의한 화이의

---

54 菊池勇夫, 『北方史のなかの近世日本』, 46~47쪽 및 50쪽.

55 위의 책, 71쪽.

56 荒野泰典, 『近世日本と東アジア』, 60쪽.

57 ロナルドトビ, 「近世日本の庶民文化に現れる朝鮮通信使像−世俗・宗教上の表現」, 韓國研究院, 『季刊韓』 110號, 1988, 128쪽.

준별을 보다 철저한 것으로 삼았다. 그 결과 외국=이국 관념을 극도로 단순화하여 모든 외국인이 많은 차이를 사상(捨象)시켜 '당인'(혹은 '모당인'[58])으로 집약된 모멸적으로 호칭되고, 외국의 고유문화나 풍속 중에서도 특히 조선의 고유문화나 풍속을 조소, 멸시하는 풍조가 생겨났던 것이다.

18세기 초기에는 일본의 지식인에 의해 수행된 "일본을 이적이라 하는 중국 중화사상의 지양"[59]은 일본형 화이의식을 철저하게 강화하여 일본 문화에 대한 자신감은 흔들리지 않게 되었다. 그러나 거기에는 하나의 아프리오리가 있었다. 중세부터 17세기까지의 신도사상이나 일본형 화이의식이 일본을 '중화'로 여긴 근거는 주로 만세일계의 천황의 계보나 타국으로부터 침략당한 적이 없다는 이른바 신성불가침적인 일본 정치체제의 양태에 있었다. 그러나 문화의식이 고양된 18세기의 단계에서 추구된 것은 일본이 '이적'이 아니라 '중화'라는 것을 문화적으로 증명하는 것이었다. 동아시아의 중국 문화권에 속하는 소국인 일본이 일본과 중국을 문화영역에서 직접적으로 비교 대조하여 중국 콤플렉스를 극복한다는 것은 상상 이상으로 곤란한 과제였다. 무엇보다도 일본인의 사고 자체가 중국 문화=중국어 개념(한자)에 의해 구성되어 있었기 때문이다. 그러나 이 난제에 분연히 일어나 일본인의 자의

---

58 로널드 토비의 연구에 의하면 18세기 이후의 일본인은 '무염(無髯), 사카야키(月代)'로 묘사되고, 외국인은 모두가 털복숭이의 '모당(毛唐)'으로 묘사되면서 조선인이 극단적으로 털이 많은 '모당'으로 묘사되는 사례를 소개하고 있다. 그리고 머리털이나 머리 스타일은 "이웃의 타자에서 우리나라(我朝)를 재 식별하는 새로운 표상"이며, "이국적인 타자의 다양한 개념과 일본의 자기인식과의 사이에 거리를 재구축하는 시도였다"고 한다. ロナルドトビ, 「毛唐人の登場をめぐって-近世日本の對外認識·他者觀の一側面」, 村井章介·佐藤信·吉田伸之 編, 『境界の日本史』, 山川出版社, 1997, 254~291쪽.

59 荒野泰典, 『近世日本と東アジア』, 59쪽.

식에 강렬한 자신감을 주는 최종 해답을 낸 인물이 바로 모토오리 노리나가(本居宣長, 1730~1801)이였다.

가토 노리히로(加藤典洋)는 노리나가의 사상적 영위의 의미에 대해 "후에 국학 이데올로기라고 말해지는 것처럼 천황이라는 만세일계의 지고한 존재가 지금에 이르기까지 수장의 지위에 있었다는 것을 타국보다 뛰어난 이유로 삼는다는 것, 그 자체가 무의미한 것이라 하여 노리나가가 열도의 우위성으로 삼은 것이 아니다. 이 압도적인 중국의 가치관을 상대로 그것과는 다른, 그것에 대한 저항이라는 사상의 방식을 열도의 독자적인 이유로 삼은 논리성이라고도 할 수 있는 것을 확인해 두는 것은 그 후 노리나가가 시도한 의미를 생각할 때 대단히 중요한 것이다"[60]라고 기술하고 있다. 노리나가는 "압도적인 중국의 가치관"에 대항할 수 있는 이유를 "모노노아와레를 아는 마음"[61] 안에서 발견했다.

노리나가의 이 사상적 영위로 결국 일본인은 18세기 후반에 중국을 배제한 세계관을 구축할 수 있었다. 그러나 그것은 '모노노아와레'의 주장으로 상징되는 자기=일본의 내면에 침잠하는 사고방법이라는 것에 극히 단순한 타자상이나 세계상 위에 성립해 있었다. 고야스 노부쿠니가 "소라이의 고문사학이라는 방법이나 새로운 학문의 규제를 요청하는 성인의 나라 중국에 대한 인식의 태도는 소라이학을 경위하는 노리나가에게는 이국이라는 언어를 달리하고 사유를 달리하는 이질적인, 부정적인 타자상을 구성하게 만드는 전략적인 자세로 전환된다. 소라이에게 때와 장소를 달리하는 동방의 백성이라는 자기 인식에서 성인의 나라 중국으로 향해진 시선은 이제 노리나가에게는 거기에 세

---

60 加藤典洋, 『日本人の自畵像』, 岩波書店, 2000, 118쪽.
61 子安宣邦, 『宣長と篤胤の世界』, 中央公論社, 1977, 39~47쪽.

워진 이국(중국)을 반사판으로 자기(일본)로 향해진 시선이 되었다"[62]고 지적하는 것처럼, 노리나가의 타자상은 성인의 나라인 중국을 '이국'이 라는 부정적인 타자로 환원해 버림과 동시에 중국이든지 서양이든지 모든 것을 '이국'으로 환원하여 일본과 병치되는 타자=중국을 일체 인 정하지 않았다. 즉 노리나가는 타자의 우월성을 근저에서 덮어버리는 논리를 점차적으로 만들어 내어 그것을 조합하면서 오직 자기상=일본 을 재구성하는 작업에 몰두한 것이다. 그것은 너무나 독선적인 자기인 식이며 세계를 상실한 편협한 자기인식이었다.

그러나 이 노리나가에 의한 새로운 자기=일본 인식의 주장은 그것 이 중국 문화를 문화적으로 혹은 논리적으로 부정하는 것만으로도 그 후의 일본 사상계에 커다란 영향을 미쳤다. 히라타 아쓰타네(平田篤胤, 1776~1843)에 의한 고사의 재구성[63]이나, 오쿠니 다카마사(大國隆正, 1793~1871)의 광신적인 세계관[64]으로 보강되면서 막부 말기에서 근대 의 국학이데올로기로 일본인의 대외관을 결정적으로 방향 지으며 착 실히 근대의 정한론을 준비해 갔다.

---

62 子安宣邦,『本居宣長』, 岩波新書, 1992, 40쪽. 또 일본 고대사회가 한국의 문화나 풍속, 언어의 강한 영향 아래에 있었다는 것을 지적한 도우 데이칸(藤貞幹)의 『충구 발(衝口發)』에의 맹렬한 반발, 즉 고대 한반도와의 정치적, 문화적 관계들의 의식적 인 망각과 은폐는 노리나가의 "일국적인 기원사라는 아프리오리한 전제를 노정한 것이며 노리나가에게 얼마나 '조선 문제'가 터부시되었는가를 지적하고 있다"라는 지적도 있다. 子安宣邦,『江戸思想史講義』, 岩波書店, 1998, 317~327쪽.

63 井上厚史, 「平田篤胤の注釋學(その1)」, 島根縣立國際短期大學, 『地域硏究調査報告 書』 第6集, 1999 및 「平田篤胤の注釋學(その2)」, 島根縣立國際短期大學, 『地域硏究 調査報告書』 第7集, 2000 참조.

64 井上厚史, 「大國隆正の言語認識(その1)」, 島根縣立國際短期大學, 『地域硏究調査報 告書』 第3集, 1996 및 「大國隆正の言語認識(その2)」, 島根縣立國際短期大學, 『地域 硏究調査報告書』 第5集, 1998 참조.

4. 근대의 상호인식

19세기의 커다란 사건으로 일본에서는 1868년 메이지유신이 먼저 떠오른다. 일반적으로 일본이 봉건사회에 작별을 고하고 서양 근대 사회를 모델로 하는 근대 일본의 새벽이 도래했다고 평한다. 그러나 조선에게는 동아시아에 구미자본주의의 파도가 본격적으로 밀려들어온 '웨스턴임팩트(Western Impact)'의 시대, 즉 서양의 충격이 동아시아를 엄습한 격동의 시기였다. 서양의 충격을 얼마나 중대한 것으로 볼지, 또 서양의 충격을 능동적으로 대처했다고 볼지, 수동적으로 대처했다고 볼지는 양국의 19세기 인식에 차이가 생긴다. 그러나 가령 서양의 충격을 능동적으로 극복했다고 생각한다 해도 일본에 서양의 충격이 밀려오지 않은 것은 아니다.

하라다 다마키(原田環)는 '웨스턴임팩트'를 다음과 같이 설명한다.

> 19세기 중엽에 들어오자 동아시아의 청·조선·일본 삼국은 시장의 확대를 목표로 한 구미자본주의국들에 의한 개국 압력(즉 웨스턴임팩트)을 받았다. 먼저 청의 아편전쟁(1840~1842), 이어 일본의 페리 내항(1853), 그리고 마지막에 조선의 병인양요(1866)이다. 병인양요란 병인년(1866)에 발생한 프랑스 함대의 내습과 셔먼호 사건의 총칭이다. 청 → 일본 → 조선으로 묘하게도 13년 정도의 시간차로 웨스턴임팩트가 동아시아 삼국을 침입했다.
> 동아시아의 웨스턴임팩트란 동아시아 삼국의 일국 차원의 근대화뿐만 아니라 이전의 청을 중심으로 하는 책봉체제를 해체하고 새로운 만국공법(근대국제법)에 기초한 근대적인 국제관계로의 개편을 촉진시키는 것이었다.[65]

65　原田環, 『朝鮮の開國と近代化』, 溪水社, 1997, 3~4쪽.

웨스턴임팩트는 확실히 일본에도 밀려왔다. 메이지유신이 막말의 존황양이운동, 나마무기(生麥)마을 사건(1862), 사쓰에이(薩英)전쟁(1863), 조슈(長州)정벌(1864, 1866) 등을 거쳐 수행된 경위를 상기하면 서양 열강의 강대한 압력이 일으킨 사회적 혼란이나 성급한 서양화=근대화의 시행착오는 충분히 웨스턴임팩트라 부르기에 걸맞은 현상이다. 일본에서 '웨스턴임팩트'라는 말이 일반화되지 않은 것은 일본은 서양화=근대화를 훌륭하게 달성하여 서구 근대국가들과 같은 식민지 경영을 실천하여 서양의 일원이 되는 데 어울리는 국가를 쌓아올렸다고 하는 근대 일본인의 자부심과 관련된다. 그러나 사토 세이자부로(佐藤誠三郎)가 지적하는 것처럼 서구 열강의 압력(=웨스턴임팩트)에 대한 한일 양국의 대응에는 분명한 유사성이 보인다.

서양 열강에의 대응에서도 사회 전체로서는 현저하게 달랐는데 하나하나의 사상(事象)과 그 연관에 대해 말한다면 조선과 일본 사이에는 명백한 유사성이 있었다. 서양 열강의 진출에 직면했을 때 먼저 양국에 발생한 것은 열렬한 배외주의였다. 일본에서 존황양이라 하고 조선에서 위정척사라고 하는 이 배외주의는 자국의 도덕적 우월성을 강조하고 세계정세를 전국시대(戰國時代)와 유사한 대비로 이해하여 서양 열강에 대해 격한 적의와 경계심을 품고 내정개혁으로 인재등용, 인심의 일치, 군비 강화, 경비절감 등을 주장하는 점에서 지극히 닮아 있다. 또 배외주의 다음에 '동양의 도덕'과 '서양의 기술'을 결합시키려는 절충주의가 생겨나고(조선에서는 동도서기, 일본에서는 화혼양재), 나아가 사회제도나 사상까지도 서양에서 배우려는 계몽사상가가 나타나는 순서에서도 조선과 일본 사이에 차이는 없다. 문명개화는 메이지 초기의 일본과 말기의 조선에서 공통으로 종종 이용된 슬로건이었다. 당시 조선의 대표적 계몽사상가 유길준의 저작에는 천부인권설, 국가주의의 평등성, 민족적 독립의 전제로서의 개인의 자립, 점진적인 개혁, 교육의 중시 등에서 후쿠자와 유키치를 떠올리는 듯한 주장이 다수 발견된다.[66]

따라서 19세기의 한일 양국의 상호인식은 웨스턴임팩트와 조급한 대응으로 내몰리는 가운데 그때까지의 중국을 축으로 한 화이질서가 붕괴하고 서구를 축으로 하는 새로운 화이질서로 재편성되는 과정에서 동시 진행적으로, 또한 병행적으로 형성된 인식이라고 생각하는 것이 자연스러울 것이다. 17세기의 화이변태(명청 교체)와는 비교가 되지 않을 정도로 심각한 화이질서의 붕괴와 자의식의 위기가 동시대의 한일 양국을 습격했다.

야마무로 신이치는 일본의 이 웨스턴임팩트에의 대응에 대해 "서양의 아시아 침구(侵寇)라는 현실 앞에서 동양을 교육이 있고 도가 있는 윤리적 존재로서 경역화(境域化)하고 그 자체를 지켜야 하는 가치로 강하게 의식할 때 일본의 존망에 대한 위기감도 또한 강했다. 특히 '명분 없는 전쟁은 반드시 패한다'는 명분론에 의한 확신에도 불구하고 영국이 아편 전쟁에서 승리한 것에 동아시아 세계가 전제로 해온 일통수상(一統垂裳)의 계층적(Hierarchie)인 화이천하관은 덮이고 중국중화관도 붕괴했다. 그리고 그것은 1862년 상하이로 건너간 다카스기 신사쿠(高杉晉作, 1839~1867)의 관찰에 의하면 '지나는 고루하여 자멸'(「유청여화(遊淸餘話)」)한 것이나 다들 바 없었다"[67]고 기술하고 있다. 중국이 자멸하여 초래된 중국중화관의 붕괴는 실로 "아이덴티티 크라이시스(identity crisis)"[68]라 칭하기에 적합한 자의식의 위기를 가져왔다.

---

66 佐藤誠三郎, 『「死の跳躍」を越えて-西洋の衝撃と日本』, 都市出版, 1992, 52~53쪽.
67 山室信一, 「アジア認識の基軸」, 古屋哲夫 編, 『近代日本のアジア認識』, 京都大學人文科學研究所, 1994, 9~10쪽.
68 사토 세이자부로는 정체성 위기에 대해 "메이지 초기의 일본과 서양 열강과의 관계

이러한 상황 하에서 서양 근대문명을 맹렬하게 수용하여 소화하던 일본인 사이에 점차 새로운 인식의 기축이 생겨나기 시작했다. 그것이 '문명'과 '인종'이다. '문명'은 "다른 공간에 존재하는 사회나 인간의 상태를 시간적인 전후관계로 치환하여 거기에 어떤 다양성을 문명화 단계의 도달도의 차이로 배열하는 세계를 파악하는 방법"[69]이었다. 야마무로에 의하면 이 문명이라는 기축은 세계인식의 기준으로 서양문명을 실체화시키면서 "아시아에서의 문명 차"의 의식을 첨예화시켜 탈아론을 만들어 내고 후쿠자와 유키치가 조선을 "아시아주 안의 하나의 작은 야만국이고 그 문명의 모습은 우리 일본에 너무나 미치지 못한다"고 간주한 것처럼 조선이나 중국을 야만국이라 취급하는 인식을 급속하게 보급시키게 되었다.[70]

또한 '인종'은 백색인종 우등설과 황색인종=아시아인종 열등설을 반박하기 어려운 진리로 침투시키고[71] 또한 여기에 사회진화론의 영향이 더해져 일본인에게 심각한 극복하기 어려운 열등감=서양 콤플렉스를 갖게 만들었다. 존 다우어는 근대 일본인이 얼마나 '과학적 인종주의' 극복에 고뇌하고 있었는지를 다음과 같이 설명한다.

는 전근대 일본과 중국과의 관계에 비유되었다. 일본이 서양 열강과 비교하여 후진국이며 소국이라는 것은 너무나 명백했다. 그것도 서양 문화는 중국 문화보다도 더욱 이질성이 높은 것이었다. 게다가 일본을 겁박하려 하지 않았던 청 제국과는 이질적이며 서양 열강은 보다 공격적이었다. 따라서 일본으로의 귀속감과 서양 열강에 대한 열등감은 이전보다 훨씬 강해졌다. '화혼양재'라거나 '동양의 도덕, 서양의 예술'이라는 당시의 표어는 이 사정을 잘 보여준다. … 그러나 '양재'는 '한재(漢才)'보다 '화혼'과 더욱 조화되고자 했다. 급격한 서양화의 진전은 정체성 위기를 유발시킬 수밖에 없어서 메이지 유신의 지식인은 도쿠가와의 지식인보다도 훨씬 심각한 심리적 긴장을 견디지 않으면 안 되었다"고 해설한다. 佐藤誠三郞, 『「死の跳躍」を越えて－西洋の衝撃と日本』, 34~35쪽.
69 山室信一, 「アジア認識の基軸」, 12쪽.
70 山室信一, 위의 책, 12~15쪽.
71 山室信一, 위의 책, 24쪽.

봉건제도가 붕괴한 1868년 이후 일본에서 몇 십 년인가 계속된 급속하고 종종 열광적인 '서양화'에 더하여 고려해야 하는 두 가지의 요소가 있다. 첫째는 일본이 교육을 찾아 서양에 기댄 반세기 정도는 과학적 인종주의가 구미의 자연과학과 사회과학을 지배하던 시기와 거의 중첩되어 있다는 것이다. 즉 일본에서는 서양화의 과정 안에서 일본인의 인종적 열등성이 경험적으로 설명될 수 있다고 하여 일본의 과학자나 지식인은 그러한 주장을 무시할지, 분명한 주장을 하는 교사와 인연을 끊을지 난처한 입장에 처하게 되었다. 둘째 일본인은 1930년대까지 서양인에 의한 인종적인 멸시와 노골적인 차별 인내를 강요당해 왔다. 그것은 너무나 공공연한 여러 가지 방법으로 이루어졌는데 그 중에는 19세기의 불평등조약, 미국 및 타국의 차별적인 이민정책, 거기에 국제연맹의 창설 당시의 굴욕-일본이 요구한 '인종적 평등'이라는 간단한 선언은 거부당했다-이 있었다. 이 때문에 지금 논하고 있는 기간(제2차 세계 대전 중)의 일본인의 반 서양 논리에는 계산할 수 없는 반동적인 경향이 있었다-과거의 모욕 및 냉담한 대우에 대한 명백한 복수 생각은 이것 또한 백인사상주의자(白人史上主義者)의 인종주의에 부합하는 것이 없다. 이 상황은 아시아의 다른 민족에 비해 일본인이 우월하다는 결정적인 생각 때문에 한층 복잡한 것이 되었다-겸손한 듯하면서도 상대를 깔보는 듯한 태도는 서양의 기계류에 절묘하게 들어맞는 것에 기인하는 점이 컸다.[72]

백색인종에 대한 열등감이 강화되면 될수록 황색인종에 대한 우월감은 강고한 것이 되어 갔다. 즉 일본인은 '문명'이라는 척도뿐만 아니라 '인종' 면에서도 자신들이 소속된 아시아를 차별화하기 시작했다. 중국인을 '지나천족(支那賤族)'이라 부르고 조선도 "조선의 풍속은 야

---

72 ジョン・W・ダワー, 『人種偏見』, TBSブリタニカ, 1987, 240~241쪽.

만이 극에 달한 아프리카인과 같고 그 형벌은 삼족(三族)에 미치는 것과 같은 야만국"이라 간주하는 강렬한 아시아 멸시관이 연이어 생산되었다.[73] 아시아의 일원이면서 아시아를 멸시한다는 모순된 태도는 당시의 일본이 얼마나 심각한 정체성 위기에 엄습 당했는지를 말해준다.

한편 정체성 위기는 조선도 같은 심각함이 엄습하여 일본보다도 더욱 비장감을 동반한 반응을 일으켰다. 1866년의 프랑스 함대, 1871년의 미국 함대와 계속된 서양 열강의 침입을 당한 조선에는 정학을 지켜 사학을 물리친다는 '위정척사'를 표방하는 화서학파가 대두했다. 그들은 서양을 '양이', 일본을 왜양 일체화된 '왜이'라 불러 소중화(小中華)의 고루를 사수하기 위한 반침략, 반근대의 언론을 주장하면서 '살신성인' '사신취의'를 내건 반일의병운동을 다투게 되었다.[74]

장인성에 의하면 소중화를 사수하던 그들에게 일본은 단순한 야만과 폭력으로 상징되는 존재에 불과했다고 한다.

조선인의 국제정치관에서는 일본과의 '교린'은 중국과의 '사대'에 비하면 부차적인 것에 지나지 않았다. 조선통신사의 의의를 둘러싼 양국

---

73 山室信一, 「アジア認識の基軸」, 27~29쪽. 또 기무라 간(木村幹)은 "이러한 경위를 거친 에도기의 한국 인식은 아니었지만 오늘날 주목해야 하는 것은 이러한 일본 측의 일방적인 인식에도 불구하고 이러한 문제에 대해서는 오늘날의 한국에 대한 두 가지의 큰 마이너스 이미지인 '불결'과 '위험'이라는 요소가 보이지 않는다는 것이다. 이것은 이 시대와 메이지 후기 이후의 한국 인식 사이에 분명한 단절이 존재한다는 것을 의미한다. 표현을 바꾼다면 그것은 우리들이 이러한 인식의 근절을 에도기 이전에서가 아니라 메이지 후기 이후의 양국관계와 일본의 국내정세에서 찾지 않으면 안 된다는 것을 의미한다"고 기술하여 에도기의 한국 인식과 메이지 후기 이후의 한국 인식에서 분명한 단절이 있다는 것에 주의를 하고 있는데 이러한 인식의 단절에는 야마무로가 지적하듯이 '문명'과 '인종'의 새로운 인식 기축의 탄생이 관계하고 있다고 생각된다. 木村幹, 「不潔と恐れ-文學者にみる日本人の韓國イメージ」, 岡本幸治 編著, 『近代日本のアジア觀』, ミネルヴァ書房, 1998, 107쪽.

74 姜在彦, 『朝鮮儒敎の二千年』, 430~435쪽.

의 표면적이며 일방적인 해석에서 보이는 것처럼 실제로는 '교린'은 상호차별과 자기우월성의 심리, 그리고 상대방을 자국 아래에 두려는 의식을 내포하는 것이었다. 조선인은 중심에 대해서는 이중적 아이덴티티를 가졌는데 일본에 대해서는 '힘'의 존재에서 상기되는 거의 일원적인 아이덴티티를 가졌다. 일본은 '야만성'과 '폭력성'의 존재이며 '예법'의 국제체제는 위협하고 파괴하는 국가로서 이미지화되었다. 1875년의 서계사건은 조선의 지식인에게 '예법'의 국제체제를 위협하는 행위의 재발을 의미하는 것이었다. '황(皇)'이나 '칙(勅)'이라는 용어는 기존의 외교격식, 즉 교린관계의 틀, 나아가서는 동아시아 국제관계의 틀을 혼란에 빠지게 하는 의도를 내포하는 것으로 받아들였다. 또 강화도 사건과 그것에 후속되는 개항은 일본의 '야만성'과 위협의 구체화를 의미하는 것이었다.[75]

이러한 웨스턴임팩트와 정체성 위기의 와중에서 1910년 일본은 조선을 병합하고 식민지 지배가 시작되었다. 미개국=야만국인 조선의 식민지 경영은 반증으로서의 조선인의 한심스러운 모습에 날마다 갱신되는 일본인의 존대한 자의식의 재확인 작업이기도 했다. 그리고 이 존대한 자의식은 일본을 높이고 중국·조선 그리고 서양을 폄하하기 위한 새로운 사상 기축, 즉 '정신'으로 집약되는 도덕론에 활로를 이끌어 냈다.

오구마 에이지(小熊英二)는 1901년에 발행한 『대만교육회잡지』에서 당시 일본의 대만 통치에서 일본이 서양에 자랑할 수 있는 것이 '일본의 도덕'이며 '혼성(魂性)'으로 인식되고 있었다는 것을 다음과 같이 설명한다.

---

75 張寅性, 「近代朝鮮の日本觀の構造と性格－自己, 他者, 狀況の關數的表象としての日本觀」, 宮嶋博史·金容德 編, 『近代交流史と相互認識Ⅰ』, 慶應義塾大學出版會, 2001, 161쪽.

　일본은 육해군, 농공상, 미술기예 학문의 세계에서 구미보다 뒤떨어
지고 약하며 간신히 지나·조선 등의 나라보다 우수하고 강하다. 이 외
에 약간의 한 가지 희망이 있는데. 말하길 일본의 도의를 보편 교육
중의 하나의 과제, 그것도 중대한 한 과제로 세계에 넓혀가는 것이다.
… 이 혼성은 저 멀리 구미 공위(公位)의 위에 있다. 물질적 문명에서
걸음을 양보하는 것은 이미 긍낙(肯諾)이다. 도의에서는 한 걸음도 양
보하지 않는다. 그렇다면 더욱 나아가 이 도의를 탁마하여 세계 교도를
일본의 임무로 삼아야 한다.[76]

　'물질적 문명'에서는 이길 수 없지만 '도의'나 '혼성'이라는 도덕에서
는 "저 멀리 구미 공위에 있"다고 한다. 문명이나 인종에서는 구미에
이길 수 없겠지만 도덕을 가져오는 것으로 물질적 문명을 능가하려는
고심한 선택이 당시 세계적으로 유행하던 독일 관념론에 의한 '정신'개
념의 심화와 뜻하지 않게도 부합했다.
　고자이 요시시게(古在由重)는 다이쇼시대 말기(1920년대 초기) 무렵부
터 그때까지 사용되던 '야마토 다마시(大和魂)'를 사용하는 대신에 '일
본정신'이라는 표현이 간행물에 나타나기 시작하여 1930년대가 되자
'일본정신'의 열광적인 시대를 맞이했다고 한다.[77]

---

76 小熊英二, 『日本人の境界』, 新曜社, 1998, 89쪽, 원문은 『台灣敎育會雜誌』第一卷,
ひるぎ社, 1994, 394쪽.

77 고자이 요시시게(古在由重)는 "'일본정신'이라는 말이 표어로서의 강력함과 일종의
신선한 감촉으로 우리 국민 사이에 급속하게 전파되기에 이른 것은 대체적으로
1931(쇼와 6)년 가을의 만주사변 이후의 일이다. 이듬해와 그 이듬해는 좌익적 혹은
자유주의적 경향이 강한 것을 제외한 정기간행물의 대다수는 일본정신이 되는 말을
사용하여 『일본정신특집호』 등을 간행하여 한층 유행의 기세를 얻는다. 이후 이 말
은 국민 사이에 널리 수용되기에 이르렀다"고 하는, 1935년에 실시된 문부성 사상국
編⑱사상조사자료특집 『日本精神論の調查』(1936)의 조사 결과를 소개하고 있다. 岩
波講座, 『哲學 XVIII 日本の哲學』, 岩波書店, 1972, 316~317쪽.

　쇼와의 '일본정신'은 명실 공히 침략적 제국주의국에 붙여진 모험적인 전쟁을 위한 슬로건이었다. 그것은 더욱이 고대 신화와 결합된 복고적인 이데올로기였는데 이러한 것은 '북방신화'로 거슬러 올라가 게르만 민족의 우수성이라는 나치즘의 철학에서도 찾을 수 있을 것이다. 아무튼 그것은 식민지 확대를 위한 전쟁의 신성화였다. 우리 일본 민족의 비할 데 없는 우수성의 강조였다. 저 전쟁은 일본 민족의 역사를 관통하는 정신의 발양이 되었다. 그것도 신이 내린 극우적인 황조주의와 함께 유럽풍의 분식된 '역사철학'까지도 유행했다. 그리고 이 경우에는 '일본정신'이야말로 세계사의 원동력으로서의 모랄리세 에네르기(moralische energie: 도의적 생명력)의 최첨단이 되고 여기에서 바로 필승이 보증된다고 역설했다.[78]

　일본정신을 '세계사의 원동력으로서의 모랄리세 에네르기의 최첨단'으로 삼는 이해는 실로 헤겔류의 독일풍 '정신' 개념의 영향에 의한 것이었다.[79] 그리고 이 '정신' 개념이 급속하게 사람들의 사상을 규율해 가는 계기가 된 것은 1923년 9월 1일에 발생한 미증유의 피해를 가져온 관동대지진이었다.

　텔레비전도 라디오도 없던 시대였으며 근거가 없는 유언비어가 신문을 흔들어 과장되고 극심한 선동으로까지 발전했다. 지진 직후 패닉 상태에서 계속되는 화재는 불령단(不逞團) 조직에 의한 방화가 아닌가 하는 유언비어가 퍼지기 시작했다. 그 의심의 중심에 재일조선인의 존재가 있었다. 시간이 가면 갈수록 강도, 강간, 약탈의 대폭동을 반복하

78　岩波講座, 『哲學 XVIII 日本の哲學』, 264쪽.
79　고야스 노부쿠니는 니토베 이나조의 『무사도』가 쓰인 19세기 말기에 빠르게도 헤겔의 역사철학이 근대 일본의 사상 과정에 강하게 규정적인 영향력을 갖고 있었다는 것을 지적하고 있다. 子安宣邦, 「東洋について(1) ヘーゲル'東洋'槪念の呪縛」, 『環』 vol.4, 藤原書店, 2000, 290쪽.

는 '불령선인'을 둘러싼 언설은 계속해서 생산되는데, 1개월 후 '불령선인'은 결국 고정화된 이미지로 정착하기에 이른다. 그리고 '불령선인'의 폭동이라는 유언비어에 미혹된 각지에서 자경단이 결성되어 6천 명 정도의 조선인이 무참하게도 일본인의 손에 의해 학살당했다.

이 혼란한 사태를 접한 일본 정부는 〈국민정신작흥에 관한 조서〉를 발령한다. "짐이 생각하니 국가흥륭의 근본은 국민정신의 강건에 있다. 이것을 함양하고 이것을 진작하여 국본을 견고하게 해야 한다. … 하물며 지금의 재화가 너무나 커서 문화의 계승과 국력의 진흥은 모두 국민정신에 기대하니"[80]에 있는 것처럼 관동대지진에 의한 인심의 동요나 사회불안을 '국민정신'을 '작흥'하는 것으로 극복하려 했다. 일본인도 조선인도 '정신'을 작흥하는 것에 모든 신경을 집중시켜야 하는 시대가 도래한 것이다.

같은 무렵 조선에서는 애국계몽운동이 널리 전개되었다. 강해수에 의하면 조선에서는 1900년경부터 장지연(1864~1921)이나 박은식(1859~1925), 신채호(1880~1936) 등의 애국계몽운동 사상가가 한문학을 폐지하고 '국문학'의 가치를 고양시켜 일본제국주의에 대항하기 위한 민족의 정신적 각성을 고취하기 위해 '국문'을 채용해야 한다는 주장으로 발전했다. 그러한 가운데 1926년에 최남선(1890~1957)은 〈조선국민문학 시조〉라는 글에서 '조선심·조선혼'의 고취를 호소했다고 한다.

식민지 '조선'의 '국민문학'론(혹은 운동)은 원래 '조선심·조선혼'을 고취한 '민족파 문학' 진영에서 주창된 것이었다. 그 대표적인 예가 1920년대 중반의 최남선(육당, 1890~1957)의 '시조부흥운동'인데 거기서 최남선은 '조선 문학으로 문학적인 성인의 경지에 이른 것은 시조

---

80 『明治大正昭和三代詔勅集』, 北望社, 1969, 363~364쪽.

뿐'이며 '시조'야말로 '조선심', '조선혼' 등으로 표현되는 민족정신이 독점적으로 구현된 것이라고 피력한다.[81]

용서하기 어려운 일본제국주의의 침략을 '조선심·조선혼'이라는 민족정신의 발로에 호소하는 것으로 규탄하려 한 '시조'로 대표되는 민족파 문학은 압도적인 무력으로 민족문화를 유린해 가는 일본제국주의에 실로 정신적인 저항이었다. 그러나 거기에 자존심의 굴절된 표현이 잠재해 있다는 것을 놓치면 안 될 것이다. 왜냐하면 그것은 "객관적 현실에서 청에 대한 굴복과 심리적 현실에서의 청에 대한 정신적 우위의 감각이라는 일종의 자기 분열"[82]이라고도 할 수 있는 조선왕조시대의 소중화 의식의 전통을 끌어들여 청을 일본으로 바꾼 의식이었기 때문이다.

1920년에 쓴 『조선독립운동지혈사』에서 박은식은 다음과 같이 '일본 민족에 대한 경멸'을 기술했다.

조선에서는 일본인의 기관지와 관리의 입으로 항상 '일본은 세계 일등국'이라 자만하고 '일본인은 조선 민족에 비해 훨씬 우수한 지도자이다'라는 자부 정도를 자만하고 있지만 조선 민족은 이러한 경우에 대해 특히 억누르기 어려운 불쾌한 감정을 갖는다. 이 모욕에 맞서려는 절실한 마음이 '왜놈, 왜놈, 너희들은 폭력으로 너의 어머니 되는 나라 사람들을 지배하려고 하는가? 언젠가, 언젠가, 두고 보자'고 말한다. 나는 이러한 것을 보면서 들으면서 이를 갈고 팔을 걷어붙이려는 마음, 더욱 깊어지고 더욱 격해지는 것이 있다. … 조선 민족은 일본 민족에 대해

81 姜海守,「植民地朝鮮における國文學史の成立」, 西川長夫·渡邊公三 編,『世紀轉換期の國際秩序と國民文化の形成』, 柏書房, 1999, 367쪽.
82 鄭大均,『日本(イルボン)のイメージ』, 中公親書, 1998, 117쪽.

그 잔박 경조한 민족성을 경멸하고 그 장래성 없는 것에 연민의 정을
갖고 있다. 가령 오늘날이야말로 일본 민족의 억압을 받고 있다고는
하지만 자민족이 일본보다 우수하다는 것을 견고하게 믿어 의심하지
않는다. 조선 민족이 일본에 대해 두려워하는 것은 단지 일본이 무기를
가지고 있는 것뿐이다.[83]

무기의 힘에 굴복한다 해도 일본 민족의 '잔박 경조한 민족성을 경멸
하고', '자민족이 일본보다 우수하다는 것을 견고하게 믿어 의심하지
않는다'. 이러한 강렬한 일본에 대한 열등감과 우월감의 공존이 '왜놈'
에서 '쪽발이'로 일본인에 대한 경멸하는 호칭 변화를 가져왔다. 게타
를 신을 때 발끝이 두 쪽으로 나뉘는 모양이 돼지의 발을 연상시킨다는
것에서 명명되었다고 하는 쪽발이[84]라는 말에는 당시 조선인의 침략당
한 굴욕과 무력으로 저항하지 못하는 허무함(無念)을, 그리고 그럼에도
흔들림 없는 문화적 우월감=자존심이 거듭 들어있다.

웨스턴임팩트에 의한 정체성 위기는 한일 양국의 동일한 반응을 일
으켰다. 그것은 자기를 윤리적 존재로 인식하는 것, 즉 도덕적 우월감
으로 위기를 극복하려는 태도이다. 그리고 윤리적 존재의 우수성을 강
조하는 것은 자국의 민족, 역사, 문화 모든 것을 윤리적 존재로 성스럽
게 생각하려는 충동으로 연결된다. 거기에 때마침 서양에서 차용된 헤
겔류의 정신론이 도입되어 정신주의라 불리는 모든 것을 정신으로 해
결하려는 경향을 초래했다. '일본정신' 혹은 '조선심, 조선혼'이라는 말
로 상징되는 한일 양국의 정신주의의 급격한 확산은 압도적인 물질문
명에 대한 도덕적 우월감의 주장이라는 굴절된 심리를 반영한 것이며

---

83 朴殷植(姜德相 譯), 『朝鮮獨立運動의血史』 1, 平凡社東洋文庫, 1992, 124~125쪽.
84 『조선말사전(상중하)』 하권, 과학원출판부, 1992, 4374쪽.

웨스턴임팩트에 의한 정체성 위기의 심각함을 빼고는 설명하기 어려운 현상이다.

5. 재일한국·조선인의 위치

일본인에게 재일한국·조선인은 자신들의 동포가 아니라 당연 한국, 북한(일본에서는 북조선)의 동포이다. 따라서 그들의 아이덴티티는 한국, 북한에 속하고 그들은 동포로 받아들여지고 있다고 생각한다. 그러나 한국에서 그들은 쉽게 받아들이기 어려운 존재이며 때로는 비난의 대상조차도 되고 있다.

이토 아비토는 현대 한국인의 '재일교포'(재일동포)에 대한 일반적인 견해에 대해 "재외교포로 한국어를 말하지 못하는 자는 비난의 표적이 되고 때로는 멸시에 가까운 취급을 받는다. 특히 재일교포는 일본적인 분위기나 행동에 물들어 있는데 한국인에게 불쾌하게 비춰지는 것 같아서 한층 더 증폭된 비난이 있는 듯하다"[85]고 설명하고 있는데 이것은 실제 한국에서 자주 목격하는 풍경이다. 한국인이면서 한국어를 말하지 못하고 더욱 미워해야 할 일본의 풍속, 습관에 부끄럽게도 물들어버린 동포들. 이것이 그들 재일한국인이 조국에서 직면한 입장이다.

돈벌이로 왔다고 해서, 혹은 강제 연행당했다고 해서 식민지 시대의 일본에서 몇 십만이라는 조선인이 탄광이나 조선소 등의 가혹한 조건 아래에서 노동을 강제당한 역사를 생각한다면 '재일교포'는 결코 무시의 대상은 될 수도 없다. 그러나 그것이 현실에는 '반쪽바리'(반일본인)로 멸시당하는 것의 부조리를 어떻게 이해하면 좋은가? 강기동(姜琪東)

85　伊藤亞人, 『アジア讀本 韓國』, 河出書房新社, 1996, 318쪽.

이 일본어 시집 『신세타령』에서 개진한 '재일교포'의 가슴에는 실로
일본과 한국의 골짜기에 놓인 자의 비애를 노래하기에도 부족했다.

> '반쪽바리'라 조롱하는 자 있다. 그래도 좋다. 나는 절반 일본인이다.
> 복어의 독도 먹는 반쪽바리[86]

> 실업
> 나비가 떠나고 반쪽바리는 또 낮잠[87]
> 게타 신고 일본 정월밖에는 모르네[88]
> 사자춤으로 조선부락을 지나가네[89]

또 나카자와 게이지(中澤啓治)의 만화 『맨발의 겐』에 나오는 아이들
의 무기력한 대사는 당시의 재일조선인이 처한 상황을 비참할 정도로
적나라하게 표현하고 있다.

> 야아! 비국민과 조선인이 사이좋게 지내네
> 가장 쓸모없는 인간들이 사이좋게 지내네
> 조선
> 조선이라고
> 바보 취급하지 마라
> 같은 밥을 먹고
> 따뜻한 똥을 눈다
> 어디가 다른가

---

86 姜琪東, 『身世打令』, 石風社, 1997, 8쪽.
87 姜琪東, 위의 책, 8쪽.
88 姜琪東, 위의 책, 9쪽.
89 姜琪東, 위의 책, 25쪽.

신발 끝이
조금 다르다[90]

전시하의 '내선일체', '일시동인'이라는 정부에 의한 미사여구의 슬
로건을 소리 높여 외치던 시대에 서민 사이에서는 '가장 쓸모없는 인
간'이라는 꼬리표가 당당히 붙여져 아이들이 야유의 대상이 된 것은
너무나 가슴이 아픈 기억이다.

이러한 재일한국·조선인을 둘러싼 상황은 전후에도 쉽게 변하지 않
았다. 스기하라 도루(杉原達)는 1948년에 제주도에서 일어난 4·3사건
의 관계자에 대한 일본인의 눈길이 '복잡하고 불결하고 무질서하여 무
엇을 시작해야 할지 모르는 뒤진 아시아'를 배후에 지고 온 '불법입국
자'를 보는 듯했으며, 전후 일본인의 마음에도 여전히 재일조선인에
대한 배외감정이 들어 있던 배경을 다음과 같이 설명한다.

그들(재일조선인)은 '초라한 아시아'를 눈에 보이는 형태로 체현하는
'안이 되는 타자'이며 배제해야 할 존재이면서 한편에서는 닫힌 공간의
내부에서 일본인만의 일체감을 맛보는 한에서는 오히려 필요한 존재로
서 중요한 위치를 부여해 왔다. 일이 발생할 때마다 분출하는 '불만이
있다면 고국으로 돌아가라'고 하는 배외감정은 침략사에 대한 무시의
결과이면서 재일조선인의 자기주장은 안정된 일본 사회의 질서에 적대
적이기 때문에 인정받기 어려운 의식에 지탱하고 있다.[91]

전후에도 견지된 한국, 조선인에 대한 격한 배외감정은 '안정된 일본
사회의 질서에 적대적인 것'이라는 인식에 지탱된다. 그러나 식민지

---

90 中澤啓治, 『中公愛藏版 はだしのゲン』 第一卷, 中央公論社, 1996, 66쪽.
91 杉原達, 『越境する民 近代大阪の朝鮮人史研究』, 新幹社, 1998, 28~29쪽.

정책으로 생겨난 사생아이며 피해자인 그들의 존재가 왜 일본 사회에 '적대'적인 것으로 인식당해야 하는가?

정대균은 1949년, 51년, 67년에 일본에서 행해진 여론조사 결과에서 전후 일본인이 안고 있던 한국·조선인에 대한 평균적인 이미지가 "분명한 부정적인 어휘이며 가장 빈번히 선택된 어휘를 합성하여 만들어진 것이 조선인=불결하고 문화가 낮다, 교활하다, 경제적으로 도움이 되지 않는다, 일본을 바보 취급한다, 일본에 도움이 되지 않는다, 일본을 원망하고 있다, 흉하다는 이미지"[92]였다고 기술하여 그 배경에 GHQ 점령하의 재일조선인의 행위가 많은 일본인에게 '무법', '악자'라는 인상을 갖게 만들었다고 설명한다.

> 패전 때부터 이듬해 3월에 걸쳐 약 130만 명 정도의 조선인 인양자(引揚者: 해외 귀환자)가 일으킨 여러가지 사회적 혼란, 각 지의 탄광, 공장, 사회, 토목 현장에서 조선인의 파업, 쟁의, 암시장의 조선인, 야쿠자와의 항쟁사건, 경찰서 습격사건, 철도운송위반, 재일조선인연맹(조련)의 활동, 외국인등록증명서의 부정수급이나 위조변조사건과 같은 재일조선인과 관련된 일련의 행위는 오야 소이치(大宅壯一)가 어느 좌담회에서 말한 것처럼 '조선인과 공산주의, 조선인과 화염병, 조선인과 암시장, 조선인과 범죄'를 연결시켜 바라보는 사고를 일본인에 심어주었으며 그것을 누그러뜨리는 작업은 쉬운 것이 아니었다.(『중앙공론』, 1952년 9월호)[93]

일본인에게 패전의 대혼란 와중에 '조선인 인양자'가 일으킨 다수의 불법행위가 그 후 일본인의 한국·조선인관을 쉽게 누그러뜨리지 못한

---

92 鄭大均, 『韓國のイメージ』, 中公親書, 1995, 2~6쪽.
93 鄭大均, 위의 책, 68쪽.

결정적인 영향을 주었다고 해도 그것은 식민지 지배하에서 가혹한 노동과 생활을 당한 그들의 원망의 표현으로 관대했어야 하는 것은 아닌가라는 생각도 뇌리를 가로지른다. 그러나 "이 시기의 재일조선인 행위를 무시하면 왜 전후의 일본인이 조선인에게 전통적인 멸시뿐만이 아니라 적의나 증오에 가득 찬 감정을 가졌는가를 이해할 수 없다"[94]는 것이며, "패전 후의 조선인과의 관계적 작용을 통해 배양되었다고 보이는 새로운 적의나 증오의 감정"[95]을 분명하게 인식해두지 않으면 안 된다.

식민지 통치에서 전후의 혼란, 한국전쟁에서 급격한 경제 부흥을 달성해 간 한일 양국에게 항상 한일 양국의 골짜기에 위치해 온 그들의 존재를 정당한 한일관계사 안에서의 자리매김 없이 한일 양국을 말하는 것은 불가능하다.

박경식은 재일조선인의 위치에 대해 다음과 같이 기술한다.

조선인은 일찍이 일본의 식민지하에서 차별, 억압된 불쌍한, 무기력한 사람들이라는 생각이 지배적이다. 그것은 인권, 민주주의를 위해, 민족해방을 위해 싸운 역사를 발전시키는 주인공적 역할에 대해 일본의 근현대사의 서적이나 문예작품에서는 일체 언급하지 않고 일반적으로도 가르친 적이 없었기 때문이다. … 재일조선인의 족적은 일본과 조선의 국제적, 민족적인 관계사를 비춘 분광기이기도 하다. 현재에 가장 가까운 과거의 일본과 조선의 역사, 현대 일본의 재일조선인의 운동을 아는 것으로 재일조선인의 민족적 주체성, 일본인의 올바른 국제주의적 관점이 확립되어 간다고 생각한다.[96]

---

94 鄭大均, 위의 책, 70~71쪽.
95 鄭大均, 위의 책, 71쪽.
96 朴慶植, 『在日朝鮮人 强制連行 民族問題』, 三一書房, 1992, 21쪽.

　재일한국·조선인을 '일본과 조선의 관계를 비춘 분광기'로 파악하는 것으로 우리들은 비로소 틀림없이 포괄적인 한일관계를 인식할 수 있다.

　일본인도 조선인도 근대의 가혹한 역사에서 그 출발점부터 이미 주연적(marginal)인 존재였던 재일한국·조선인을 단적으로 천한 존재로 간주해 왔다. '양이'인 서양을 뒤집어 쓴 '왜이'에 가서 돈을 벌어들이려는 천한 존재. 서양화에 늦은 '야만국'에서 온 불결한 천한 인간. 한일 양국의 근대사가 분명하게 보여준 것은 우리들 한일 양국의 인간이 그들 재일한국·조선인을 천한 인간으로 밖에는 인식할 수 없었던 비극이다.

　이주한 인간은 조선인뿐만이 아니라 일본인도 마찬가지이다. 한반도나 제주도로 이주한 일본인, 그리고 일본으로 이주한 조선인은 각각 조국의 근대화에 측량할 수 없는 거대한 역할을 수행했다. 그들의 왕래가 있었기 때문에 한일 양국에 물질적인 풍요함과 근대적인 생활이 이루어진 것은 아닌가? 그러나 일본인도 한국인도 제2차 세계대전의 종결과 함께 그들 주연적인 인간 존재를 무시하고 그들이 귀향하는 것에 두려움조차 느끼는 지경이었다. 한일 양국은 식민지 이주자에 관한 수많은 이면사(裏面史)를 봉인한 채 근대를 곁눈질조차도 하지 않고 자국의 이익을 추구하면서 살아 왔다. 우리들 한일 상호의 멸시관에 뭐라 형언하기도 어려운 찜찜함이 따라다니는 것은 무의식적으로, 혹은 의식적으로 주연적인 존재='월경하는 사람들'을 우리들이 인식하지 않도록 봉인해 온 찜찜함에서 기인한다고 생각된다.

6. 맺음말

이상 16세기부터 근대에 이르는 한일 상호 멸시관의 변용을 숨 가쁘게 더듬어가면서 왜 우리들 일본인이 '조선'이라는 말에 막연하게 모멸과 공포, 꺼림칙함을 느끼는지에 대해 고찰해왔다. '당인'에서 '조선'으로, 그리고 '왜놈'에서 '쪽발이'로의 멸칭의 변화는 한일 양국이 웨스턴 임팩트에 습격당한 정체성 위기에 고민해 온 근대에 생겨난 현상이었다.

'당인'이나 '왜놈'이라는 근세의 멸칭에 비해 '조선'이나 '쪽발이'에는 불식시키기 어려운 증오과 모멸의 감정이 내포되어 있다. 그러한 근대에 멸시관의 단계적 변화는 근대에 새롭게 생겨난 두 가지의 사태, 즉 압도적인 물질문명을 동반한 근대 서양국들의 침입과 식민지 경영이 만들어 낸 주연적인 존재인 재일한국·조선인의 대량 발생이 매개되었다고 생각된다. 서양문명에 대한 명백한 열등감과 재일한국·조선인에 대한 음습한 우월감. 이 두 가지의 콤플렉스에 쏠려 한일 양국은 근대의 상호 멸시관을 복잡화시키고 심화시켜 버렸다.

도요토미 히데요시의 조선 침략과 1910년에 시작되는 식민지 통치에서 피해를 당한 조선인은 일본인에 골수에 사무치는 '한'을 초래했다고 말한다. 그러나 '일제'에 의한 가혹한 식민지 정책에 대한 한국인의 '한'은 그 이면에 일본인과 같은 양상의 심각한 서양 콤플렉스와 재일 콤플렉스를 숨기고 있으며 그것이 일본인에 대한 멸시관을 더욱 증가시켜 온 역사를 갖는다.

대외관이 자의식과 상관관계에 있는 한 한일 양국의 멸시관은 어느 한쪽의 일방적인 노력으로 해소되는 것이 아니라 양자가 상호간 걸음을 가까이 하는 것 외에는 경감시키는 방법은 없다. 한일 양국이 함께 서양 콤플렉스와 재일 콤플렉스를 의식화하면서 멸시관이 형성되어

온 역사를 냉정히 돌아볼 필요가 있다.

일본인과 한국인 사이에는 다양한 유대나 인연, 이력으로 결합된 관계가 있으며 단편적으로 애매하기는 했지만 우리들에게는 상당히 다양하고 방대한 상대방의 기억이나 지식을 모아 놓은 것이 있는 것도 사실이다. 많은 일본인에게는 유년기에 고향에서 귀로 들은 가난한 재일조선인이나 반대로 위세가 좋은 재일조선인의 소문에 대한 기억이 있다. 텔레비전이나 신문을 통해 전해진 한반도의 남쪽과 북쪽에서 일어난 사건에 대한 기억이 있다. 또한 그러한 기억에서 파생된 여러 가지 이미지나 감정의 축적이 있다. 해협을 끼고 있는 이웃나라는 일본인에게도 한국인에게도 오랜 동안 함께 있었던 관계였다.[97]

천 년 이상이나 걸친 '오랜 동안 함께 있는 관계'를 유지해 온 한일 양국의 바람직한 관계란 상호간 멸시관을 경감하고 신뢰감 위에 구축된 관계이다. 그 관계를 쌓기 위해서는 하루가 다르게 바뀌는 한일관계의 뿌리 깊은 멸시감이 가로질러 온 역사에서 눈을 돌리면 안 된다. 이 부채의 역사에 입각하면서 어떻게 하면 멸시감을 불식시키고 우호관계를 구축할 수 있을지를 계속해서 생각해야 할 것이다.

---

97 鄭大均, 『韓國のイメージ』, 62쪽.

—— 제2장 ——

야마자키 안사이와 이퇴계

1. 『일본주자학과 조선』이 만들어낸 스토리

전후 일본인의 조선 인식에서 최초로, 또한 최대의 변화를 가져온 텍스트는 아베 요시오(阿部吉雄, 1905~1978)의 『일본주자학과 조선』(도쿄대학출판회, 1965)을 제외하면 달리 없다. 아베 요시오는 1941년에 경성제국대학에 조교수로 부임했으며, 전후는 1949년에 도쿄대학 교수에 취임, 1961년에 〈에도 초기 유학과 조선 유학〉으로 박사학위를 취득한 인물이다.[1]

아베는 『일본주자학과 조선』에서 이퇴계에 대해 다음과 같이 해설했다.

이퇴계는 에도 초기부터 높은 평가를 받았다. 명·청에서는 이퇴계의 가치를 인정하고 이것을 문제로 삼은 사람은 전혀 없었다. 유독 일본에서는 에도 삼백 년을 통하여 높이 평가받아 그 저작도 다수 출판된 것

---

1 阿部吉雄에 대해서는 李曉辰, 『京城帝國大學の韓國儒教研究』, 勉誠出版, 2016, 第3章, 「阿部吉雄の韓國儒教研究」에 자세하다.

은 실로 불가사의한 일이라고 할수 밖에 없다. 생각해 보면 이퇴계를 가장 높이 평가한 것은 일본에서는 야마자키 안사이이며 제자 사토 나오카타와 그 일파에 이르고, 이어 또한 구마모토의 주자학파와 그 문하들이었다.[2]

에도시대의 야마자키 안사이, 사토 나오카타, 구마모토의 주자학파가 이퇴계를 높이 평가하고 있었다는 이 언설은 그때까지의 일본인의 조선 유교 인식을 바꾼 것이었다. 왜냐하면 그 이전의 인식은 1926년에 경성제국대학 개설시에 교수로 부임한 다카하시 도루(高橋享, 1878~1967)[3]의 "이 세 사람(이회재, 이퇴계, 이율곡)에 의해 절정에 달한 조선의 유학은 그 이후 지금도 진보도 없고 발달도 없으며 게다가 이 세 사람 중에서 퇴계와 율곡 두 사람이 학설에서 약간 다른 부분이 있습니다만 그 학설이 다른 부분이라는 것이 후세에 이르러 조선에서의 정당의 싸움으로 이어졌습니다"[4]라고 하는 것처럼 진보도 발달도 없이 정당의 싸움(당쟁)으로 시간을 보낸 유교라는 부정적 평가밖에는 부여하지 않았기 때문이었다.

아베는 여기에서 더 나아가 『일본각판 이퇴계전집』(1975)에서 이퇴계를 존경한 것은 야마자키 안사이뿐만이 아니라 다수의 에도시대 유학자, 여기에 메이지시대의 교육지침 확립에도 영향을 주었다고 기술하여 그 영향력의 크기를 한층 강조했다.

2　阿部吉雄, 『日本朱子學と朝鮮』, 東京大學出版會, 1965, 452쪽.

3　다카하시 도루(高橋享)에 대해서는 권순철, 「高橋享の朝鮮思想史研究」, 『埼玉大學紀要』 第33卷 第一號, 埼玉大學教育學部, 1997 및 權純哲, 「高橋享的朝鮮思想史研究」, 林月惠・李明暉 編, 『高橋享與韓國儒學研究』, 台灣大學出版中心, 2015에 수록된 것을 참조.

4　高橋享, 「朝鮮の儒教」, 斯文會, 『斯文』, 1923, 15쪽.

야마자키파와는 달리 구마모토의 오쓰카 다이야(大塚退野, 1677~ 1750)의 일파가 일어나 야마자키파 이상으로 이퇴계를 존신했다. 오쓰 카는『자성록』을 읽고 초연해져 주자의 마음을 자득하고는『주자서절 요』를 정미하게 연구하여 40여 년에 이르러 결국 구마모토 실학파의 조상이 되었다. 따라서 그 문인 야부 고잔(藪孤山, 1735~1802)은 '백세 의 아래에서 주자의 실마리를 이은 자는 퇴계 그 사람이다'라고 했으며, 막말의 준걸 요코이 쇼난(横井小楠, 1809~1869)에 이르러서는 원·명 시대를 통해 '고금 절무의 진유'라고까지 절찬했다.

요코이 쇼난을 스승으로 하고 벗으로 삼은 그 절대적인 영향을 받은 사람이 모토다 나가자네(元田永孚, 1818~1891)이다. 모토다는 '메이지 제일의 공신'이라고도 불리며 메이지천황을 보좌하여 메이지의 교육 지침 확립에 혼심을 다한 사람이다. 그 모토다가 '정주의 학은 조선의 이퇴계에 전해져 다이야 선생은 그 찬술한『주자서절요』를 읽고 초연 히 깨달았다. 나는 지금 다이야의 학문을 전하여 이것을 금상황제(메이 지천황)에 바친다'고 했다고 한다.

이렇게 보면 이퇴계는 에도시대 초기부터 일본의 학자에 존신을 받아 결국 메이지의 교육지침 확립까지 관련되어 있다는 것을 알 수 있다.[5]

아베 요시오의 이 서문은 한국에 널리 공유되어 "일본의 야마자키 안사이는 승문에서 환속한 후 이『자성록』과『주자서절요』에 크게 공 감하여 일본성리학의 대가가 되고 오쓰카 다이야는 젊은 시절에 종종 양명학을 배웠는데『자성록』을 읽고는 정주학을 배우게 되었다고 한 다"[6], "일본의 주자학은 한국의 이퇴계 철학의 영향을 가장 많이 받은 것이다"[7] 등 권위 있는 정설로 인정받아 오늘에 이르고 있다.

---

5 阿部吉雄 編,『日本刻版 李退溪全集』(上)〈序〉, 李退溪研究會, 형설출판사, 1975, 20~21쪽.
6 尹絲淳,『퇴계철학의 연구』, 고려대학교출판부, 1980, 19쪽.

그러나 실제로 요코이 쇼난이나 모토다 나가자네의 텍스트를 조사
해보면 아베가 만들어 낸 해석의 자의성이 드러난다. 예를 들어 아베는
요코이 쇼난이 이퇴계를 '고금절무의 진유'라 절찬했다고 기술하고 있
는데 그것은 요코이 쇼난이 청조 고증학을 비판하기 위해 명의 설문정
(薛文靖)과 조선의 이퇴계를 칭양(稱揚)한 문장 중에 나오는 말로 "고금
절무지진유(古今絕無之眞儒)는 주자 이후 이 이현(설문정과 이퇴계)에서
그친다. 그러므로 『독서록』·『자성록』 등의 책은 정주의 책과 같이 학
자는 마음으로 깨달아 받들어 간직해야 한다"[8]고 한 것처럼 설문정의
『독서록』과 이퇴계의 『자성록』을 정주의 책과 같이 배워야 한다고 기
술한 것에 지나지 않는다.

또한 모토나 나가자네에 대해 "그는 메이지천황에 진강에 대해 다음
과 같이 말했다고 한다. 정주의 학은 조선의 이퇴계에 전해져 다이야
선생은 그가 지은 『주자서절요』를 읽고 초연히 얻는 바 있어 나는 오늘
다이야의 학을 전하여 이것을 금상황제에게 바친다"[9]고 기술하고 있는

---

7 裵宗鎬, 『한국유학의 철학적 전개』, 원광대학교출판국, 1989, 306쪽.
8 요코이 쇼난이 실제로 기술한 것은 "청나라 유자는 대개 고증을 학문이라 여기는데,
  그 일부인 『황청경해(皇淸經解)』는 방대하지만 이 도(유학)는 결국 어떠한 것인지를
  알지 못한다. 그럼에도 이 고학자의 시비사정은 원래부터 논하기에 부족하다. 송학을
  받드는 것은 또한 이 고증의 폐해에 물들어, 같고 다름의 조건이나 천희재(遜喜齋)가
  편찬한 『사서대전』과 같이 영락제 이후 아직 말하지 않은 시비득실을 절충 검토하는
  것으로 본의에 이르는 것은 말폐의, 또 말폐라고 할 수 있는가? 심히 부패한 유자로
  혐오를 견디기 어렵다. 실로 지리파멸이 지극하다. 오직 육가서(陸稼書)가 이 누풍에
  서 벗어나 그 설이 들리고 인물도 또한 진유(眞儒)의 풍이 있음은 청대 일인자이다.
  오직 경을 설하는데 가슴속에는 양명을 물리치려는 생각에서 떠나지 않아 그러므로
  종종 온당함을 잃은 듯 보인다. 허심(虛心)으로 이치를 보려는 뜻을 무엇보다도 대단
  히 받든다. 명대 일대의 진유는 설문정(薛文靖)을 높인다. 그 외 조선의 이퇴계가
  있다. 퇴계는 오히려 또 설문정보다 위에 나온 것처럼 보이는데, 고금절무(古今絕無)
  의 진유는 주자 이후 이 두 사람에서 그친다. 그러므로 『독서록』, 『자성록』 등의 책은
  정주의 책과 마찬가지로 배우는 자는 마음에 새겨야 할 것이다". 山崎正董, 『橫井小楠
  下卷 遺稿集』, 明治書院, 1938, 129~130쪽.

데 이것은 마쓰다 고(松田甲, 1864~1945)의 언설을 재인용한 것에 해당한다.[10]

마쓰다 고는 1911년에 조선총독부 임시토지조사국 기수(技手: 하위직 관리)로 조선에 부임하여 조선총독부가 발행한 월간지 『조선』에 많은 글을 기고한 인물이다.[11] 마쓰다는 〈유교에서 보는 내선관계의 두세 가지의 예〉(1921)에서 다음과 같이 썼다.

실제로 도쿠가와 막부 삼백 년간의 덕성상의 교화에 대해서는 퇴계의 학문의 영향은 대단한 것이었다. 그뿐 아니라 메이지시대가 되고 천황과 황후 양 폐하에 근시(近侍)가 되어 성덕을 보도하고 받드는 공신 모토다 도야는 가장 퇴계의 학문과 인물을 경모한 사람이었다. … 요코이 쇼난의 친한 제자이기도 하고 또 벗이기도 한 모토다 도야는 메이지천황의 시강이다. 메이지천황은 가장 도야를 존중하시어 위대한 치적도 도야의 학문에 의지한 일이 많았지만, 그 도야가 정주의 학은 조선의 이퇴계에 전해지고 다이야 선생은 그가 지은 『주자서절요』를

9 阿部吉雄, 『日本朱子學と朝鮮』, 484쪽.

10 마쓰다의 원문에는 어디에서 인용한 것인지 기록되어 있지 않다. 때문에 모토다가 시강으로 메이지천황에 유학을 진강한 것과 관련되는 〈시강주차(侍講奏箚)〉(1868), 〈경연에 모시는 기록〉(1878), 『경연진강록』(1900), 『모토타선생진강록(元田先生進講錄)』(1910) 등 텍스트를 조사해 보았지만 어느 텍스트에도 해당하는 언설은 보이지 않는다. 〈교학대의사강(敎學大意私講)〉(1870)에 "게이초(慶長, 1596~1615)에서 겐나(元和, 1615~1624) 이래의 유자로 구마자와 선유(先儒)가 도덕과 경륜에서 천재(千載)의 한 사람이다. 이 외에는 오쓰카 다이야(大塚退野)의 학문은 조선의 이퇴계로부터 전해져 정주의 진수를 만나 공자의 뜻을 얻었다. 그 문인 히라노 신엔(平野深淵)은 정이천이 지은 『정씨역전』의 도덕에 조예가 깊고, 은나라의 재상 이윤(伊尹)의 뜻을 체현했다. 이 세 사람의 학맥은 참으로 요순 공자의 심법을 얻어 후세에 지표로 삼아야 한다"라는 기술이 있는데 이것도 모토다가 구마자와 반잔, 오쓰카 다이야, 히라노 신엔 세 사람을 존경하고 있었다는 것을 말하는 것뿐이다. 海後宗臣, 『元田永孚』(『日本敎育先哲叢談』 19卷), 文敎書院, 1942, 192쪽.

11 마쓰다 고에 대해서는 權純哲, 「松田甲の日鮮文化交流史硏究」, 『埼玉大學紀要 敎養學部』 第44卷 第1號, 2008, 55~56쪽.

읽고 초연히 얻은 바 있어 나는 지금 다이야의 학문을 전하여 이것을 금상천황에 받친다고 말한 일(이것은 메이지 13년 6월 발행 『규슈사담회보』 제1호에 들어 있는 우치다 슈헤이(內田周平) 씨의 담화)은 내선 양쪽 사람이 잘 알아야 하는 일이다.[12]

마쓰다는 여기서 모토다 도야(나가자네)를 '가장 퇴계의 학문, 인물을 경모한 사람'이라 하고 이퇴계의 사상이 시강이었던 모토다 나가자네를 매개로 하여 메이지천황에 전해지고 모토다 자신 '나는 지금 다이야의 학문을 전하여 이것을 금상천황에 바친다'고 했다고 기록했다. 그러나 '『규슈사담회보』 제1호에 게재된 우치다 슈헤이 씨의 담화'에 실제로 기록되어 있는 것은 이하와 같은 글이었다.

모토다 씨는 여기 다이야 및 쇼사이(省齋)의 학을 믿어 세상에 행하려 했다. 그렇다면 정주학에 깊이 들어가는 것에서는 다이야파는 상당히 번학을 뛰어넘었다. 오늘 우리 일본에도 정주학은 끊어짐 없이 행해져 황송하게도 교육칙어 안에도 담겼는데, 칙어는 국체설과 도덕론을 나란히 거론하지만 그 도덕의 해석은 정주의 설과 다른 것이 없다. 모토다 씨가 말하는 정주의 학은 조선의 이퇴계에 전해지고 오쓰카 다이야 선생은 그가 찬술한 『주자서절요』를 읽고 초연히 얻은 바 있었다. 나는 지금 다이야의 학문을 전하여 이것을 금상황제에게 바치려 하니 실로 우리들이 존신하는 정주학은 오늘날 실제로 세상에 행해지는 것이다.[13]

이것은 우치다 슈헤이(內田周平, 1854~1944, 메이에소 쇼와 전기의 중국 철학자)의 〈구마모토학풍의 역사적 관찰〉이라 제목을 단 강연의 일부이

---

12 松田甲, 「儒敎より觀たる內鮮關係の二三例」, 朝鮮總督府, 『朝鮮』, 1922년 5월, 138쪽.
13 內田周平, 「熊本學風の歷史的觀察」, 『九州史談會報』 第一號, 1897, 9쪽.

다. 이 인용 부분의 앞에는 구마모토에 번학, 무학(武學), 오쓰카 다이야
의 학파의 세 학풍이 있고 오쓰카 다이야의 학파에서는 '정주학'을 중
시했다는 것을 기술한다. 이 인용 부분의 뒤에는 '실로 우리들이 존신
하는 정주학은 오늘 실제로 세상에 행해지고 있다'라고 기술하고 있다.
오쓰카 다이야가 '정주학'을 중시했다는 것을 해설하기 위해 개최된
강연회였다. 이 일부에서 오쓰카 다이야가 이퇴계의 『주자서절요』에
감탄했다고 하는데 『주자서절요』는 원래 주자의 서간을 모은 것으로
이퇴계의 사상이 들어 있는 텍스트는 아니다. 모토다를 '가장 퇴계의
학문과 인물을 경모한 사람'이라 하는 근거도, 모토다를 통해 메이지천
황에 이퇴계의 사상이 전수되었다는 증언도 어디에도 보이지 않는다.
그럼에도 불구하고 아베는 마쓰다의 이 픽션을 바탕으로 상기와 같은
이퇴계의 신화화를 모색했다.[14]

실제로 아베는 전후의 1944년에 『이퇴계』라는 제목의 책을 출판하
였는데 그 책에서 이퇴계, 야마자키 안사이, 모토다 나가자네에 대해
다음과 같이 기술했다.

단적으로 말한다면 두 선생(야마자키 안사이, 모토다 나가자네)의 사
상은 황국의 도에 근본한 공자, 주자, 퇴계 선생의 도의 사상을 융회하
고 순화, 또 지양한 것이라서 여기에서 일반적인 인의도덕의 가르침은
실로 황국의 도를 중핵으로 하는 인의도덕의 가르침으로서 말한 것이
다. 아무튼 퇴계 선생의 사상은 특히 일본정신사에서 선각자들에 깊이
섭취되었다는 것은 주의해야 할 것으로 퇴계교학의 순수성을 찰지할
수 있다. 퇴계 선생의 자성적, 심학적, 실학적인 교학이나 도의에 감분

---

14 姜海守,「한일 융화, 표상의 요구와 이퇴계」,『역사비평』, 2008년 가을호, 역사비평
사, 2008, 363~365쪽 참조.

흥기시키는 교육법은 특히 반도 선비들의 혼을 근본적으로 구제하는 양약적인 성격을 갖는 것이라고 생각한다. 그럼에도 반도의 사회는 그 교학을 순수하게는 수용하지 않았다. 그렇지만 지금의 반도는 황국 일본의 일환으로 국체의 본의에 투철한 도의의 확립을 기본적인 명제로 삼아 일정한 도약을 이루고 있다. 이 가을에 심혼의 엄숙한 단련, 부동의 도의심의 함양을 주창한 퇴계교학의 현대적 의의를 생각하는 것은 중요한 과제이다.[15]

아베가 『이퇴계』를 출판한 의도는 이퇴계의 도의사상을 '반도 선비의 혼을 근본적으로 구제하는 양약'으로 이용하여 반도 선비를 황국 일본의 "국체의 본의"에 합류시키는 것에 있었다. 『일본주자학과 조선』의 출판 이전에 아베가 이러한 관점에서 이퇴계 사상을 이해하고 있었다는 것을 잊으면 안 된다.[16]

아베는 모토다 나가자네를 통해 메이지천황에 이퇴계의 사상이 전수되었다는 마쓰다의 가공된 언설을 이용하여 더 나아가 자신이 쓴 이퇴계 사상을 '반도 선비의 혼을 근본적으로 구제하는 양약'으로 이용한다는 언설을 은폐하면서 '이렇게 본다면 이퇴계는 에도시대의 초기부터 일본의 학자에 존신되어 나아가 메이지의 교육지침 확립까지 관련성을 갖고 있다는 것을 알 수 있다'는 픽션을 『일본주자학과 조선』에 남겼다.

---

15 阿部吉雄, 『李退溪』, 文教出版, 1944, 2쪽, 3쪽.
16 권순철은 이 언설에 주목하여 "'한반도의 사회는 그 교학을 반드시 솔직하게는 수용하지 않았다'고 한 것처럼 퇴계 이후의 조선유학에 대한 폄하적 인식이 아베에게서 사라진 것은 아니다. 그 때문에 조선인 교화의 이념적 근거로 퇴계는 무엇보다도 중요했다"고 지적하여 아베의 퇴계관을 "무반성, 무자각의 퇴계관"이라 비판한다. 權純哲, 「退溪哲學研究の植民地近代性－韓國思想史再考Ⅱ」, 埼玉大學大學院文化科學研究科博士後期課程紀要, 『日本アジア研究』 第3號, 2006 참조.

아베가 한국인의 환심을 사려 하여 창작한 이 스토리는 수정되지 않으면 안 된다. 이 때문에 야마자키 안사이와 이퇴계가 실제로 어떠한 관계에 있었는지를 검토할 필요가 있다.

2. 야마자키 안사이는 어떠한 사상가인가?

야마자키 안사이(山崎闇齋, 1619~1682)는 일본 근세사상사에서 가장 특이한 사상가의 한 사람이다. 그것을 말해주는 다수의 에피소드가 안사이의 평가에는 항상 따라다닌다.

예를 들어 안사이의 강의는 제자를 두렵게 할 정도로 엄격했는데 그 상상을 초월하는 다가가기 어려움은 고제(高弟) 사토 나오카타가 "사토가 일찍이 말하길 옛날 안사이에 사사를 받았다. 그 집에 가서 문을 들어갈 때마다 두려워하며 지옥에 들어가는 것 같았고 물러나서 문을 나와서는 즉 크게 숨을 쉬면서 호랑이의 입을 벗어나는 것과 같았다"[17]고 증언할 정도로 매회 결사의 각오로 임해야 했다. 또 유교와 신도를 결합한 신비적인 해석은 종종 말장난, 견강부회, 내지는 '문헌학적 광기'[18]라 할 정도로 현대의 우리들에게는 기묘하고 불가해한 것이다. 또 일본의 우수함에 대한 거듭된 언급은 전전(戰前)의 국수주의나 초국가주의적인 이데올로기의 원류가 된 국체론자로 종종 규탄당해 왔다. 이른바 야마자키 안사이는 추문을 덮어쓴 사상가이며 그러한 인물을 본격적으로 연구할 필요가 없다고 생각하는 연구자도 많다.

그러나 이러한 이상한 사람으로서의 안사이상을 형성한 에피소드를

---

17 稻葉默齋, 「先達遺事」, 『日本儒林叢書』 第3卷, 鳳出版, 1978, 3쪽.
18 ヘルマン・オームス(黒住眞・清水正之・豊澤一・賴住光子 譯), 『德川イデオロギー』, ペリカン社, 1990, 306쪽.

일단 보류하고 주자학 이해라는 것에 한정하여 검토해보면 일본 근세 사상사에서 안사이 만큼 열심으로 주자를 이해하려고 노력한 인물은 없었다. 주자의 진설을 이해하려고 안사이는 송·원·명의 유학자가 남긴 방대한 텍스트, 거기에 조선의 유학자인 이퇴계의 텍스트에 대한 비판적인 독해에 힘써『사서집주』,『소학』,『근사록』,『주자문집』,『주자어류』등의 기초적 텍스트에 대한 철저한 정독을 실시하고 교정, 훈점을 하여 간행했다. '가점(嘉占: 안사이 훈점)'이라 불리는 그러한 간행은 안사이학파의 송학 이해가 당시에 얼마나 고도한 수준에 달했는지를 말해준다.

한편 시선을 조일관계로 돌려 보면 전혀 다른 시야가 열린다. 아베 요시오가『일본주자학과 조선』에서 창작한 스토리로 한국에서는 야마자키 안사이는 어디까지나 이퇴계의 제자로, 또 이퇴계의 사상을 통해 일본인에 주자학을 가르친 사상가로 이해되어 있다.

한일 양국에서의 이러한 안사이 평가의 차이는 양국 연구자의 교류가 활발해진 현재에 이르러서도 좀처럼 수정될 기미가 없다. 왜냐하면 이퇴계나 안사이의 주자학 자체를 어떻게 동아시아 유학사에 위치시킬 것인지, 또 스이카 신도라는 유교와는 이질적인 사상에 매진한 안사이를 어떻게 평가할 것인지, 이러한 근본적인 문제가 들어 있기 때문이다.

또 하나 곤란한 문제로 안사이의 주석 스타일이 있다. 안사이도 이퇴계도 '술이부작(기술할 뿐 새롭게 창작하지 않는다)'이라는 공자 이래 조술의 전통을 존중했기 때문에 그들이 남긴 텍스트는 그 대부분이 주자 텍스트의 교정 및 주석이었다. 특히 안사이의 경우 제자가 남긴 강의록(구어, 필기, 스승의 학설이라 불리는 구술필기)가 다수 남아있는데 스승인 안사이가 말하기를 일언일구도 틀리지 않게 그대로 기록하려 한 결과 거기에는 당시의 교토에서 사용되던 방언이나 속어, 게다가 '착 들러붙는' 등의 의태어가 터무니없이 등장하여 독자에게 생리적인 거부반응을 일으킨다. 이 때문에 몇 안 되는 '우안(愚案)'이라는 형태로 첨가한 주석을 검증해보는 것도 없이 안사이의 유학 관계 사상은 주자학을 벗어나는 것이 아니라고 생각되어 왔다. 그러나 헤르만 오무스의 『도쿠가와 이데올로기』, 다카시마 모토히로의 『야마자키 안사이』, 다지리 유이치로의 『야마자키 안사이의 세계』 등의 꼼꼼한 텍스트 해독 연구가 가르쳐주는 것은 야마자키 안사이는 주자나 이퇴계를 더없이 존경하면서도 이 두 사람에 대해 의문을 품고 때로는 비판하는 것까지 있었다는 사실이다.

아베 류이치(阿部隆一)는 안사이에 대해 "안사이학의 특징은 그 엄격한 성격에서 항상 사물의 본시(本始)에 빈틈이 없이 다가가는 데 철저하고 가장 중요한 근원에 기세 좋게 다가가 본시를 강하게 지키고 선후본말이라는 순서의 순수성을 처음과 끝의 전 과정에 걸쳐 철저하게 하려 했으며, 그것을 방해하고 더럽히는 일체의 협잡을 배제하는 것에 있다"[19]고 기술하고 있다. 이 중에 어느 부분에 주목할지에 따라 여러 가지 이질적인 야마자키 안사이상이 그려진다. 순수하고 엄격한 윤리성인지, 이상하고 불관용적인 배타성인지, 기묘하고 불가해한 신비성인지, 혹은 무시무시하여 추악한 이데올로기성인지. 어디에 주목해야 할 것인가?

---

19 阿部隆一, 「崎門學派諸家の略傳と學識」, 日本思想大系, 『山崎闇齋學派』, 岩波書店, 1980, 571쪽.

3. 주자학, 퇴계학, 안사이학의 상위

안사이는 주자에 의문을 품고 있었다. "내가 생각하기에 주자의 학문은 거경궁리로 즉 공자를 조술하여 차이가 나지 않았다. 그러므로 주자를 배워 잘못되면 주자와 함께 잘못되는 것이니 무슨 유감이 있겠는가?"[20]라고 단언하여 주자에 대한 일생의 충성을 서약한 안사이가 실로 주자에 의문을 품고 있었다는 것은 조금도 믿기 어려운 것이다. 그러나 지금까지의 연구로 안사이는 적어도 두 가지 점에서 주자에 의문을 품고 있었다는 것이 알려졌다.[21]

하나는 『주역』의 '경의내외'의 해석에 관한 것이다. 경의내외란 『주역』〈문언전〉에 나오는 "군자는 경으로 안을 바르게 하고 의로 밖을 방정하게 한다"는 것으로 '안'은 경으로 본체를 바르게 하는 것, '밖'은 의로 사물의 시비를 판단하여 바르게 행동을 취하는 것을 의미한다. 안사이는 '내외'에 관한 주자의 이 해석에서 다음과 같이 비판을 한다.

> 본의(『주역본의』)의 "정(正)은 본체를 말하고 의(義)는 재제(裁制)를 말한다(正謂本體, 義謂裁制)"는 것은 『중용장구』의 "인은 본체(體)가 보존된 것이고 지는 쓰임(用)이 발한 것이다"[22]와 같다. "경은 즉 본체를 지키는 것이다"는 즉 (『중용장구』 25장의) '자기를 이룬다(成己)'는 것의 인(仁)이다. '안을 바르게 하고 밖을 방정하게 한다'는 정주의 전(『주역정씨전』)에 잘 갖추어져 있다. 이것이 『주역』의 본지이다. 평범하지만 그 안에 남은 맛이 있다. 정주에 오직 마음을 가리켜 안을 이룬다는

---

20 「闇齋先生年譜」, 『新編 山崎闇齋全集』 권4, ペリカン社, 1978, 410~411쪽.
21 대표적인 것으로 高島元洋, 『山崎闇齋』, ペリカン社, 1992 및 田尻祐一郎, 『山崎闇齋の世界』, ペリカン社, 2006이 있다.
22 『중용장구』 제25장 제3절, "인은 몸의 근본이며 지는 용이 발한 것이다. 이것은 모두 나의 성의 고유한 것으로 내외의 다른 것이 없다."

설이 이것이다. 매우 긴요하고 절실하다. 다만 『주역』의 본지가 아니다. 주자의 혹 궁리로 '의를 방정하게 한다(義方)'를 말하는 것은 또 본지가 아니다.[23]

주자가 『주역본의』에서 〈문언전〉의 "직(直)은 정(正)이며 방(方)은 그 의(義)이다"(直其正也, 方其義也)'를 '정은 본체를 말하고 의는 재제를 말한다'고 해석한 것은 『중용장구』 25장 "인은 본체를 보존한 것이고 지는 쓰임이 발한 것이다. 이것은 모두 내 본성의 고유한 내외가 다른 것이 없다"와 같은 것을 말하고 있다. '안을 바르게 한다'는 것은 '본체를 바르게 하는 것'이며 '밖을 방정하게 한다'는 것은 '용을 제재하는 것'이며, '안을 바르게 하고 밖을 방정하게 한다'는 것은 체용론으로 해석해야 한다. 또 〈문언전〉 "경하면 즉 본체를 지키는 것"이라는 것은 『중용장구』의 "자기를 이루는 것은 인이다'와 같은 것을 말하는 것이다. 다만 '안을 바르게 하고 밖을 방정하게 한다"에 대해서는 『주역정씨전』의 "직(直)은 그 정(正)을 말한 것이며 방(方)은 그 의를 말한 것이다. 군자는 경을 주로 하여 그 안을 바르게 하고 의를 지켜 그 밖을 방정하게 한다. 경이 서면 안이 바르게 되고 의가 드러나면 밖은 방정하게 되며 의가 밖으로 드러나는 것이지 밖에 있는 것이 아니다. 경의가 이미 서면 그 덕은 융성하다"는 해석이 충분한 설명이며 이것이 『주역』의 본래 의미하는 바이다. 평범한 표현 중에 묘미가 있다. 이에 대해 정주에는 오직 마음을 안으로 하는 설이 있는데 대단히 중요한 설이긴 하지만 『주역』의 본래 의미하는 바는 아니다. 주자가 격물궁리로 '의로

23 『문회필록』七之三, 『新編 山崎闇齋全集』 제2권, 341쪽. 『주역본의』〈문언전〉의 본문은 "정은 본체이며 의는 재제이다. 경은 본체를 지키는 것이다. 경이직내, 의이방외(경은 안을 바르게 하고 의는 밖을 방정하게 한다)는 정전(程傳)에 갖추어져 있다."

밖을 방정하게 한다'는 해석하고 있는데 그것도『주역』의 본래 의미하는 바는 아니라고 한다.

주자의 경의내외설은 경에 의해 미발(체·리·성·중)을 존양하고 의로 이발(용, 화)을 성찰하는 것을 의미하는데[24] 경과 의가 미발, 이발에 대응하는 이상 내외의 구별은 절대적인 것이 아니라 상대적인 것이다. 『중용장구』25장 "성(誠)은 스스로 자기만을 이루는 것이 아니며 사물을 이루어 준다. 자기를 이루는 것은 인이며 사물을 이루는 것은 지이다. 성의 덕이며 내외를 합하는 도이다"는 구절은 이 내와 외가 상대적이라는 것을 설명하고 있다.

그런데 안사이는 주자의 '마음을 안이라 한다'는 해석보다도『주역정씨전』의 해석이 뛰어나다고 말한다. 왜 그런가?『주역본의』와『중용장구』는 함께 내(內)를 체, 외(外)를 용에 배당하고 〈문언전〉의 '경'과『중용장구』의 '인'은 함께 '자기를 이룬다(成己)'는 것을 설명한다. 그런데 주자는 마음으로 '안을 바르게 하고' 궁리로 '밖을 바르게 한다'고 설명한다. 이에 비해『주역정씨전』은 "경을 주로 하여 그 안을 바르게 한다"라고 한 것처럼 '마음'을 거기에 개재시키지 않고 '경'으로 직접 '안을 바르게 한다'고 말한다. '마음'을 개재시키지 않는 설명이기에 '평범한 중에 맛이 있다'는 것이다.

그렇다면 왜 '마음'을 개재시키면 안 되는가? 그것은 마음을 개재시키는 순간 "안을 마음으로 헤아리면 부처의 견해(佛見)가 된다"[25]고 하는 것처럼 불교적인 마음의 해석으로 떨어져 버리기 때문이다.[26] '마음'을 개재시키지 않고 내와 외를 체와 용으로 해석할 수 있다면 "좁은

---

24 高島元洋,『山崎闇齋』, 281~288쪽.
25 『韞藏錄』권9,『增訂佐藤直方全集』卷1, ペリカン社, 1979, 447쪽.
26 田尻祐一郎,『山崎闇齋の世界』, 169~170쪽.

자신의 마음에만 근거한 독선적인 것"[27]에 빠질 위험성을 회피할 수 있기 때문이다. 한편 '경'은 이퇴계『성학십도』〈제8심학도〉에 수록된 '심학도설'에 "마음은 일신(몸)의 주재이며 경도 또 일심(마음)의 주재이다"[28]라고 한 것처럼 마음은 '일신'을 주재하는 것임에 비해 경은 '일심'을 주재하는 것이다. 나아가 〈심학도설〉에는 이퇴계의 "위는 임온정씨의 성현이 심학을 논한 명언을 취하여 이 도설로 삼았다. 분류하여 대치하는 것이 많다고 해도 싫어하지 않는다. 성학의 심법을 보는 것은 또한 하나의 단서가 아니다. 모두 공력을 쓰지 않으면 안 된다고 말한다"는 해설이 더하여져 있는데 '경'이 일심의 주재라는 것을 이해하는 것이 바로 '성학의 심법'이었다.

안사이는 이 이퇴계의 언설에 촉발되어 "그 경이라는 한 글자는 유교의 시작을 이루고 끝을 이루는 공부로 그 오는 바가 아주 오래다. 천리가 열리기 시작한 이래로 대대로 성인 도통의 심법을 전해온 것도 이 경에 지나지 않는다."(〈경재잠강의〉)[29]라고 기술한 것은 명백하다. 일심을 주재하는 '경'이기에 '안을 바르게 할 수' 있으며 그리고 체용(미발이발)의 관점에서 '밖을 방정하게 하는' 것이 가능하다. "경의가 이미 서서 그 덕이 융성'해지면 그것은 '대(大)를 기대하지 않고서 대가 되며 덕은 외롭지 않다. 쓰이는 바로 두루 하지 않음이 없고 베푸는 바 이익되지 않음이 없다. 누가 의심함이 있겠는가"(『주역정씨전』)에서처럼 '경'은 천지를 덮는 대덕이다.

안사이는 이러한 이퇴계의 언설을 힌트로 경의내외를 '마음'을 개재

---

27 위의 책, 171쪽.
28 이 심학도설은 정복심(程復心, 원대 학자, 자는 자견(子見), 호는 임온(林穩), 강서성 무원 출신).『사서장도』, 〈성현론심지요〉의 전문을 재인용한 것이다.
29 日本思想大系,『山崎闇齋學派』, 80쪽.

시키지 않는 '경'으로 해석하고 여기에 독자적으로 "안이란 몸이며 밖이
란 사람이다"[30]에서처럼 안을 '몸'(자기), 밖을 '사람'(타자)로 해석하고
나아가 『대학』 〈팔조목〉의 수신 이상(격물, 치지, 성의, 정심, 수신)을 안으
로, 제가 이하(제가, 치국, 평천하)는 밖에 관한 수양으로 해석했다.

주자와는 다른 해석에 대해 다카시마 모토히로는 "(안사이의)『주서초
략(朱書抄略)』의 발문은 '경내의방'에서 '내'란 '자기(己)'와 '몸(身)'이며
'외'란 '사물'과 '집·국가·천하'라는 것을 『대학』, 『중용』의 용법에서
보여주는"[31] 것이며, "상대적으로 밖에는 존재하지 않는 '내'와 '외' 용
법의 확정"[32]으로 분석한다. 즉 안사이는 내·외의 해석에서 주자의 미
발(체·리·성·중)과 이발(용·화)라는 추상적 개념을 몸과 사물이라는 실
체적 개념으로 이해하려 했다는 것이다. 그러나 과연 그러할까?

안사이가 〈경재잠〉이나 〈경재잠강의〉에서 다루고 있는 것은 "홍범
의 외모(貌)에서 말하길 이것은 외면의 경(敬)이다. 공경(恭)이 엄숙함
(肅)을 만드는 데 이르러서는 즉 마음도 또한 경이며 내외일치이다"[33]
와 "애당초 유자의 공부는 심신 함께 전부 길러 일용 인사를 달리하지
않는 것을 뜻으로 삼는다. 이 마음이 있으면 이 몸의 행동이 있고 몸의
행동이 있다는 것은 즉 일(事)이다. 이 셋은 잠시라도 서로 떠나지 않고
한곳에 붙어 있는 것이다. 그러므로 공자가 말하길 '군자는 경하지 않
음이 없으며 몸을 경하는 것을 큰 것으로 삼는다'고 했다. 주자가 이것
에 기초하여 『소학』에서 경신 한 편을 썼다. 모두 이 심신일치의 공부
가 되는 것을 볼 수 있다"[34]고 한 것처럼, '내외일치', '심신일치'의 문제

---

30 水足安直 撰, 「山崎先生行實」, 『神道大系 論說編一二 垂加神道(上)』, 神道大系編纂
    會, 1984, 528쪽.
31 高島元洋, 『山崎闇齋』, 378쪽.
32 위의 책, 376쪽.
33 〈敬齋箴〉 부록, 〈胡敬齋曰〉, 日本思想大系, 『山崎闇齋學派』, 79쪽.

였다.[35] '내외일치', '심신일치'의 문제는 『대학』에서는 팔조목의 '수기
치인'의 문제로 나타난다. 안사이는 자기와 타자가 어떻게 하면 '일치'
할 수 있는지를 진지하게 탐구하고 있었다고 생각된다. 그러나 왜 이
문제를 추구할 필요가 있었던 것일까?

다지리 유이치로는 그 이유에 대해 "경으로 확립된 자기가 자기일신
의 세계에 갇히지 않고 주위 사람들에 적극적으로 다가가 세계를 변화
시켜 가는 것을 주창했다"[36]고 설명하고 있는데 그러면 왜 '자기일신의
세계에 갇히지 않고 주위 사람들에게 적극적으로 다가갈' 필요가 있었
을까?[37]

---

34 위의 책, 〈경재잠강의〉, 82쪽.
35 『자성록』에는 "'일관'에 대해 해석한 언설이 게재되어 있는데 안사이의 '내외일치',
'심신일치'의 관심의 집중에 관여했다고 생각된다. "일관은 이 대원대체(大原大體)에
서 천차만별한 곳에 이르기까지 일제히 꿰뚫어 말한 것이다", "천지가 지극히 성실하
고 그침이 없어 만물 각각이 그 자리를 얻었다"(『논어집주』, 〈이인편〉, 주자 주), "성
인의 마음은 혼연하여 하나의 이치가 되지만 널리 응하여 굽이굽이 들어맞아 작용이
각각 같지 않다"(『논어집주』, 〈이인편〉, 주자 주)처럼 이것이다"(阿部吉雄編, 『日本
刻版 李退溪全集』(下), 349쪽.
36 田尻祐一郎, 『山崎闇齋の世界』, 175쪽.
37 다지리 유이치로는 이 문제에 대한 회답으로 내외일치의 고집은 "마음의 묘령의 근
거에 있는 어떤 중요한 것이 빠져버리기" 때문이며, 경의 중시는 "자기 분열의 공포
를 잠간 본 자만이 경을 절실한 자신의 과제로 찾는 자격을 갖기" 때문이라고 해석한
다. 田尻祐一郎, 『山崎闇齋の世界』, 178~179쪽. 경청할 가치가 있는 견해이기는 하
지만 약간은 심리학적 분석으로 너무 기울어 있다고 생각된다. 왜냐하면 다지리는
이퇴계의 『자성록』 모두 부분의 〈답남시보(答南時甫)〉에 나오는 '심기의 근심'으로
시작되는 한 구절 및 그것을 안사이가 "이 심질을 고치는 기술은 이퇴계가 이것을
얻었다(『자성록』을 보라)"고 평가하고 있는 것에 주목하여 "『자성록』의 모두 부분에
있는 이 서간을 안사이는 강하게 공감을 가지고 몇 번이나 반복해서 읽었음에 틀림
없다"(『山崎闇齋の世界』, 194쪽)고 해석하고 있다. 이퇴계는 생전에 신체가 허약하
여 심신의 건강에는 남들보다 배나 더 조심했다. 그 때문에 이퇴계의 종가에는 이퇴
계 자필의 『활인심방』이라는 텍스트가 남아 있으며, 양생의 심법에서 약방 및 건강
체조의 그림까지 남아 있다(河原秀城·金光林 編譯·高橋亨, 『朝鮮儒學論集』, 知泉
書館, 2011, 73쪽 참조). 이러한 것을 고려한다면 다지리의 '자기분열의 공포'라는
추론은 역시 지나치게 천착한 견해일 것이다.

여기서 떠오르는 것이 안사이가 이퇴계의 『자성록』에 수록된 〈백록동서원게시〉에 관한 부분을 숙독하고 있었다는 에피소드이다. 안사이는 〈백록동서원게시〉에서 다음과 같이 기술하고 있다.

나는 일찍이 (〈백록동서원게시〉를) 꺼내어 서재에 내걸고 여기에 침잠하여 생각한다. 요즘에 이퇴계의 『자성록』을 보니 이것을 상세하게 논했다. 이 의론을 얻어 이것을 반복하여 이 백록동서원학규의 학규가 학규가 된 이유를 알게 되었다.[38]

안사이는 이퇴계가 〈백록동서원게시〉의 '백록동서원학규'에 대해 논한 부분을 반복해서 읽고 왜 〈백록동서원게시〉가 학규인지 그 이유가 이해되었다고 한다. 그러면 안사이는 구체적으로 『자성록』의 어느 부분을 반복해서 읽었던 것일까? 그것은 이하의 문장이라고 생각된다.

『대학』에 수기치인, 체용이 다 실려 있다는 것은 즉 참으로 그러하다.[39]

『대학』 같은 것은 실로 사람을 가르치는 데 수기치인의 학으로 한다. 존심과 출치(出治)의 근본을 버리고 갑자기 제도와 문장에 이른다면 즉 일이 뒤바뀌어 받아들이는데 절실함이 없지 않겠는가? … 그 경으로 근본을 삼는 데 네 가지의 일(백성을 믿는 것과 절용, 사람을 사랑하고 백성을 부르는 데 때에 맞게 한다)[40]이 있으니 어찌 체용을 겸한 것이

---

38 『新編 山崎闇齋全集』 제1권, 67쪽.

39 阿部吉雄 編, 『日本刻版 李退溪全集』(下), 349쪽.

40 『논어집주』 권1, 〈학이편 4의 주자 주〉, "경이란 주일무적을 말한다. 일을 공경하여 믿는다는 것은 그 일을 공경하여 백성에게 믿음이 있다는 것이다. 시(時)란 농한기를 말한다. 나라를 다스리는 요체, 이 다섯 가지에 있다는 것을 말했으니 또 근본에 힘쓴다는 뜻이다."

아니겠는가? … 내가 『대학』이라는 서책 하나가 존심과 출치의 근본을 논한 것이고 제도와 문장에까지 언급한 것이 아니라고 한 것을 어찌 생각함이 없다고 하겠는가? 지선을 버려두고 일관을 묻는다면 애당초 이 이치는 없는 것이다.[41]

『대학』이란 '수기치인'과 '체용'의 두 방향에서 논한 텍스트이며, '경'을 근본으로 하면서 네 가지의 일을 언급한 것도 '체용'을 겸비한 설명이기 때문이다. 『대학』은 존심(본심을 잃지 않는 것)과 출치(出治: 정치를 하는 것)의 기본이며 '지선에 머물게 한다'는 『대학』의 최종 목표를 잊고 '일관'을 찾는 것은 틀린 것이라 한다.

일반적으로 『대학』은 삼강령(명명덕, 친민, 지어지선) 팔조목(격물, 치지, 성의, 정심, 수신, 제가, 치국, 평천하)을 해설한 텍스트로 이해되어 왔다. 이퇴계처럼 '체용'에 대해 언급한 것은 적다. 그것은 원래 주자의 『대학장구』에서 체용에 대해 해설한 부분이 '격물보전'밖에는 없다는 것이 원인이다. 주지하듯이 '격물보전'은 정주의 의견을 참고하여 '잃어버린 전(傳) 제5장'을 주자가 독자적으로 재현한 텍스트이며 왕양명이 받아들이지 않는 부분이다. 이퇴계는 그 왕양명에 대해 〈전습록논변〉을 써서 양명을 비판했다. 거기에는 다음과 같은 문장이 있다.

마음이 경을 주장하여 사물의 참되고 지극한 이치를 연구하며, 마음이 리와 의를 깨달아 눈에 온전한 소가 없어서(형태를 초월한 마음의 운동으로 소를 파악한다면 소의 전체가 아니라 각각의 부분을 보게 된다는 것, 『장자』〈양생주〉에 나오는 말로 학문과 기예가 숙달된 경지) 안과 밖이 관철하고 정(精)한 것과 거친 것이 일치되면 이로 말미암아 뜻을 성실하게 하고 마음을 바르게 하며 몸을 닦아 이를 집과 나라에

---

41 阿部吉雄 編, 『日本刻版 李退溪全集』(下), 349쪽.

미루어 가고 천하에까지 도달시킴에 그 성대한 기운을 막을 수 없을
것이다. 이와 같은 것을 또한 배우라고 할 수 있는가? 양명은 다만 외물
이 마음의 누가 되는 것을 근심하여 사람이 지켜야 되는 도리와 사물의
법칙의 참되고 지극한 이치가 곧 내 마음에 본래 갖추어진 이치이며,
강학하고 궁리하는 것이 바로 본심의 체(體)를 밝히고 본심의 용(用)을
통달하게 하는 것임을 알지 못하였다. 그러고는 도리어 사사물물(事事
物物)을 일체 쓸어 없애고 모두 본심에 끌어들여 뒤섞어 말하려 하니,
이것이 석씨(釋氏)의 견해와 무엇이 다른가.[42]

이퇴계가 여기서 주장하는 것은 마음이 '경'을 주로 하여 진리를 규
명한다면 '내외융철'하고 민이즉물(民彝物則: 사람이 지켜야 되는 도리와
사물의 법칙)의 참되고 지극한 '리'와 내 마음의 본구된 '리'는 동일한
것이니까 강학궁리란 본심의 '체'를 밝혀 본심의 '용'에 달하는 방법이
라고 말한다. 여기에서도 퇴계는 마음이 경을 주로 한다면 '안'과 '밖'
이 융철하는 것이며 마음의 '체'와 '용'을 강학궁리하지 않으면 안 된다
고 말하여 주자의 '격물보전'을 체용론의 입장에서 옹호하고 있다.

다지리 유이치로는 안사이의 '심신'에 대해 "안사이가 말하는 '몸'이
육체의 의미가 아니라 규범성을 갖고, 인륜에 기초한 타자와 관계되는
태도였다는 것을 상기할 필요가 있다. 그렇다면 '몸'을 통괄하는 '마음'은
자기와 타자와의 관계를 규율하는 '마음'이지 않으면 안 된다"[43]고 설명한
다. 다지리가 말하는 것처럼 안사이가 자기와 타자와의 관계를 규율하는

42 『退溪先生文集』 권41, 잡저 〈전습록논변〉 心主於敬。而究事物眞至之理。心喻於理
義。目中無全牛。內外融徹。精粗一致。由是而誠意正心修身。推之家國。達之天
下。沛乎不可禦。若是者亦可謂扮戲子乎。陽明徒患外物之爲心累。不知民彝物則
眞至之理。卽吾心本具之理。講學窮理。正所以明本心之體。達本心之用。顧乃欲
事事物物一切掃除。皆攬入本心衰說了。此與釋氏之見何異。
43 田尻祐一郎, 『山崎闇齋の世界』, 177쪽.

'마음'의 문제에 관심을 보여준 것이라 한다면 그 의도는 자기와 타자를 준별하는 것에 있는 것이 아니라 '경'한다면 자타의 준별이 극복될 수 있다는 것의 강조에 있었다고 생각된다. 왜 자타의 준별을 극복할 필요가 있었는가? 그것은 『대학장구』에서 주자 팔조목의 해석이 약했기 때문이다.

『대학』 팔조목이란 격물, 치지, 성의, 정심, 수신, 제가, 치국, 평천하로 수양의 순서를 보여주면서 격물에서 수신까지의 5조목이 '수기'의 공부, 제가에서 평천하까지 3조목이 '치인'의 공부이며, 자기 수양인 '수기'와 타자의 교화인 '치인'을 연속적으로 설명하는 것에 주자학의 특징이 있다고 말한다. 이 수기와 치인의 연속성은 "어찌 이것 때문에 측연(惻然)하여 이것을 구제하는 것을 생각하지 않겠는가"(『대학혹문』) 하고 주자가 말하고 있듯이 자기수양을 달성한 군자의 '측연'이라는 연민의 감정의 발로에 의해 보증된다. 그러나 만약 이 '측연'이라는 감정에 의지할 수 없다면 그 연속성은 곧 근거를 잃어버리게 된다.

주자의 이 연속성의 설명에 의문을 느낀 것은 안사이만이 아니었다. 주자학을 부정한 것으로 유명한 이토 진사이도 주자의 이 해석에 강하게 반발하여 『대학정본』을 써서 이 연속성을 부정했다. 진사이가 수기와 치인을 연속시킨 것은 『맹자』 숙독 끝에 발견된 '사단지심의 확충'이라는 전혀 별도의 설명 원리의 도입으로 비로소 가능하게 되었다. 한편 안사이는 『소학』 제사(題辭)의 "하늘에서 받은 성품이 찬란하게 빛을 발하여 내외에 차이가 없다"에 주목하여 하늘로부터 부여된 '명(命)'을 자각하는 것으로 '인기합일(人己合一)'(『대학수가선생강의』)이 가능하게 된다고 생각했다. 안사이는 천명에 의한 '인기합일'로 수기와 치인의 연속성을 보증하려 했다. 예컨대 주자의 해석에 배치된다 해도 천명에 의한 타자와 나와의 합일이라는 진리를 분별하여 수양하지 않으면 수기와 치인은 별개가 되어 버린다고 안사이는 생각했다.

둘째는 주자의『태극도설해』에 관한 것이다. 하라 넨사이(原念齋)의
『선철총담』에 의하면 주돈이의『태극도설』에 정명도와 정이천이 한마
디도 언급하지 않았음에도 불구하고 주자가『태극도설해』를 지은 것
에 대해 "그(주자)는 과연 주돈이의 뜻을 얻었는지 어떤지, 안사이 이것
을 의심하여 가만히 있지 못했다"고 한다. 실제 안사이는 "나는 일찍
주돈이의 책을 편차했다. 생각하기에『태극도설』의 주자의 해석, 리에
있어서는 즉 참으로 옳으며 틀린 것은 없다. 단 모르겠다. 주돈이의
본의가 과연 이와 같은지"(『문회잡기』)라고 기술하여 주자의 태극도 해
석에 어떤 석연치 않은 부분이 있다는 것을 느꼈다고 한다. 이 에피소
드는 결국 안사이가 꿈속에서 주돈이에 질문하고 주돈이가 '무극이태
극'을 나타낸 제1도 안에 점이 있는 것을 오해한 주자의 설을 지지한
것으로 마치 아무 일도 없었던 것처럼 끝내는데 나는 여기에 안사이의
태극도에 대한 강한 집착을 엿볼 수 있다고 생각한다.⁴⁴

---

44 안사이의 태극도에 대한 강한 관심은 이퇴계의 텍스트에서 환기되었다고 생각된다.
『退溪先生文集』 권41, 잡저, 〈심무체용변(心無體用弁)〉에 "아! 아득하여 조짐이 없
는 것이 건곤(乾坤)에 있어서는 무극(無極)과 태극(太極)의 체가 되어서 만상이 이미
갖추어 있고 사람의 마음에 있어서는 지극히 허(虛)하고 지극히 정(靜)한 체가 되어
서 만 가지 용이 모두 갖추어 있으며 사물에 있어서는 문득 발현하고 유행하는 용이
되어서 때에 따라 곳에 따라 있지 않은 데가 없는 것이다. 여자약이 말하기를, '마땅
히 행할 도리가 달도(達道)가 되고 아득하여 조짐 없는 것이 도의 본원이 된다' 하니,
주자가 비판하기를 '다만 이 당연한 이치가 아득하여 조짐 없는 것이고, 이 이치 밖
에 따로 아득하여 조짐 없는 한 물건이 있는 것이 아님을 모름지기 보아 알아야 한
다' 하였다. 그러므로 정 선생(程先生)이 이미 체와 용이 한 근원임을 말하였고, 또
현(顯)과 미(微)는 사이가 없음을 말했던 것이다."라고 했으며,『성학십도』〈제일태
극도〉에 "주자는 이것이 도리의 대두뇌라 하고 또 백세도술의 연원으로 삼았다. 지
금 여기 머리에 이 그림을 건다. 또한 더욱이『근사록』의 이 설로 머리 부분의 뜻으
로 삼는 것과 같다. 대개 성인을 배우는 자는 발단을 여기에서 구하여 힘을『소학』,
『대학』류에 써서 그 공을 거두는 날에 이르러 극의 한 근원에 도달한다면 즉 이른바
리를 궁구하고 성을 다하여 명에 이르게 된다. 이른바 신(神)을 궁구하여 변화를 안
다는 것은 덕의 융성함이다"라고 했다.

안사이는『역학본의』,『역학계몽』의 교정본을 간행하는 등 주역에 강한 관심을 가졌다. 또 50세 때에 병을 참으면서까지『홍범전서』를 완성시키는 등 '홍범'에도 강한 관심을 갖고 있었다.『주역』과 〈홍범〉에 공통되는 것은 천리의 근원에 대한 도상화이다. 주자는 10수를 하도(河圖), 9수를 낙서(洛書)라 간주하고 이 둘을 역의 팔괘에서 유래한 것이라 해석했다. 하도낙서는 음양을 흑백의 점으로 그린 도상이다. 하도낙서에 대한 강한 관심과 앞에서의 태극 제1도 안의 점의 유무에 대한 집착이 시사하는 것은 태극 제1도의 '무극이태극'을 하도낙서처럼 점으로 표상할 수 있는지의 문제에 있었다고 생각된다.

이토 진사이도 고의학을 제창하기 이전에 〈태극론〉이나 〈심학원론〉을 지어 태극에 강한 관심을 갖고 있었다. 후에 진사이는 "이른바 태극이라는 것은 또한 이 일원기를 배척하여 말하는 것일 뿐이다. … 후세에 이른바 무극태극의 이치는 필경 천지본무의 리로 성인이 말하지 않는 바"(『동자문』)라 해석하여 천지의 근원이 무가 아니라 활물이며, 무극이태극은 성인의 말이 아니라고 단정했다. 즉 진사이는 태극에서 무라는 요소를 불식시키고 기가 충만하여 생생하게 활동하는 태극이라고 재확인하는 것으로 고의학에 대한 전망을 열었다. 아마 안사이도 같은 문제에 직면해 있었다고 생각된다. '무극이태극'을 어떻게 해석하면 좋을 것인가? 또 어떻게 도상화할 수 있는가? 이 의문이 태극 제1도에 대한 집착으로 이어졌다고 생각된다.

야마자키 안사이와 주자를 철저 비교한 다카시마 모토히로는 안사이와 주자의 궁리에 관한 해석의 차이에 대해 '주자학에서는 사람은 성인이 되며 태극이라는 천지의 운동 근원 그 자체가 된다고 생각하는 것에 비해 안사이학에서는 가르침으로 이 태극에서 나오는 운동에 순차적으로 따르는 것이 상정되어 있다'고 지적한다. 즉 주자학에서는 궁리로 성인에 접근하며 이것으로 능동적으로 천지의 운동 근원을 담당하는 것을 사명으로 삼고 있음에 비해 안사이학에서는 오직 천리를 수동적으로 받아들여 순차적으로 따르는 것으로 종시되어 있다고 한다.

안사이의 이 천리에 대한 수동적 순종은 틀림없이 이퇴계의 영향에 의한 것이다. 이퇴계는 『자성록』에서 "옛 사람이 학문을 하는 소이는 반드시 효제충신에 근본 한다. 다음으로 천하만사와 성을 다하고 명에 이르는 지극함에까지 미치게 한다. 대개 그 대체(大體)는 포함하지 않은 것이 없지만 가장 시급한 것은 무엇보다도 가정에서 유낙(唯諾: 응대하는 것)하는 데에 있다"(『자성록』, 〈정자중에게 답함〉)고 했다. 학문에서 '효제충신', '유낙'의 중요성을 말하면서 한편으로는 『주자서절요』에서 주자의 "옛날 평천하를 하려는 자는 정심과 성의에 집중하여 그것으로 그 근본을 세우는 것"을 인용하는 등 하늘과 성인에의 접근을 엄격하게 봉인하여 '정심성의'라는 오로지 마음의 수양과 '경'의 보전을 강조했다. 안사이는 이른바 절대적으로 겸허한 태도를 이퇴계에게서 배운 것이다.

그러나 동시에 안사이는 그 이퇴계에 대해서도 몇 가지 의문을 품고 있었다. 다지리 유이치로도 지적하는 것처럼 "안사이는 함께 주자를 배운 선배로서 이퇴계를 누구보다도 깊이 존경했는데 그것은 결코 비판이나 의문을 억누르면서 그 한마디 한 구절을 준수한다는 것은 아니었다. 그래서 그랬을까? 안사이에게는 이퇴계의 이해나 해석을 배척하거나 이에 대해 의문을 던지는 듯한 몇 가지의 말이 남아 있다"[45]고 했다.

그러면 안사이는 이퇴계의 무엇에 의문을 느낀 것일까? 안사이는 "이퇴계의 『심경』을 높였지만 일대의 잘못이다"[46]라 하고는 이퇴계의 『심경부주』 중시를 비판했다. 또 『성학십도』에 게재된 정복심의 〈심학

---

45 田尻祐一郎, 『山崎闇齋の世界』, 194쪽.
46 「絅齋先生夜話」, 近藤啓吾·金本正孝 編, 『淺見絅齋集』, 國書刊行會, 1989, 637쪽.

도)를 이퇴계가 칭찬한 것에 대해서도 "나는 생각한다. 이 씨가 칭찬하는 바는 아마도 너무 지나치다"[47]고 비판한다. 『심경부주』와 〈심학도〉에 공통된 것은 마음을 '허령'으로 해석하는 점이다. 이퇴계는 『성학십도』〈차자(箚子)〉에서 "그 마음은 방촌(方寸)에 갖추어져 있어서 지극히 허령하고 리는 도서(圖書: 하도와 낙서)에 나타나 있어서 지극히 현저하고 진실하다. 지극히 허령한 마음을 가지고 지극히 현저하고 실체가 있는 이치를 구하면 마땅히 얻지 못할 것이 없을 것이다. 생각하여 얻고 예리하여 성인이 된다"고 하여 마음을 '지허지령(至虛至靈)'으로 파악하고 있었다. 이퇴계의 이 해석은 마음을 "무극의 참됨, 이오(二五)의 정미함, 묘합하여 응축되는 것", '경'을 "활발발지(活潑潑地: 기운 좋게 뛰는 모양)의 당체(當體: 본체)"라 하던 안사이에 혼란을 가져다 준 것은 상상하기 어렵지 않다. '지허지령'의 마음이 어째서 '활발발지 당체'인 '경'의 근거가 될 수 있는가? '무극이태극'의 도상화와 마찬가지로 '허'는 어떻게 하여 '실(實)'로 바뀌는가 하는 존재론적인 의문이 이 무렵 안사이를 둘러싸고 있었다고 보인다.

주자학에서 출발하여 퇴계학을 경유하면서 주자의 『주역』, 『태극도설』의 해석으로, 그리고 이퇴계의 『심경부주』, 『성학십도』에도 의문을 금하지 않았던 안사이는 문제 해결의 돌파구를 찾고 있었다.

4. 주자학과 스이카신도의 관계

야마자키 안사이의 주자학과 신도와의 결합에 대해 지금까지 다양한 각도에서 검토가 더해진 결과 거의 일치된 견해에 도달했다. 그것은

---

47 『文會筆錄』 19, 『新編 山崎闇齋全集』 제2권, 171쪽.

(1) '우주 유일의 리'라는 보편적인 진리를 믿고 있던 안사이가 중국의 텍스트와 일본의 텍스트에 동일한 의미가 반드시 표상되어 있을 것이라 생각하여 『신대권』 등의 일본의 신화 텍스트 해석에 매진했다. (2) 실제로 중국의 『주역』과 일본의 『신대권』을 엄밀하게 검토해 보면 '묘계(妙契)'라는 불가사의한 부합을 발견할 수 있어서 '우주유일의 리'를 재확인했다는 것이다.

그러나 왜 안사이는 주자의 해석에서 일부러 이탈하여 제자의 비판이나 반성을 끊어버리면서까지 주자의 해석과 요시다신도류의 기묘한 신화 해석을 무리하게 결합시키려 했던 것일까? 거기에는 무언가 안사이가 멈추지 못하는 특별한 이유가 있었다고 예상된다.

이 문제에 관해 지금까지 가장 정력적인 분석을 더한 연구는 헤르만 오무스의 『도쿠가와 이데올로기』이다. 안사이의 기묘한 해석이란 예를 들어 '토(土)'는 '이쓰쓰(イッツ)'라고 읽고 5를, 이즈치(イズチ), 쓰즈마루(ツヅマル)라고 읽고는 부동(不動)을, 더욱이 쓰쓰시무(ツッシム)라고 읽으면 '공경함(敬しむ)'을 의미하고 … 와 같이 기묘한 말장난적인 기법으로 설명한다. 이것을 오무스는 소쉬르의 애너그램(Anagram: 언어기호)에의 관심과 중첩시킨다. 그리고 안사이는 이 상징적인 중첩 기법을 구사하는 것으로 자신이 주자학의 '정통'의 본질을 체득했다는 것을 정당화한 것이지만, 그 어설픈 어원론은 정당화하고 싶다고 바라는 것은 무엇이든지 정당화하는 동어반복밖에는 없었다라고 결론지었다. 이 오무스의 분석에서 가르쳐 주는 것은 많은데 그러나 안사이 해석은 과연 애너그램적 어원론이었을까?

안사이의 신도 관계 텍스트를 주의 깊게 읽어보면 주자학과 신도의 동일시에는 두 가지의 단계가 있다는 것을 알 수 있다. 첫 번째 단계에서는 단순하게 양자의 해석일치가 기술되어 있을 뿐이다. 예를 들어

"천신 제1대는 천지 일기(一氣)의 신, 2대부터 6대에 이르러 이 수화목 금토의 신, 제7대는 즉 음양의 신이다"(『스이카신화(垂加神話)』)에서처럼 『신대권』에 등장하는 신들을 일기, 오행, 음양 등의 유교적 개념으로 나누는 것에 지나지 않는다.

그러나 아마 1667년의 교토 체재 중에 호시나 마사유키(保科正之, 1611~1673)나 요시카와 고레타리(吉川惟足, 1616~1695)와 친교하고 '토금의 비결'에 접근한 무렵부터 안사이의 해석 방법은 크게 변화하여 제2단계로 들어간다. 안사이는 거기서 텍스트 해석에 관한 커다란 힌트를 얻었다. 그것은 필시 다음과 같은 언설의 발견이 가져다 준 것이라 생각된다.

> 국가도 몸도 의가 아니라면 닦아 정돈하지 못한다. 그 의는 이 금의 기운이다. 금기(金氣)는 즉 경의 쓰임이다. 경은 안으로 마음에 갖추어져 있어 이것을 밖으로 내보내 행하여 나타내면 의이다. 경과 의는 원래 하나의 사물이다. 내외에 의해 이름을 바꾼 것이다. 이 경의로 인륜의 도는 선다. 경은 '쓰치시마루'라는 뜻이다. '시마루'는 금(金)이다. 경도 토와 금의 둘이다. 토와 금은 일기(一氣)의 리이다. 천지도 경에서 열린다. 그러므로 일원일리(一元一理)의 혼연한 것은 경의 본체라고 신성(神聖)도 말씀하셨다.[48]

여기에는 안사이가 그때까지 찾고 있었던 모든 문제가 정리되어 있다. 국가와 몸, 경과 의, 내와 밖, 이것들 모두가 토와 금으로 설명될 수 있다고 한다면 경의내외나 『대학』 팔조목의 수기와 치인의 연속성은 일부러 천명에 의지하지 않고서도 이 금과 토로 보증되게 된다. 또

---

48 吉川惟足, 〈土金之秘訣〉, 日本思想大系, 『近世神道論 前期國學』, 岩波書店, 1972, 70쪽.

토와 금이 '일기일리'라고 한다면 『주역』이나 『태극도』를 가져오지 않
아도 『신대권』에 담겨있는 구니노토코타치노미코토(國常立神)나 이자
나기, 이자나미 등의 일본 신화 중에 우주나 천지의 도상화=구상화가
이미 표현되어 있다는 것이 된다.

　그러나 이 '토금의 비결'을 진실이라 인정하기 위해서는 기묘한 동어
반복적인 해석 자체를 진실이라 인정하지 않으면 안 된다. 이 때문에
저 정도로 주자학을 정치하게 해독, 연구하던 안사이도 요시다(요시카
와)신도와의 만남으로 광기에 의한 해석에 빠져 버렸다, 혹은 안사이가
너무나 순수했기 때문에 결국 실증적 해석의 선을 넘어 버렸다고 결론
짓고 싶어진다.

　나는 이 문제의 핵심은 안사이의 종교성이나 성격 등이 아니라 '왜
훈'이라는 훈독의 방법에 있다고 생각한다. 안사이는 만년에 "그 우리
신국에 전래된 유일종원의 도는 토와 금이다. 그리하여 토는 즉 경이
다. 그런데 토와 경이란 왜훈이 서로 통용된다. 그렇게 하여 천지가
자리하는 이유, 음양이 행하는 이유, 인도가 서는 이유, 그 묘미는 이
훈에 갖추어져 있다"(『토진령신비(土津靈神碑)』)고 기술하고 있다. '그 묘
미는 이 훈에 갖추어져 있다'에서 보듯이 토와 경은 '왜훈'이기 때문에
'쓰쓰시무' '쓰치시마루'와 분절하여 동일시될 수 있다. 통상 경서해석
의 방법에서는 양자를 그 이상 분절화하는 것은 불가능하여 당연히
동일시되는 것도 불가능하다. 즉 주자에 의한 이기론의 도입으로 극한
까지 분절화된 송학의 경전 해석을 그 이상 더욱 분절화하기 위해서는
'왜훈'을 사용하여 한자가 본래 가지고 있지 않았던 다른 계열의 의미
를 읽어내는 것 밖에는 방법이 없었던 것이다. 안사이는 '왜훈'에 의한
한자의 해석=분절화는 결코 광기가 들어 있는 행위가 아니라 존재론적
관심에서 발견된 논리적인 해석 방법이었다.

우주의 근원으로 관심을 지속시킨 안사이는 한자를 본래적 함의 이상으로 분절화하여 숨겨진 의미를 발견하지 않으면『주역』이나『태극도』의 정합적으로 납득할 수 있는 해석에 이르는 것은 불가능했다. 그 때문에 얼마나 황당무계하고 신들린 사람이라는 말을 들으면서까지 안사이는 '방법으로서의 왜훈'을 믿고『신대권』에 들어 있는 한자를 '왜훈'으로 분절화하는 것을 멈추지 않았다.

안사이에게는 '왜훈'이 바로 궁극적적인 텍스트 해석의 방법이며 '우주유일의 리'를 해명할 수 있는 단 하나의 합리적인 방법이었다.

5. 맺음말

야마자키 안사이를 말할 때 아베 요시오의『일본주자학과 조선』의 영향으로 무비판적으로 이퇴계의 조술자로 자리매김하여 이퇴계로부터 교조주의적인 주자학을 배웠다는 선입관에서 빠져나오는 것은 어렵게 되어 있다. 또 신도로의 기묘한 접근은 광기로서 해석되어 좀처럼 안사이의 사상에 접근할 수 없는 것이 실정이다.

이상의 고찰을 통해 분명해진 것은 안사이가 주자나 이퇴계를 비판하면서 존재론적 관심을 지속하고 '왜훈'의 발견으로 한자를 더욱 분절화하는 방법을 습득, 우주의 근원이 기록된『신대권』의 한자해석에 몰두해가는 과정이다. 그러나 야마자키 안사이의 사상의 특징을 해명하기 위해서는 아직 과제가 남아 있다.

사가라 도루(相良亨)는 야마자키 안사이에 대해 "그가 스스로는 순수한 주자학자로 임했을지는 몰라도 양명이 가치비판의 능력인 양지의 선천적 내재를 말하는 부분에서 유사성을 보지 않을 수 없었다"(『근세의 유학사상』)고 하여 주자학자로서 이해되는 안사이에 양명학과의 유사성이 느껴진다는 것을 지적한다.

묘하게도 동일한 지적이 이퇴계에 대해서도 제기되었다. 타이완의 연구자 이명휘는 "퇴계의 사상은 실제로는 주자 성리학의 기본적 체계에서 벗어나 『맹자』 사상으로 회귀했으며 그것도 그러한 것으로 인해 양명의 사상과 한쪽에서 부합하게 된다"[49]고 설명한다.

지금까지 주자학자라는 것을 전제로 이해되었던 야마자키 안사이와 이퇴계가 함께 양명학에 가까운 듯 보이는 것은 우연이 아니다. 그들의 하늘과 마음의 해석에는 근본적으로 주자보다도 양명에 가까운 것이 있어 더욱 검토를 필요로 하는 문제이다.

또한 안사이의 신도로의 접근은 이퇴계를 비판적으로 경유하면서 주자학적 존재론이나 우주론을 더욱 분절화 하려한 결과로 나타난 것이다. 물론 이것을 주자학이라 부를 수는 없다. 그러나 주자학과 퇴계학을 경유했기 때문에 나온 새로운 지평이었다는 것은 틀림없다.

이러한 문제를 어떻게 동아시아사상사 연구에 자리매김할 것인가? 조선 유학자에는 이퇴계뿐만이 아니라 독창적인 기의 철학을 제시한 서화담이나 근년 급속하게 연구가 진행되는 조선 양명학파인 정제두 등 재검토해야 하는 많은 유학자가 있다. 아베처럼 조선 유학을 이퇴계로 대표시키고 이퇴계와 야마자키 안사이를 결합시켜 그것으로 조선 유교와 에도 유교를 단맥적으로 계통 짓는 악습에서 벗어나지 않으면 안 된다. 그것이 바로 지금부터의 유교 연구자에 요구되는 과제이다.

---

49 李明輝, 「李退溪と王陽明」, 吾妻重二 主編 · 黃俊傑 副主編, 『國際シンポジウム 東アジア世界と儒敎』, 東方書店, 2005 수록.

제3장

아라이 하쿠세키의 조선관과 '국체'

1. 아라이 하쿠세키(新井白石)의 텍스트가 갖는 특이성

에도시대 일본인의 조선관은 에도시대가 260년 정도 지속된 것이나 조선에서 도입된 인쇄술의 보급으로 광범위한 계층에서 출판활동의 진전도 동반하여 다양한 국면에서 조선관이 보고되었는데 그 특징을 한마디로 하는 것은 곤란하다. 이 때문에 이 분야에 관한 거의 모든 연구는 야자와 고스케(矢澤康祐)가 1969년에 발표한 도식(schema)을 답습하고 있다.

야자와는 진중한 배려 아래 에도 초기의 조선인 표류민에 대한 동정적, 우호적 처우나 조선인 학자에 대한 존경의 사례를 소개하면서 그러나 "17세기 후반에는 구마자와 반잔, 야마가 소코 등에 의해 조선 존경의 풍조와는 전혀 대척적인 조선 멸시관이 제기되고 그것은 그 후 전체적으로는 점점 강화되어 막말의 정한론까지 이어진다. 조선 존경의 풍조는 근세 일본에 연속적으로 존재하기는 했지만 그것이 주류를 이룬 것은 근세 초기이며 이후는 조선 멸시관이 점차 지배적이 되고 이어 막말의 조선 침략론으로 되어 갔다"[1]고 설명한다. 이어 우호적 조선관에서 멸시적 조선관으로 변용한 원인에 대해서는 "막번 체제의 모순을 빨리 느낀 그들(구마자와 반잔, 야마가 소코) 중에서 조선 멸시관이 대두했다"[2]고 하여 막번 체제의 모순에서 찾고 있다.

물론 야자와의 논의에 비판이 없었던 것은 아니었다. 예를 들어 주자학의 보급에 의한 대의명분론이나 화이론의 진전과 1636년의 조선이 청조에 복속한 병자호란의 영향이나[3], 18세기 말의 관념적, 의례적 외교에서 현실적, 군사적 외교로의 전환과 조선을 조공국으로 하는 의식의 공유[4], 혹은 지역 차나 계층 차에 의한 조선관의 다양성에 유의해야 하는 것 등이 주장된다.[5] 그러나 어쨌든 조선관 변용의 원인을 사회적 통념이나 서민의 의식변화에서 찾는 것에는 변함이 없어서 야자와가 제시한 도식은 부분적으로 수정되어가면서도 지금까지 견지되고 있다.

확실히 에도시대 일본인의 조선관 변용의 메커니즘은 다양한 사회적 변동이나 민중의식의 변화로 설명 가능하다. 그러나 언설 편성의 양태에 주목해 볼 때 사회적 변동이나 민중의식의 변화에 주목하는 것만으로는 불충분하다. 여기서 주목하고 싶은 것은 아라이 하쿠세키가 남긴 조선에 관한 텍스트가 갖는 특이성이다.

아라이 하쿠세키(1657~1725)는 국서위조사건이나 '일본국왕'의 칭호

---

1 矢澤康祐, 「江戸時代における日本人の朝鮮觀について」, 『朝鮮史研究會論文集』 6, 極東書店, 1969, 18쪽.

2 위의 책, 21쪽.

3 宮崎道生, 〈第二章〉, 「朝鮮使節の對應」, 『新井白石の研究 增訂版』, 吉川弘文館, 1958, 66~70쪽.

4 倉地克直, 「朝鮮像の轉回」, 『近世日本人は朝鮮をどうみていたか』, 角川選書, 2001, 250쪽.

5 이케우치 사토시(池内敏)는 에도 서민의 문예 작품 분석에서 "아프리오리한 조선 멸시관이 재생 강화되어 근대로 계승되었다"라는 단선적 해석을 비판하고 지역 차나 계층 차에 의한 조선관의 다양성에 유의해야 할 것을 강조한다. 池内敏, 『唐人殺しの世界-近世民衆の朝鮮認識』, 臨川書店, 1999, 155쪽.

문제, 조선사절 접대 간소화 등의 중요사건에 관련된 인물로 에도시대 일본인의 조선관을 말할 때 빼놓을 수 없는 존재이다. 동시에 하쿠세키는 "자기의 그것과 다른 입장이나 문화에 대한 유연하고 개방적인 정신"⁶의 소유자였다는 높은 평가가 내려진 한편 격렬한 조선 멸시관을 표명한 것도 알려져 있어서 이때까지 쌓아 올린 한일 선린우호관계에 차가운 물을 끼얹은 '민족주의'⁷자로서 비판의 대상이 되는 일도 적지 않다.

그러나 지금 내가 주목하고 싶은 것은 하쿠세키의 이러한 역사적, 정치적, 인물적 평가가 아니라 『오리타쿠시바노키(折たく柴の記)』나 〈조선국 신서 의식의 일(朝鮮國信書之式の事)〉 등 하쿠세키가 남긴 텍스트가 갖는 특이성이다. 하쿠세키의 텍스트는 일본인의 내셔널리즘 형식에서 "사실을 기술하면서 동시에 정치적이며 따라서 전략적이라는 화법"⁸의 한 예라고 생각해서는 안 된다. 하쿠세키의 텍스트를 에도시대 일본인의 화이관 형성의 전형적인 패턴을 만들어 후에 후기 미토학이나 모토오리 노리나가의 국학에 커다란 영향을 끼치게 된 특이한 텍스트로 다루어 에도시대에 일본인이 형성한 조선관과 내셔널리즘이 어떠한 관계에 있었는지, 그 해명을 시도하고 싶다.

2. 에도시대 초기의 조선관

에도시대는 국내적으로는 도쿠가와 이에야스에 의한 전국적인 막번

6 加藤周一,「新井白石の世界」, 日本思想大系, 『新井白石』, 岩波書店, 1975, 506쪽.
7 위의 책, 549~550쪽.
8 ミシェル・フーコー(岸田秀・久米博 譯), 『ピエール・リヴィエールの犯罪』, 河出書房新社, 1986, 9쪽.

체제의 정비와 대외적으로는 도요토미 히데요시의 조선 침략 이후의 동아시아 국제관계의 수복이라는 국내외의 두 가지 커다란 변형과 함께 출발했다. 특히 17세기는 조선과의 관계수복, 중국의 명청 교체, 더하여 조선의 청으로의 복속과 동아시아 국제관계는 크게 변동하여 이에 따라 도쿠가와 막부에 의한 대외 교섭도 크게 좌우되었다. 또 히데요시의 조선 침략 전쟁에 의해 5~6만 명이나 되는 조선인 포로의 이주와 400명이 넘는 조선통신사라는 조선인 대집단의 정기적 방문은 그들과 직접 교섭한 일본인의 대외관에 크게 영향을 미쳤다 그들과의 직접적인 교류로 종래의 조선관이 크게 수정되고 혹은 악화된 것은 충분히 생각할 수 있다.

그러나 변용한 것은 대외관, 조선관만이 아니었다. 도요토미 히데요시나 도쿠가와 이에야스에 의한 전국통일이 수행되기 이전의 전국시대에는 사람들의 의식은 전국 다이묘가 통치하는 영토에 고정되어 이른바 국가까지 미치지는 않았다. 그러나 전국통일이 이루어지자 사람들의 의식은 점차 일본 전국, 즉 국가까지 확대되기 시작했다. 그렇게되자 동시에 이 시대는 조선과의 관계수복뿐만이 아니라 크리스천 세력 신장과 쇄국령 실시를 앞두고 국가로서의 일본이 외국과의 대외정책에 신경을 곤두세우던 시대이기도 했다.[9] 17세기 전반에 제출된 국서가 게이초기(慶長期, 1595~1615)에는 오누마(大沼: 홋카이도 지역), 안남(베트남), 루손(필리핀), 캄보디아, 샴(태국), 전탄(田彈: 태국 부근에 존재한 나라), 조선 등의 동아시아 국가들과 네덜란드, 포르투갈, 영국, 노비스판(스페인 식민지 시대의 멕시코) 등의 유럽 국가들과도 교통하고 있었던

---

9 후지이 조지(藤井讓治)는 17세기의 일본을 '공의(公儀)'국가의 형성과 대외관계의 틀 형성으로 설명한다. 「17世紀の日本-武家の國家の形成」, 『岩波講座 日本通史』 第12卷, 岩波書店, 1994 참조.

것은 당시의 일본인이 어느정도 세계를 의식하고 있었는지를 이야기
해준다.[10]

　이러한 정치적 상황 하에서 다수의 조선인 포로나 조선통신사가 일
본인의 눈앞에 등장한 것이다. 동아시아나 유럽국들과의 외교 교섭을
통해 일본인은 점점 더 '일본'을, 그리고 '국가로서의 일본'을 의식하지
않으면 안 되었다. '일본은 신국이다'(하야시 라잔)[11], "우리 대일본은 신
의 가르침의 도가 자연스러운 가르침이다"(요시가와 고레타루)[12], "신도
가 융성해지지 않으면 일본의 번영도 천양무궁함이 없다"(와타라이 노
부요시(度會延佳))[13], "일본은 금기(오행설의 金氣)의 나라"(야마자키 안사
이)[14] 등 이 시기에 유가신도라 불리는 이러한 일본을 정의하는 언설이
계속해서 만들어진 것도 그러한 현상의 표현이다.

　그들이 이용한 텍스트는 모두가 중세 신도가가 쓴 텍스트였다. 에도
시대가 되어 외교교섭이 진전되고 '국가로서의 일본'을 의식하기 시작
했을 때 일본인은 먼저 원점으로 회귀하려고 하여 전국시대에 낳은
중세 신도의 텍스트에 표상된 언설을 재발견한 것이다. 그것은 일본인
으로서의 자기 확인이며 또 국가로서의 아이덴티티 형성의 시도였다.

　야자와가 "조선 존경의 풍조와는 전혀 대척적인 조선 멸시관"의 대
표적인 예로 든 야마가 소코의 텍스트가 쓰인 것은 바로 이 시기였다.
야마가 소코는 "본조의 신대, 이미 아마노미나카누시노미코토(天禦中
主尊)가 있었고 이자나기, 이자나미 두 신은 나라의 중주(中柱)를 세웠
으니, 즉 본조가 중국이 된 것은 천지자연의 추세"[15]라고 기술하여 유

10　위의 책, 34~36쪽.
11　「神道傳授」, 『近世神道論 前期國學』, 岩波書店, 1972, 37쪽.
12　「土金之秘訣」, 위의 책, 72쪽.
13　「陽復記」, 위의 책, 99쪽.
14　「神代卷講義」, 위의 책, 145쪽.

가신도가와 마찬가지로 중세 신도의 언설을 이용하면서 '본조'=일본이
'중국'이라고 선언했다. 소코가 과거의 텍스트에서 꺼내든 것은 "추아
이(仲哀)천황에 이르러 스미요시노 오카미(住吉大神)는 보물이 있는 나
라를 하사하시어 신공황후가 스스로 삼한을 정벌하셨다. 삼한을 면박
하여 복종하고 무덕을 외국에 떨쳤다. 이때부터 삼한은 매년 빙헌공(聘
獻貢)을 하여 배의 키가 마르지 않았다"[16]고 하여 신공황후 삼한 정벌담
이며 고대 삼한의 조공설이었다.

야마가 소코에 의한 이 조선 멸시관이 표명되기 이전에 에도시대에
는 이 정도로 강렬한 조선 멸시의 언설은 언표되지 않았다.[17] 그러나
야마가 소코 이후 신공황후 삼한 정벌담이나 삼한 조공설은 급속하게
사람들의 입에 회자되기 시작했다. 그리고 그러한 것을 사실로 인정하
여 소코와 마찬가지로 강렬한 조선 멸시관을 표명한 인물이 아라이
하쿠세키였다.

하쿠세키는 일본이나 중국의 고전에 정통한 것만이 아니라 『번한보
(藩翰譜)』나 『독사여론(讀史餘論)』 등 일본의 무사에 관한 역사도 숙지
하고 있었다. 이 때문에 야마가류의 병법가이기도 했던 소코의 계보상
에 하쿠세키가 이어지는 것에는 어떤 의문은 없는 듯하다. 그러나 하쿠
세키의 텍스트에는 그 이전의 텍스트에서는 보이지 않는 특징이 있다.

하쿠세키 이전의 텍스트가 표상하던 일본은 '본조'이며 '중조(中朝)',
'중국'이었다. 그러나 하쿠세키가 표상한 일본이란 국가의 호칭으로서
의 일본이 아닌 국가의 속성으로서의 '국체'이며 '국가의 치욕'이라는

---

15 『中朝事實』, 『山鹿素行全集』 第13卷, 岩波書店, 1940, 18~19쪽.

16 위의 책, 63쪽.

17 겐로쿠(元祿)시대 이전의 조선관에 대해서는 井上厚史, 「『國姓爺合戰』から『漢國無
   體 此奴和日本』へ」, 『同志社國文學』 第58號, 2003 참조.

언설이었다. '국체'도 '국가의 치욕'도 중세 신도가의 텍스트에는 결코 등장하지 않는 언설이다. '국체'나 '국가의 치욕'을 언표한 하쿠세키의 텍스트는 그 이후의 역사를 돌아봤을 때 하쿠세키 이전의 텍스트에 의한 국가 의식의 고양과는 확실히 구별될 수밖에 없는 특징을 갖춘, '정치적 혹은 전략적인 언설'이라 부르기에 알맞은 특이한 텍스트라고 생각된다.

그러면 '국체'나 '국가의 치욕'이라는 언설의 특이성이란 무엇인가? 그 분석에 들어가기 전에 먼저 하쿠세키의 조선관을 개관해 두자.

3. 아라이 하쿠세키의 조선 멸시관

미야자키 미치오(宮崎道生)에 의하면 하쿠세키의 조선 대외의 기본 방침은 '화평, 간소, 대등의 세 가지'[18]에 의해 구성되어 있었다고 한다. 특히 '대등'을 강조하여 "하쿠세키가 가장 고려 한 점은 우리와 조선과의 국제적 지위의 우열에 있었다"[19], "하쿠세키에게는 상대의 체면이나 입장을 중시하는 생각이 상당히 있었다"[20]고 기술하는 등 하쿠세키의 대외관으로서의 견식이나 유능함이 강조되어 있다. 또한 나카오 히로시는 "하쿠세키는 국가 의식으로서의 대등성의 추구와 동시에 문화의식으로서 조선보다도 일본이 우월하다, 혹은 지금 우월하다는 콤플렉스를 가지고 빙례 개혁에 임했다"[21]고 하여 하쿠세키가 '문화의식'에 민감했던 것을 지적한다.

---

18 『新井白石の硏究 增訂版』, 49쪽.
19 위의 책, 50쪽.
20 위의 책, 53쪽.
21 中尾宏, 「辛卯正德度通信史とその時代」, 『大系朝鮮通信史』 第4卷 辛卯·正德度, 明石書店, 1993, 68~69쪽.

미야자키도 나카오도 하쿠세키의 외교관으로서의 균형 감각을 중시
하고 지식인으로서의 하쿠세키를 강조하려 했다. 그 결과 하쿠세키의
격렬한 조선 멸시관에 대해서는 "『조선빙사후의』나 『오리타쿠시바노
키』는 모두가 빙례 후 수년의 작품이며 더욱이 하쿠세키는 관료로 있
었지만 그 기술에는 상당히 감정적인 표현도 포함되어 있다. 그것은
또 후세에 하쿠세키의 조선 멸시론으로 평자가 내세우는 것인데 그것
은 그렇다고 해서 막부 관료의 제일선에 서서 통신사 일행의 응접, 문
사를 담당하던 당시의 하쿠세키의 심정과는 약간의 거리가 있다는 것
도 사료로 다룰 때 유의해야 한다"[22]는 것으로 이른바 봐도 못 본 척해
왔다.

그러나 아무리 하쿠세키 개인을 양심적으로 평가하려 해도 하쿠세키
가 남긴 텍스트에 격렬한 조선 멸시관이 남아 있다는 것은 부정할 수
없다. 이하 조선 관계의 텍스트에 기록된 유명한 언설을 열거해 보자.

본조의 국사를 접함에 처음 신공황후가 삼한을 정벌하시어 그 나라
에 일본부를 두고 그 나라를 다스린 이래 사이메이(齊明)천황에 이르기
까지 무릇 천황 24대, 역수 460여 년 간은 그 나라의 임금과 백성이
이 우리 조정의 신첩이 아니라 한 자는 없다. 이 일은 홀로 본조의 국사
에 보이는 것만이 아니다. 진·송·제·양 등 남북국의 여러 사서, 『구당
서』 및 『백제본기』 등의 책에 자세하다. 그렇지만 지금 조선의 역사서
를 접해보니 『동국통감』, 『삼국사기』 등 우리나라를 지칭하여 그 나라
의 외번(外藩)처럼 표시를 했다. 이것은 우리나라를 위해 신하로 복속
시키는 일을 치욕이라 미워하고 그 본국을 위해 곡학하여 숨기고 꺼리
는 바가 있기 때문이다.[23]

22 위의 책, 70쪽.
23 「朝鮮國信書の式の事」, 『新井白石全集』 第4卷, 國書刊行會, 1977, 671~672쪽.

조선은 오랜 동안 이웃으로 호의를 맺어야 하는 나라가 아니다. 명백한 사정이 있다. 그 이유는 조선 역대의 서책 모두를 보면 크게 우리나라를 그 나라의 신하로 복속시키는 것처럼 기록해 두었다. 심하게는 왜추(倭酋), 왜노(倭奴), 왜적(倭賊) 등으로 표시한 일, 붓을 멈출 수 없다.[24]

본조(일본)에 대해 조선 사람들은 단지 일향종의 아라에비스(荒夷: 야만인)라고만 알고 있다.[25]

조선은 교활하여 거짓이 많고 이익이 있으면 신의를 돌아보지 않는다. 예맥의 풍속으로 천성이 본래 그러하다.[26]

동조궁(東照宮: 도쿠가와 이에야스)을 시작으로 역대 쇼군 모두를 왜추라 칭했다. 그 나라 사람은 항상 이웃 나라와의 교제를 예의와 신의로 한다고 한다. 또 우리 조선은 예로부터 예의의 나라라고 말하지만, 우리나라를 향해서는 인호(隣好)를 이어 빙례를 닦으라고 하고, 그 나라로서는 왜정(倭情)을 정탐하는 사절로 삼고 우리나라를 향해서는 국왕으로 높인다고 하고, 그 나라로서는 비천하게 칭하여 왜추라 하니, 무슨 예의로 하고 신의로 한다는 것인가? 무슨 예의의 나라라고 할 수 있는가? 실로 예로부터 전해오는 예맥, 동이의 국속이라고 해야 할 것이다.[27]

여기에는 가령 조선의 서책에 표명된 '외번', '왜추', '왜노', '왜적', '아라에비스(야만인)' 등의 언설에 도발된 결과라 해도 '우리의 신첩', '오랫동안 호의로 맺을 나라는 아니다', '교활하여 거짓이 많다'라는 격

---

24 「朝鮮聘使後議」, 『新井白石全集』 第4卷, 683쪽.
25 「白石先生手翰」 第之四, 『新井白石』, 448쪽.
26 「國書復號紀書」, 『新井白石全集』 第4卷, 702쪽.
27 「朝鮮聘使後議」, 『新井白石全集』 第4卷, 684쪽.

렬한 조선 멸시관이 반복되어 표명되어 있다는 것은 부정할 수 없다. 문제는 왜 '유연하고 개방적인 정신'의 소유자이며 '수많은 유자의 무리들과는 다른 사상가'[28]였던 하쿠세키가 이 정도까지 격렬한 멸시관을 남긴 것인가이다.

그 수수께끼를 푸는 힌트가 되는 것이 다음의 언설이다.

그 나라에서 가지고 온 문서를 보니 실로 조고(祖考: 죽은 조부)의 휘(諱)를 범했다. 그 나라가 칠대 왕(세조)의 휘까지도 피해야 한다고 하면서 어찌하여 우리나라 조고의 휘를 범하는 것을 가지고 오는가? 그 말하는바 모두 무례한 일이다. 나는 이러한 일을 언급하지 않는 것은 맞지 않다고 대답했다.[29]

조선통신사가 일본 측의 복서 중에 조선 제7대 왕세조의 휘(李琈, 즉 세조)를 사용하지 않는다는 금기를 범한 것을 바로 잡으려고 요구해 온 것에 대해 하쿠세키는 조선 측의 문서에도 일본의 휘를 범한 것이 있다는 것을 지적하여 그것을 '무례'하다고 비난하고 있다. 하쿠세키는 다른 곳에서도 대등한 '예'(적례)로 대응하는 것에 신경을 곤두세웠으며 이 건에 관해서도 '죽음을 걸고' 조선 측이 먼저 문서를 고칠 것을 요구하여 조선 측과 대등한 예를 취하지 않는 것은 '우리나라의 수치'라고 기록하고 있다.[30] 대등의 '예'를 중시하여 '죽음을 걸면서'까지 '우리나라의 수치'가 되는 것을 해서는 안 된다고 하는 하쿠세키는 실로 무사의 에토스를 사는 인간이었다.

28 『大系朝鮮通信史』第4卷, 辛卯·正德度, 69쪽.
29 『折たく柴の記』, 『新井白石全集』第3卷, 國書刊行會, 1977, 84쪽.
30 위의 책, 84쪽.

가토 슈이치(加藤周一)는 "외국인과의, 특히 외교교섭에서 외국인과의 접촉은 한편에서는 민족주의를 분명히 강화시켰다"[31]고 하여 '외교교섭에서 외국인과의 접촉'이 하쿠세키의 민족주의적 언설을 만들어낸 원인이라고 파악한다. 물론 하쿠세키의 조선 멸시관이 조선통신사와의 직접 교류나 조선 서책에 보이는 일본 멸시의 언설에 대한 반발로 과잉되어 격화된 것이라는 것은 충분히 생각해 볼 수 있는데 역시 이 무사의 에토스라는 관점을 간과해서는 안 된다. 그리고 그의 조선 멸시관이 무사의 에토스에 기인한다고 한다면 하쿠세키가 남긴 조선 멸시관의 언설은 하쿠세키 개인의 자질이나 성격으로 환원되어야 하는 것이 아니라 더 공시적인 언설편성의 문제로 다루어야 할 것이다.

가야노 도시히토(萱野稔人)는 내셔널 아이덴티티의 형성과 레이시즘(racism)과의 관계에 대해 다음과 같이 기술한다.

레이시즘은 국민적 동일성의 구성에서 본질적인 역할을 수행한다. 네그리와 하트는 이렇게 기술한다. "국민·인민·인종의 관념들은 그렇게 멀리 떨어진 것은 결코 아니다. 절대적인 인종적 차이를 만드는 것은 균질적인 국민적 동일성이라는 구성을 확립할 때 그 본질적인 기반이 된다는 것이다." … 내셔널리즘은 민족적인 단위가 정치의 주체가 되어야 한다는 것을 주장하는 하나의 정치적 원리이면서 그 단위를 이루는 국민적 아이덴티티를 구성하는 운동이기도 한다. 이 국민적 아이덴티티의 구성이라는 점에서 레이시즘은 내셔널리즘과 내재적인 관계를 갖는다.[32]

가야노는 '국민적 아이덴티티'의 구축에서 '절대적인 인종적 차이'를 주장하는 레이시즘이 본질적인 역할을 한다고 말한다. '국민적 아이덴

---

31 『新井白石』, 549쪽.
32 萱野稔人, 『國家とはなにか』, 以文社, 2005, 233~234쪽.

티티'라는 상상의 산물이 '실체'로서 주민에 확신되기 위해서는 종적 출신에 의한 서열화나 차별화가 필요하며 또한 효과적이며, "레이시즘을 통과하는 것으로 어느 지역의 주민은 민족적인 출신을 갖는 집합체로 표상된다"는 것이다.[33] 즉 강고한 국민적 아이덴티티의 형성은 강고한 레이시즘으로 가능해진다고 생각할 수 있다.

하쿠세키의 '무례', '죽음을 걸고', '수치'라는 일련의 조선 멸시관은 이러한 국민적 아이덴티티 형성의 문제로 파악할 필요가 있다. 전술한 것처럼 17세기의 언설 세계에서는 여러 가지 계층이나 국면에서 일본을 다시 정의하려는 운동이 퍼졌다. 그것은 '국가'로서의 일본을 정의하는 것이며 '국가'로서의 일본인을 표상하는 것이었다. 유가신도가나 야마가 소코의 텍스트는 '신국' 일본을 견고하게 표상하고 있었다. 그들의 언설은 중세 신도가의 언설을 반복하는 것으로 민족=국민으로서의 동일성을 환기하는 힘은 약했다. 강고한 국민적 아이덴티티의 형성은 강고한 레이시즘에 의한 것이다. 그들의 언설에는 강고한 레이시즘이 부족했다.

거기에 등장한 것이 아라이 하쿠세키의 텍스트이다. 하쿠세키의 텍스트에 언표된 조선 멸시의 언설은 '사실을 기술하면도 동시에 정치적이며 따라서 전략적이라는 화법'을 체현한 것이다. 이러한 점에서 일본 근대 내셔널리즘 형성에 중요한 역할을 할 수 있는 텍스트의 탄생이라고 할 수 있다. 격렬한 조선 멸시의 언설과 함께 언표된 '국체'나 '우리나라의 수치'라는 언설은 그때까지의 일본인이 알지 못했던, 혹은 의식화되지 않았던 국민적 아이덴티티를 형성하기 위해 필요한 강렬한 에너지를 갖고 있었던 것이다.

---

33 위의 책, 236쪽.

4. '국왕'과 '국체'

오가와 마코토(大川眞)는 아라이 하쿠세키가 제안한 쇼군의 칭호를 '일본국대군'에서 '일본국왕'으로 되돌리는 국왕 복호설에 대해 다음과 같이 설명한다.

> '천명'을 상실했지만, '예악'의 원천자가 되는 지위를 가까스로 유지하는 '천황'과 '천명'을 수여받아 '예악'을 제외한 모든 국정(물론 정벌도 포함하여)을 수중에 넣은 '국왕'이라는 도식이 국왕 복호설에 보이는 하쿠세키의 주요한 정치구상의 하나이다.[34]

> 하쿠세키는, 쇼군=일본국왕은 어디까지나 조선국왕과의 동격화를 꾀하고 청 황제와의 관계성은 능력을 포함하여 오히려 그 범위 밖에 있었다고 생각한다.[35]

조선 측에서 쇼군을 '일본국왕'이라 호칭하는 것에 특히 문제는 없었다고 생각된다. 왜냐하면 조선왕조 자체가 명·청 왕조와 종속관계에 있어 '사대의 예'를 취했기 때문이다. 조선은 중국 국왕에 대해서는 짐(朕), 조(詔), 칙(勅), 폐하(陛下), 태자(太子), 경사(京師), 상주(上奏) 등의 황제와 관련된 용어를 사용하지 않고[36], 조선국왕을 조선 국내에서는 '주상전하'(혹은 전하)라 칭하고 일본에 대해서는 '조선국왕'을 사용한다는 구분이 있었다. 따라서 일본국왕이 국내에서 '쇼군'인데 조선에 대해서는 '일본국왕'을 사용한다는 구분은 조선 측에서는 쉽게 이해될 수

---

34 大川眞, 『近世王權論と正名の轉回史』, お茶の水書房, 2012, 83쪽.
35 위의 책, 85~86쪽.
36 武田幸男 編, 『朝鮮史』, 山川出版社, 2000, 168쪽.

있었다. 문제는 천황의 위치였는데 천황을 중국 황제를 의미하는 '천자'
로 이해할 수 없는 것은 당연하다고 해도 일본인이 천황을 '천자'처럼
받아들인다고 이해하는 것은 조선 유학자에게는 가능했을 것이다.[37]

하쿠세키가 제기한 쇼군의 복호 문제는 일본에서 대단히 큰 소동이
되었음에 비해 조선에서는 문제가 되지 않았다. 그러나 사실은 그 당시
조선 인식에서 커다란 문제가 발생했다. '국체'를 둘러싼 언설 편성이
라는 문제이다.

요네하라 겐(米原謙)은 에도 초기의 '국체'를 언급한 인물로서 오규
소라이(荻生徂徠, 1666~1728)와 아라이 하쿠세키의 언설을 들고 있다.
소라이의 사례는 『정담』 권3에 다음과 같은 구절이 있다.

> 조선 빙사의 일은 완전히 당상에게는 상관없는 일로 오직 무가만이
> 문제 삼는 것이다. 그렇다면 공의와 조선 왕을 동격으로 의식을 정해
> 놓고, 이쪽에서는 상사(上使)를 보내지 말고 조선에서만 사자를 보내는
> 일은 일본에 손을 내미는 도리가 서는바, 이것이 일본과 조선 왕래의
> 큰 격식이다. … 일본의 고법에는 조선 왕을 금리(禁裏: 천황)와 동격으
> 로는 삼지 않는다. 금리는 황제이며 조선 왕은 왕의 위치이다. 그렇다면
> 조선은 일본의 신하라 칭하는 예법이 되기 때문에 언제나 게라이(家來:
> 쇼군의 가신)를 보내는데 조선의 사절이 배신에 해당되는 위치라면 이
> 것은 또한 맞지 않는 일이다. 당시 조정의 관위를 견고하게 지켜 삼위와
> 삼위가 대할 때는 조선 왕을 금리와 동격으로 보기 때문에 공의는 한
> 단계 격이 떨어지는 것이 되니 국체를 잃어 대단히 좋지 않은 일이다.[38]

---

37 오가와(大川)가 소개한 『동차록』의 "천황은 정치를 맡지 않는다. 관동의 쇼군 미나
모토노 요리토모(源賴朝) 이후부터 정치는 관백에 맡긴다"나 『해동제국기』의 "국정
및 이웃나라를 빙문(聘問)한다. 천황은 모두 해당되지 않는다"라는 언설은 천황과
쇼군(관백)의 역할 분담이 조선 측에 이해 가능했다는 것을 보여준다. 大川眞, 『近世
王權論と正名の轉回史』, 87~88쪽.

또 하쿠세키의 사례는『오리타쿠시바노키』중권에 다음과 같은 구절이 있다.

옛날 우리나라는 외국의 사절이 올 때의 사례에서도 또 우리나라 사절이 그 나라에 갈 때의 사례에서도 서로 통하는 것이라는 말은 듣지 못했다. 단지 그 때를 당하여 나아가고 멈추는 것을 취하는 것인데, 국체에서 그렇게 하면 안 되는 것도 많다. 백 년이 되어 예악이 생겨나는 일도 있다.[39]

무가의 일(武事)에서 수간(水幹: 남성복의 일종)을 입는 것은 무가의 옛 법도이다. 이 수간을 입어야 한다고 여긴다면 조용히 그 일을 아뢰어 그 나라에 갈 때 조선통신사 등이 쓰시마 가미(守)에게 보내 이러한 손님들은 어떠한 관복을 사용할지, 그 의례에 따라 오는 쪽에도 또한 그렇게 하도록 해야 한다고 말한다면 쓰시마 가미를 통해 또 우리들에게도 이러한 이유를 전한다. … 모두 이러한 일, 국체라는 것이 있다는 것도, 무가의 옛 법도가 있다는 것도 분별하지 못하는 사람들은 모두 말할 것도 없다.[40]

이 소라이와 하쿠세키의 '국체'에 대해 요네하라는 "조선·중국 등의 외국과의 외교 관계에서 국가의 체면을 중시하는 관점"에서 사용되었다고 하여 18세기 일본의 언설 공간에서 사용된 '국체'의 의미를 "조선이나 중국에 대치하는 일본이라는 정치적 통일체를 염두에 두고 국가의 체면이라는 취지로 사용되었다. 아마 원래는 번(藩)을 단위로 하는

38 平石直昭 校注,『政談 服部本』, 平凡社東洋文庫, 2011, 161~162쪽.
39 『折たく柴の記』卷中,『新井白石全集』第三卷, 81쪽.
40 위의 책, 91쪽.

정치적 언론에서는 이 말이 사용되지 않았을 것이다"고 설명한다.[41]

『일본국어대사전』에 의하면 18세기 이전의 일본 텍스트에서 '국체'의 사용례는 『옥엽(玉葉)』(1181, 養和元年) 11월 5일의 "호기노국(伯耆國, 지금의 돗토리현)의 어주(禦廚: 신사가 소유한 영지)는 이전부터 사망한 여원(女院: 황후 등 황실 여성의 존호)의 영지이며 국가(國)의 영지가 되는 것은 부당하다. 그럼에도 국체가 편하지 않으니 소송까지는 하지 않는다"인데, 의미는 "국가의 상태, 나라의 성질, 나라의 모습"으로 되어 있고 그 이후의 중·근세의 사용례는 없다. 즉 '국체'는 18세기에 급속하게 사용되기 시작한 개념이라 생각된다.

『대한화사전』에 의하면 중국의 사용례는 ①'나라의 성질, 나라의 성립'의 의미로 『한서』〈성제기〉의 "온고지신을 알고 국체에 통달하여 그러므로 이를 박사라 한다"를 들고, ②'국가의 신체, 군주의 팔다리가 되는 신하'의 의미로, 『춘추곡량전』 장(莊), 24의 "대부는 국체이다"를 들고 있다. 요네하라가 소라이나 하쿠세키의 견해로부터 귀납 추리한 ③의 '국가의 체면'을 나타내는 사례는 게재되어 있지 않다. 야마가타 다이카(山縣太華, 1781~1866)가 "국체라는 것은 송대의 서책 등에 종종 있는데 우리나라의 서책에서는 아직 보지 못했다"[42]고 한 것처럼 확실히 송대 사마광의 『자치통감』(1084)에 9례, 송의 조여우(趙汝愚, 1140~1196) 편 『송명신주의(宋明臣奏議)』에 84례, 원의 탁극탁(托克托), 탈탈(脫脫)의 『송사』(1345)에 63례가 있어 중국에서는 '송대의 서책'에 빈출하는 것 같다.

『자치통감』의 사용례는 "견한(甄邯)은 기강과 국체를 가지고 사사롭

---

41 米原謙, 『國體論はなぜ生まれたか, 明治國家の知の形成圖』, ミネルヴァ書房, 2015, 34~35쪽.
42 위의 책, 33쪽.

게 아부하는 것이 없었고, 충효가 더욱 분명하여 천호를 더해 주었다"[43]
나, "어리석으나 신은 모두 파직시키고 줄여서 준수하고 회복하여 모
두 처음으로 돌아가 나라 안의 청순한 선비 중에서 국체에 밝게 통달한
사람을 선별하여 그 자리에 보임하면 곧 모든 백성이 성스러운 교화를
입게 될 것이다"[44]에서처럼 ①'나라의 성질, 나라의 성립'의 의미로 사
용되고 있다. 『송명신주의』의 용례에도 기본적으로 ①'나라의 성질, 나
라의 성립' 및 ②'국가의 신체, 군주의 팔다리의 신하'의 의미로 사용된
다. 그러나 『송사』에서 주목되는 것은 그때까지의 국내 정치에서 왕이
나 신하의 평가에 대해 사용되던 '국체'가 대외적인 콘텍스트에도 사용
되기 시작했다는 것이다. 『송사』(권40) 〈본기 제40〉, '영종 4년'에 다음
과 같은 기술이 있다.

새벽에 한탁주는 계략을 썼는데 안으로는 온갖 농간을 하고 바른 사
람을 가리켜 사악하다 하고 바른 학문을 거짓이라 했으며 밖으로는 강
한 이웃나라에 도발하여 독을 회전(准甸)으로 흘려보냈다. 빈번히 군대
가 패하자 탁주의 머리를 넣어 금나라로 가니 국체가 무너졌다.

폭정을 행사하는 남송의 한탁주(1152~1202)가 금과의 전쟁에서 패하
여 탁주의 머리를 금나라에 바치는 것으로 강화가 성립되었는데 이로
인해 '국체휴(國體虧)'(국체가 무너지다)라고 표현되어 있다. 오랜 동안
금나라와 항쟁을 반복하던 송(남송)은 금과 화의를 맺는 것은 굴욕 이
외의 어떠한 것도 아니었다. 그 굴욕을 표현하는 방법으로서 '국체가
무너지다'라는 말처럼 '국체'로 언급되기 시작했다고 생각할 수 있다.

---

43 『資治通鑑』 卷36, 漢紀28, 〈孝平皇帝下〉.
44 『資治通鑑』 卷54, 漢紀46, 〈孝桓皇帝上之下〉.

조선으로 눈을 돌리면 실은 조선에서는 건국 당초부터 '국체'가 빈번하게 사용되었다. 『조선왕조실록』에는 전체적으로 1647의 사용례가 있으며 『정조실록』에 216례, 『숙종실록』에 191례, 『중종실록』에 151례, 『선조실록』에 99례가 있어서 이 4대가 특이하다. 처음 나온 것은 태조 2년(1393)으로 태조(이성계)가 궁중에서 환관과 처첩을 벌하는 것을 책하는 대간(주군을 간하는 관직)과 형조(사법과 형벌을 담당하는 관리)에게 화를 내면서 그들을 체포하여 심문하라고 명하는데 신하는 그것을 거절해야 한다고 생각하여 "대간, 형조는 일국의 강기가 있는 바로 예로부터 이것을 중하게 여겼습니다. 합사(여러 관아를 모으는 일)하여 체포하면 국체를 상하게 하는 것입니다"[45]라고 하여 역시 ②의 '국가의 신체, 군주의 팔다리로서의 신하'의 의미로 사용되었다.

그러나 『선조실록』 권7, 선조 6년(1573) 4월 18일 〈정묘조〉에는 예조가 왕을 향해 교린의 도는 은혜와 믿음이 가장 중요한 것인데 일본의 왜는 북방의 야만인과 같아 전례가 없는 것을 제멋대로 만들어 멀리서 온 사람이라는 것을 잊는 등 이루 말할 수 없다고 비난하자, 선조는 "국체를 무너뜨리는 것은 또한 잘못이라 할 것이다"[46]라고 대답했다고 기록한다. 왜인이 말하는 것은 '국체'를 뒤바꾼 것이며 틀렸다는 것이다. 또 『숙종실록』 권31, 숙종 23년(1697) 7월 12일 〈병인조〉에도 사역원에서 호소하여 최근 부산 동래의 왜관에 있는 통역관의 대다수가 근신하지 않은 탓에 "국체를 훼손하기에 이르렀습니다. 잘못을 질타하여 바로잡는 길이 없으면 안 됩니다"라고 되어 있어 근신하지 않는 통역관이 '국체'를 훼손하고 있다고 기록했다.

이 '국체를 무너뜨린다', '국체를 훼손한다'는 것은 요네하라가 말하

---

45 『太祖實錄』卷三, 太祖2年(1393) 6월 22일, 〈丙申條〉.
46 『宣祖實錄』卷七, 宣祖6年(1573) 4월 18일, 〈丁卯條〉.

는 ③의 "국가의 체면"의 의미로 사용되고 있다. 중국에서 금나라가 송에 침입한 이후 급속하게 '국체'가 사용되기 시작한 것과 마찬가지로 조선에서는 왜구와 임진·정유왜란 등의 일본에서의 침입을 계기로 '국체'에 ③의 "국가의 체면"의 의미가 부여된 것이라 생각된다.

하쿠세키는 조선통신사와 쇼군의 복호에 대해 논한 〈조선국 신서 의식의 일〉에서 "그렇다면 일본 국왕의 호도 만약에 친왕이나 왕들의 예에 맡긴다면 우리 조정으로서는 그렇게는 높이지 않는다 해도 외국 에서 부르는 호칭과 관련된 일은 국체도, 그 내용도 모두 맞는다고 할 수 있는가?"[47]라 했다. 또 〈조선신사의(朝鮮信使議)〉에서도 "일본의 국 서가 조선의 7대조의 휘를 범한 것이라면 이와 같이 다시 고치는 일은 어떠한 치욕도 없는 일로 국체에 해는 없다. … 죄는 쓰시마와 두 장로 에게 돌아가서 물어야 한다. 이와 같은 일에는 국체, 국가의 치욕이라 는 것에 오직 마음을 써야 하는 일로 첫째가는 일이 아니겠는가?"[48]라 했다. 조선통신사와 최전선에서 교섭을 맡았던 하쿠세키가 쇼군의 칭 호와 선왕의 휘 등 국가의 위신에 관한 사안에 대해 조선통신사와 교섭 할 때에 '국체'에 대한 강한 의식이 환기되었다고 해도 이상하지 않다. 그리고 '국체'나 '국욕'에 대한 의식이 높아진 후에 쓰인 것으로 생각되 는 〈조선빙사후의〉나 〈국서복호기사〉 등에서 하쿠세키는 열렬한 조선 멸시의 언설을 연속적으로 쏟아 냈다. 아마 소라이의 '국체'의 언급도 이러한 조선통신사와 주고받은 기록이나 전해들은 것들에서 착상되었 을 것이다.

18세기 일본에서 '국체'라는 개념이 사람들의 관심사로 급부상한 배 경에는 조선통신사와의 국가 위신을 걸고 몸으로 느낀 교섭이 관계하

---

47 「朝鮮國信書の式の事」, 『新井白石全集』 第4卷, 674쪽.
48 「朝鮮信使議」, 앞의 책, 676쪽.

고 있었다는 것은 분명하다.

5. '국체'의 실체화

하쿠세키의 『오리타쿠시바노키』는 에도시대의 많은 사본이 만들어
졌을 뿐 아니라 메이지 14년(1881)에 판본이 출판된 이후 근대 일본에
서도 전전까지 자서전 문학의 걸작으로 널리 읽혀 온 텍스트였다. 거기
에는 "이렇게 쓰기까지 우리나라의 수치 있는 일을 알린 사람이 없는
세상이었다"[49], "우리나라의 수치 있는 일을 돌아보지 않는다면 좋은
사람의 의를 모르는 무리로 기억될 것이다"[50], "우리나라의 수치를 남
겨야 한다"[51] 등 '우리나라의 수치'가 반복되어 사용되었다. 또 전술한
국휘(國諱)에 관하여 다음과 같은 언설도 보인다.

> 대군의 호(號)를 당시 유생에 하문하시어 마땅한 명호(名號)를 신중
> 하게 선정하여 가져오라고 하셔서 선정하여 올린 일이 있다고 하셨다.
> 이 잘못이 당시 어심에서 나온 일이라고는 듣지 못했다. 단지 그 유생이
> 옛일을 생각하는 것과 고른 일이 신중하지 못하여 그 잘못이 당시에
> 돌아와 결국 우리나라 만대의 치욕이 된 일, 돌아보고 돌아보아도 안타
> 까운 일이다.[52]

'국체'가 '우리 만대의 치욕'과 결합했을 때 거기에 강렬한 내셔널리
즘을 환기시키는 힘이 갖추어진다. '우리나라의 치욕'이라는 하쿠세키

---

49 『折たく柴の記』卷中, 『新井白石全集』第3卷, 84쪽.

50 위의 책, 87쪽.

51 위의 책, 88쪽.

52 「朝鮮國信書の式の事」, 『新井白石全集』第4卷, 672쪽.

가 반복한 언설로 국가의 위신에 대한 의식을 높이는 독자는[53] '국체'라
는 말을 접했을 때 거기에 국가의 위신이라는 추상적인 것이 아니라
더 구체적인 의미를 충전하지 않고는 있을 수 없었다. 그 구체적인 의
미로서 재발견된 것이 신공황후 삼한 정벌담과 삼한 조공설이었다.

> 조선 역대 서책 모두를 보니 대부분이 우리나라를 그 나라에 신하로
> 복속시킨 일을 이와 같이 기록해 두었는데, 심하게는 왜추, 왜노, 왜적
> 등으로 표한 것은 붓으로 다할 수 없다. 추장이란 만이(蠻夷)의 우두머
> 리의 칭호를 이르는데 오랑캐의 장을 저속하게 부르는 말이며, 노비(奴)
> 라고도 하고 해적(賊)이라고도 하는 것은 사람을 아주 낮게 부르는 말이
> 다. 그 나라의 서책 모두에서 이렇게 기록했지만 옛 삼한의 나라들이
> 우리나라에 신하로 복속한 일도 모두 본조 역대의 역사서에 보일 뿐
> 아니라 외국에서도 위·진·송·제·양·진·수 대대의 역사에 함께 보이
> 는 것이니[54]

이렇게 하여 『오리타쿠시바노키』를 읽는 자는 점차 '국체'에 내셔널
리즘적인 의미를 부여해 간다. 그 대표가 후기 미토학이며 모토오리
노리나가의 국학이었다.

도쿠가와 나리아키의 『홍도관기』를 중심으로 열렬한 존왕양이론을
전개한 것으로 알려진 후기 미토학은 "보조(寶祚), 이것으로 무궁, 국체,
이것으로 존엄, 창생, 이것으로 안녕, 만이융적, 이것으로 졸복한다"[55]

---

53 이케우치 사토시가 소개한 이른바 최천종(崔天宗) 살해사건(1764)의 범인인 스즈키
덴조(鈴木傳藏)의 구상서(口上書)에 살해에 이른 이유로 "일본의 치욕"을 언급하고
있다. 이 사례도 당시의 내셔널리즘에 관한 언설 편성의 현상 중의 하나로 생각된다.
池内敏, 『唐人殺しの世界』, 30쪽 및 池内敏, 『大君外交と「武威」』, 177쪽.

54 「朝鮮聘使後議」, 『新井白石全集』 第4卷, 683쪽.

55 日本思想大系, 『水戸學』, 岩波書店, 1973, 「弘道館記」, 위의 책, 230쪽.

에서처럼 '국체'를 주요한 테마로 하고 있다. 그 후기 미토학의 텍스트가 명확하게 아라이 하쿠세키의 영향을 받았다고 생각되는 것은 "치세에 난을 잊지 말고 당당히 훈계하지만, 일본이 태평하여 무도에 게으른 때는 외국에서 일본을 엿보기 때문에 외국에 병란이 있다고 들으면 무도의 달인을 골라 이것을 억제해야 한다. 일본의 군대는 승패 모두가 그 일가의 성쇠에 달려 있다. 외국과의 싸움에서 지는 때는 일본국의 치욕이니 깊이 경계해야 할 것이다"[56]에서처럼 '일본의 치욕'을 언표하고 있는 일, 또 "신공황후는 천신지기(天神地祇)의 가르침으로 제왕의 유훈을 받들어 그 뜻을 결행하여 원정(遠征)을 하셨다. 신의 군대가 향하는 곳은, 노추(虜酋: 중국)를 복속하고 삼한을 번으로 칭하여 조공하게 했다. 이때를 맞아 국위가 빛나 말하길 하루하루가 융성하다. 신라 국왕의 아들처럼, 진시황제의 후예처럼 만 리에서 바다를 건너 교화를 바라고 귀화한다"[57]에서처럼 신공황후의 삼한 정벌담을 믿는 것으로 나타나고 있다.

그러면 후기 미토학은 '국체'에 어떠한 의미를 부여한 것일까? 아이자와 세이시사이(會澤正志齋, 1782~1863)는 "국체의 존엄은 반드시 천지 정대한 기(氣)에서 찾는다. 천지 정대한 기는 또한 반드시 인후의용(仁厚義勇)의 풍속에 참여한다. 그렇다면 즉 풍속의 순리(淳漓: 후하고 박함)는 국체의 오륭(汚隆: 쇠함과 성함), 여기에 걸려있다"[58]고 하여 국체가 '천지 정대한 기에 의지'하고 '인후의용의 풍속에 참여'하는 것이라 정의했다. 즉 국가의 위신이라는 추상적인 것에 머물던 '국체'에 아이자와 세이시사이는 '천지 정대한 기'라는 이기론과 '인후의용'이라는

---

56 會澤正志齋, 『退食間話』, 위의 책, 246~247쪽.
57 위의 책, 274쪽.
58 「弘道館記述義」, 위의 책, 271쪽.

도덕론으로 공소했던 내용물을 채웠다.

한편 모토오리 노리나가도 후기 미토학과는 전혀 다른 방법으로 그러나 같은 시도를 했다. 노리나가는 고대에서 도요토미 히데요시의 조선 침략에 이르기까지의 외교사례를 논한 『어융개언(馭戎慨言)』에서 "저들을 중화(中華)의 상국(上國)이라 하고 스스로를 이적이라 말씀하시는데 낮고 천하여 피할 일인데 나약한 왜의 편소한 나라라는 것은 무슨 마음인가? 황국의 수치도 생각한다면 오로지 그들에게 아첨하는 마음이야말로 더욱이 변명할 여지도 없다"[59]고 하여 '황국의 수치'를 강조하고 "그렇다면 이 옛날의 중국도 저 오키나가타라시히메노미코토(息長帶姬尊: 신공황후) 때부터 조선처럼 우리나라에 진상품을 바치러 왔는데 대대로 그 정도로 교만하고 으스대는 왕이 되다니"[60]라고 하는 것처럼 중국도 조선도 고대에는 일본에 조공했다고 믿고 있었다. 더욱이 "그러한 말은 후세까지 나라의 빛을 일으키는 일이 되니 가령 빛을 소홀히 여긴 것도 있어 반드시 말해서는 안 되는 일"[61]에서처럼 '국체'에 '나라의 빛'을 충전시킨 것이다.

유교적 개념으로 구성된 후기 미토학의 '국체' 관념과는 달리 노리나가는 유교적 개념을 주의 깊게 배제하면서 '국체'를 '나라의 빛'이라 해석하고는 후기 미토학 이상으로 빛나는 수식어로 '국체'의 의미 내용을 실체적으로 채웠다. 그리고 학문을 하는 인간이 외국만을 존중하고 일본을 존중하지 않는 것을 "황국의 빛을 떨어뜨리는 잘못"[62]이라 비난하는 등 노리나가에게 '국체'는 가장 중요한 개념의 하나였다.

---

59 『馭戎慨言』, 『本居宣長全集』 第八卷, 築摩書房, 1972, 81쪽.
60 위의 책, 28쪽.
61 위의 책, 98쪽.
62 위의 책, 109쪽.

이렇게 하여 후기 미토학과 노리나가 국학은 하쿠세키가 만들어 낸 '우리나라의 치욕'과 '국체'라는 언설로 내셔널리즘을 강렬하게 환기시키면서 '국체' 안에 신화에서 이끌어 낸 다양한 실체적 의미를 충족시켰던 것이다.

6. 맺음말

'국체' 개념은 메이지유신으로 성립된 천황제 국가의 사상적 지주를 이룬 개념이며 교육칙어와 쇼와시대의 국체명징운동 등을 통해 국민 사상 양식을 전면적으로 규제해 온 것이었다.[63] 국체론을 언급하는 경우 후기 미토학으로 이론적인 체계화를 만들었기 때문에 아이자와 세이시사이의 『신론』에서 분석을 시작하는 것이 통례가 되어 있었다.

그러나 '국체'론의 계보는 조선통신사와의 직접교섭을 맡고 있던 아라이 하쿠세키가 남긴 텍스트에 연원하는 것이며, 후기 미토학과 노리나가 국학으로 실체화된 것이었다.[64] 『오리타쿠시바노키』의 독자는 무의식중에 '국체'로 자신의 독자적인 실체적 의미를 채우도록 촉진했다.

그러면서 동시에 잊어서는 안 되는 것은 이 하쿠세키의 텍스트로 환기된 내셔널리즘은 항상 강렬한 조선 멸시관과 강하게 결합되었다는 것이다. 후기 미토학도 모토오리 노리나가도 신공황후의 삼한 정벌담과 고대 삼한의 조공설을 역사적 사실로 확신했다. 에도기의 일본 내셔널리즘은 조선 멸시관을 용수철로 하여 발달한 것이다.

---

63 『水戸學』, 위의 책, 559쪽 및 里見岸雄, 『國體思想史』, 展轉社, 1992, 29~30쪽 참조
64 요네하라 겐에 의하면 페리 내항 당시 '국체'에는 (1) 국가의 체제 혹은 국위, (2) 국가의 기풍, (3) 전통적인 국가체제, (4) 만세일계의 황통을 기축으로 하는 정교일치 체제라는 4개의 의미가 포함되어 사용되었다고 한다. 米原謙, 『國體論はなぜ生まれたか』, 39쪽.

가야노 도시히토는 〈국민적인 것〉과 〈외국인적인 것〉의 구별에 대해
다음과 같이 해설하고 있다.

> 내셔널 아이덴티티가 구축되는 것은 '우리들'과 '외국인' 사이에 객관
> 적인 차이가 미리 존재하기 때문이 아니다. '우리들'의 동일성이 구성되
> 는 방법 그 자체가 누군가가 '타자[異子]'이며 어떠한 이가 '우리들'과
> '타자'를 벌어지게 하는 지를 결정한다. 거기에서는 동일화의 프로세스
> 가 차이화에 앞선다. 내셔널리즘이 '발견'하는 차이는 내셔널리즘이 아
> 유화(我有化)하려고 하는 동일성으로 비춰지는 것으로 비로소 정립된
> 다. 이 점에서 내셔널리즘이 차이를 바라보는 방식과 '우리들'을 조합하
> 는 동일화의 방식과는 완전히 상관적이다.[65]

'동일화의 프로세스가 차이화에 앞선다'고 해도 동일화의 프로세스
와 차이화의 프로세스가 동일한 사상을 예시로 사용하는 것은 크다고
생각된다. 즉 차이화하기 어려운 외국인이 존재하는 만큼 동일화의 운
동은 강화된다.

에도시대 일본인의 조선관의 추이 및 아라이 하쿠세키의 영향력을
생각해 볼 때 근대 일본의 내셔널리즘이 얼마나 '국체'와 '우리나라의
치욕'이라는 언설에 촉발되면서 조선 멸시관과 불가분으로 성장해왔
는지를 떠올리게 한다. 하쿠세키의 텍스트는 본인의 의향과는 달리 강
렬한 내셔널리즘을 환기하는 텍스트로 지금도 우리의 눈앞에 있다.

---

65   萱野稔人, 『國家とはなにか』, 238쪽.

제4장

전통적 조선관은 언제 탄생했는가

1. 18세기 일본의 언설 편성

　김광철은 일본인의 조선 멸시관은 고대부터 "연속적인 전통"[1]을 갖는 것이라고 한다. 9세기에 신라가 '타국이류(他國異類)'로 인식된 점[2], '선인(鮮人)'이라는 식민지 시대의 모멸칭호는 도요토미 히데요시까지 거슬러 올라간다는 점[3], '신라 정벌', '삼한 정벌'이라는 말은 신공황후 담에 연동하여 고대부터 지속적으로 조선관 형성에 관여해 왔다는 점[4], 그리고 '신라의 대왕은 일본의 개이다'라는 이야기는 14세기에는 이미 성립해 있었다는 점[5] 등에서 역사의 내재적 발전을 사상적으로 파악한다면 일본인의 조선 멸시관은 고대부터의 연속된 전통으로서 통일적인 해석이 가능하다고 한다.[6]

1　金光哲, 『中近世における朝鮮觀の創出』, 校倉書房, 1999, 2쪽.
2　위의 책, 24~27쪽.
3　위의 책, 207~222쪽.
4　위의 책, 277~292쪽.
5　위의 책, 303~308쪽.
6　위의 책, 336쪽.

확실히 '이류(異類)', '선인(鮮人)', '삼한정벌', '개' 등의 조선 멸시관
에 관한 언설의 루트를 찾아보면 일본의 고대에 닿는다. 그러나 가령
이러한 언설의 루트가 고대에 있었다고 해도 곧 그것을 연속성 안에서
해석하는 것의 위험성도 고려해야 한다. 연속성의 고집은 확고부동한
일본인의 심성을 실체화하고 일본인의 조선인에 대한 멸시와 차별은
본래 영원히 변하지 않는다는 결론을 이끌어낼 수밖에 없기 때문이다.

조선을 멸시하는 언설은 고대부터 현재까지 연속적으로 재생산된
것이 아니라 어느 특정한 시기에 집중적으로 재생산되었다. 그중에서
도 중요하게 생각되는 것은 18세기 언설 편성의 방식이다. 언설 생산
의 현장을 검증하고 일본인의 조선 멸시관이 다양한 관계성 안에서
형성되어왔다는 것을 분명히 할 필요가 있다.

근대의 재일한국·조선인 차별에 직결하는 '전통적 조선관'은 18세
기 '일본상' 성립이 계기였다. 이 일본상은 타자상의 반전으로 성립했
다. 이 둘은 구조적으로 표리 일체화되어 있으며 개별적으로는 분절화
하기 불가능한 언설이었다. 조선 멸시의 배경에는 반드시 일본의 칭찬
이 있다. 따라서 일본인의 조선관 형성의 메커니즘을 분명하게 하려
한다면 먼저 어떻게 하여 '일본'이 표상되었는지, 그 메커니즘을 밝히
는 것에서부터 시작해야 한다.

2. 타자를 둘러싼 언설

오다 노부나가, 도요토미 히데요시, 그리고 도쿠가와 이에야스에 의
해 완성된 일본의 전국통일은 17세기의 일본에 '천하태평'이라 부르는
화평한 세계를 출현시켰다. 전국시대에 극히 한정된 계층에 의해 이루
어진 언설 생산은 이 시기 한꺼번에 확대되어 무사계층에서 조닌, 서민

계층까지 이르는 광범위한 계층적인 유포를 보인다. 급거 확대되는 요인 중의 하나는 '타자'와의 접촉에 의한 '타자를 둘러싼 언설'의 대량생산이었다.

언설 생산을 촉진시킨 '타자'란 첫째 이질적인 용모와 문명을 가진 크리스천과 남만인이며 둘째 도요토미 히데요시의 조선 침략을 계기로 한 조선인과 조선통신사(회답 겸 쇄환사)이며 그리고 셋째 중국어로 쓰인 텍스트, 즉 송학과 본초학, 의학 등에 관한 대량의 한적이었다. 이러한 미지의 서양, 조선, 중국이 한꺼번에 일본의 언설 공간 안에 중층적으로 침입하여 그들과의 접촉 가운데 일본인은 다양한 언설 생산을 시작한 것이다.

접촉 당시 그러한 것들은 이질성을 갖춘 타자로서는 인식되지 않았다. 당시의 일본인은 그들을 기성 개념의 연장선상에서 이해하려 노력했다.

예를 들어 '기리시탄서(書)'라 일컬어지는 일본어로 쓰인 크리스트교의 초기 유포서는 '데우스', '대일(大日)', '천제(天帝)', '천도', '천주' 등의 용어를 사용했으며[7] "데우스에게 받은 규정도 모든 사람의 덕이라 할 수 있는 일을 측량하여 이치에 따라 규정을 두신 것"[8]에서처럼 일본인에 친근감이 깊은 불교와 유교의 용어를 이용하여 표기했다.

그러나 급속히 확대되는 크리스트교도에 대한 위기감을 안은 막부는 거듭된 금교령을 발포하여 1622년에 나가사키에서 기리시탄을 대량 학살하는 등의 대 탄압으로 이행했다. 거기에 호응하듯 '배야소'라 불리는 대량의 '반기리시탄 문서'가 생산되었다. "성인을 능멸한 죄, 그것을 참는다면 무엇을 참지 못하겠는가? 만약 또한 이것으로 일반

7 加藤周一, 『日本文學史序說』 下, 築摩書房, 1980, 10쪽.
8 日本思想大系, 『キリシタン書 排耶書』, 岩波書店, 1970, 75쪽.

사람들을 미혹시킨다면 죄도 또한 더욱 크다. 그러나 그 책을 태우지 않는다면"[9]이라 한 것처럼 죄가 깊은 기리시탄서 등을 불태워버리라는 격렬한 반발을 불렀다.

조선 문화와 조선통신사에 대해서도 당초는 호의적인 반응이 주류였다. 히데요시에 의해 일본에 납치된 포로(5~6만인이라 말하는)가 회답 겸 쇄환사나 조선통신사의 요청으로 적어도 6천~1만 명[10]이 조선으로 송환되는 등 조일관계의 수복을 도모하는 가운데 당시의 일본인에게 조선통신사가 가져온 조선 문화는 고도한 문명을 상징하는 것으로 받아들였다. 정교한 도자기나 조선인삼 등의 한방약을 시작으로 의학, 서화, 시문, 그리고 주자학이나 양명학 등 최우선의 새로운 사상과 기술이 조선인에 의해 들어왔다.

그러나 그러한 선진문명에 대한 호기심이나 관심은 일본인의 맹렬한 학습의 결과, 17세기 후반이 되자 점차 선진문명국으로서의 조선에 대한 관심을 상실하여 본래 본원이었던 중국에 대한 관심으로 이행했다.

예를 들어 구마자와 반잔은 『집의화서』(1672년 간행)에서 "구이(九夷) 중에서 조선, 류큐, 일본을 뛰어나다고 한다. 삼국 중에서는 또 일본을 뛰어나다고 한다. 그렇다면 중화 외에 사해 중에서는 일본에 미치는 나라는 없다"[11]고 하여 중하(中夏)=중화인 중국 다음으로 뛰어난 것은 조선이 아니라 일본이라고 소리 높인다. 또한 야마가 소코는 『중조사실』(1669년 작)에서 "조선은 기씨가 명을 받은 이후 성(姓)을 바꾸는 것이 네 번 있었다. 그 나라를 멸망시켜 혹은 군현이 되고 혹은 고씨(고려)

---

9 위의 책, 「排耶蘇」, 415쪽.

10 송환된 조선인의 수에 대해서는 中尾宏, 『朝鮮通信使と壬辰倭亂-日朝關係史論』, (明石書店, 2000) 제6장 「壬辰丁酉倭亂の朝鮮人被虜とその定住·歸國」의 논고 및 표 9·10(201~203쪽 게재) 참조.

11 日本思想大系, 『熊澤蕃山』, 岩波書店, 1971, 149쪽.

가 멸절하는 일, 대략 2세, 저 이씨(조선) 28년간에 왕을 주살하는 것이
네 번이다. 하물며 그 선후의 난역은 금수가 서로 해치는 것과 다를
바 없다"[12], "하물며 조선, 신라, 백제는 모두 본조의 번신이다"[13]라고
했다. 조선은 일본의 '번신'이며 정권의 추이의 양상은 '금수와 서로'
다를 바 없다고 하여 조선의 위치를 상당히 폄하했다.

중국=한적에 대해서도 일본인은 당초 극히 순순히 수용했다. 그러나
순순한 것은 조선에서 수입된 한적, 즉 중국 서적의 조선 판본에 대해
서였다. 나카무라 유키히코(中村幸彦)에 의하면 근세 초기에 일본어로
번역한 화역(和譯)을 '언해'라 칭한 것은 조선에서 언문으로 해석하는
것을 '언해'라 한 것의 영향이며 가나초자 등 많은 번안물의 텍스트에
조선 전적의 영향을 확인할 수 있다고 한다.[14] 한적의 해석은 당초 조선
인이 한적을 해석한 방법이나 양식을 그대로 답습하면서 이루어졌다.

일본에 주자학, 특히 조선 주자학을 전수하는 과정에서 중요한 역할
을 한 하야시 라잔이나 야마자키 안사이의 해석에서도 이 '언해'의 영
향을 볼 수 있다. 그들은 난해한 주자학 용어를 평이한 일본어로 바꾸
어 읽었다. 예를 들어 "수(羞)는 하즈루(ハヅル)라고 읽는다. 악(惡)은 니
쿠무(ニクム)라고 읽는다"[15]처럼 유교의 전문 용어를 알기 쉬운 일본어
로 변환하면서 해석했다. 그리고 '언해'에 의한 해석은 그들에게 '유가
신도'라 부르는 독자적인 신도설 전개를 가능하게 했다.

하야시 라잔은 "오행의 신도, 사계의 신도 모두 사람 몸의 오장에
갖추어져 있다. 그 다섯의 이치는 인의예지의 오상이다. 그 외에 만사

12 『山鹿素行全集』第十三卷, 岩波書店, 1940, 42쪽.
13 위의 책, 22쪽.
14 「朝鮮說話集と假名草子-『三綱行實圖』を主に」, 『中村幸彦著述集』第五卷, 中央公
論社, 1982 참조.
15 日本思想大系, 『藤原惺窩 林羅山』, 岩波書店, 1975, 129쪽.

가 어떠한 것도 이 다섯에 배당하는 데 차이가 없다"¹⁶고 하여 다섯이
라는 숫자가 공통된다는 것만으로 오행, 오장(五臟), 오상을 동일시하
여 유교와 신도를 통합시켰다. 또 야마자키 안사이는 "경(敬)은 쓰치시
마루(土シマル)라는 뜻이다. 시마루는 금(金)이다. 경이라는 것도 토와
금의 둘이다. 토와 금은 하나의 기이며 하나의 리이다. 천지도 경에서
열린다. 그러므로 일원일리의 혼연한 경의 본체가 된다고 신성도 말씀
하셨다"¹⁷고 하여 '경'='쓰쓰시미'='쓰치시마루'='토금'이라는 음의 유
사성으로 주자학의 중요한 개념인 '경'과 신도의 중요한 개념인 '토금'
을 동일시하고 이 둘이 같은 교의를 갖는 것이라고 해석했다.

　그들의 이러한 특이한 해석에는 타자가 갖고 있던 타자성을 중화화
하고 기존의 사상과 동일화시키려는 충동이 잠재해 있다. '고로아와세
(語呂合わせ: 언어유희)'라는 숫자나 음의 유사성을 구사하는 것으로 그
들은 중국의 주자학과 일본 신도를 무리하게 결합했다. 송학, 혹은 주
자학이라는 새롭게 도래한 형이상학적인 학문조차도 일본인은 '고로
아와세'라는 언어유희를 이용하여 신도와 불교에 결합=습합시켰다. 그
들의 이러한 시도는 그 후 유·불·신의 일치를 설하는 삼교일치설로
항간에 널리 퍼져갔다.

　이러한 열성적인 타자의 동일화 작업이 진행되는 한편에서 송학 이
해가 심화되고 본초학 연구가 진전됨에 따라 지식인 사이에 중국과
일본과의 '차이'가 의식되었다.¹⁸ 중국 명대의 이시진이 저술한 그림이
삽입된 백과사전『본초강목』은 근세 초기부터 놀라울 정도의 편수로

16 日本思想大系, 『近世神道論 前期國學』, 岩波書店, 1972, 16쪽.
17 위의 책, 70쪽.
18 본초학 수용에 따르는 한자와 화훈의 차이의 문제에 대해서는 井上厚史, 「本草學受
　　容における漢字と和訓の問題」, 『島根縣立國際短期大學紀要』第一號, 1994 참조.

일본어에 의한 해설서나 유서(類書)가 간행되었는데 1670년에 간행된
『개정증보 다식편』은 본문 중에 다수의 "내가 생각하기에 이 화훈은
잘못되었다"는 언설이 게재되어 있어서 한자와 화훈의 '차이'가 이 무
렵 인식되기 시작한 것을 말해준다. 한적과의 격투는 조선 판의 추종에
서 일본인을 해방시키고 한적 중에 들어 있는 중국어와 일본어의 차이
=타자성을 발견하는 데까지 이르렀다.

　한적 중에 들어 있는 '타자성'을 당시 가장 예민하게 자각하고 있었
던 사람은 오규 소라이였다. 소라이는 『역문전제』(1692년 성립, 1711년
간행)에서 "이쪽은 이쪽의 언어가 있고 중화는 중화의 언어가 있다. 체
질이 본래 다른데 무엇으로 맞추려 하는가"[19]라고 기술하여 애당초 이
질적인 언어인 중국어를 훈독으로 해석하는 것의 오류를 지적했다.

　이러한 근세 초기에 침입해 온 서양, 조선, 중국이라는 셋의 타자는
점차 생산된 언설 세계 안에서 일본과의 친화성을 서서히 상실하면서
일본과 차이화되고 배제되는 타자로서 인식되기 시작했다. 셋 중에서
가장 차이화하기 어려웠던 것은 중화로 우뚝 솟은 중국이었다. 그러나
일본인에 의한 자타식별의 격심한 충동은 최후의 타자였던 중국도 차
이화시켜 보편적인 언어였던 중국어에 대항하여 일상적인 고유어인
일본어의 우위성을 의식하기 시작했다.

　근세 초기의 타자와의 접촉이 환기시킨 언설편성은 100년의 시간을
걸쳐 자기와 타자의 근본적인 차이화를 재촉하여 타자를 배척하면서
한편으로는 일본인의 관심을 고유어인 일본어로 유도해 갔다.

19　「譯筌初編」卷首,〈題言十則〉,『荻生徂徠全集』第五卷, 河出書房新社, 1977, 24쪽.

3. '일본'은 어떻게 표상 되는가?

오규 소라이의 『역문전제』를 시작으로 17세기 말부터 18세기 초기
에 걸쳐 연이어 일본어에 관한 중요한 텍스트를 생산했다. 그 중에서도
국학의 시조라 일컫는 게이추(契沖, 1640~1701)의 『만엽대장기(萬葉代匠
記)』와 에도 중기를 대표하는 정치가, 유자였던 아라이 하쿠세키의 『동
아(東雅)』는 그 후의 언설 생산을 생각할 때에 빼놓을 수 없는 중요한
텍스트이다.

게이추는 『만엽집』 연구에 전념하여 1690년에 『만엽집』 전권을 주
석한 『만엽대장기』(정선본)를 완성했다. 게이추는 언어를 '마코토'[20],
'진언(眞言)'[21]으로 파악하고 와카를 "이 나라의 다라니"[22], "상하 두 구
에 천지, 음양, 군신, 부부 등의 모든 의"[23]를 내포하는 것이라고 파악한
다. 언어 특히 일본의 와카는 게이추에 의해 처음으로 인간의 진실='마
코토'를 표상하는 것으로 인식되었다.

게이추의 이 언어관은 "본조는 신국이다. 그러므로 사적(史蹟)도 공
사(公事)도 신을 먼저 하고 사람을 나중으로 한다는 것이 없다. 상고에
는 오직 신도만으로 천하를 다스렸다"[24]고 하는 신념에 근거해 있었다.
일본은 신국에 의해 평화적으로 통치되어 온 '신국'이라는 확신과 함께
게이추는 일본어의 실상(마코토), '신국'의 실상을 발견하기 위해 『만엽

---

20 「和字正濫鈔卷一序」에 "일본기(日本紀) 중에 언어 등의 문자를 훈하여 末古登(まこ
と)라 한다"는 기술이 있다. 『契沖全集』 第10卷, 岩波書店, 1973, 109쪽.
21 「萬葉代匠記初稿本惣釋」에 "마음에 거짓이 없고 성실한 것은 '마코코로'라고 하고,
말에 거짓이 없는 것을 '마코토'라고 한다. 진심진언이다"라는 기술이 있다. 『契中全
集』 第1卷, 岩波書店, 1973, 194쪽.
22 위의 책, 215쪽.
23 위의 책, 215쪽.
24 위의 책, 158쪽.

집』의 주석에 전력을 기울였다.

한편 아라이 하쿠세키는 1719년에 중국의 자서(字書: 사전)인 『이아(爾雅)』에 견주어 일본어 어원사전이라고 할 수 있는 『동아』를 썼다. 거기에서 하쿠세키는 "우리나라의 옛 말(古言)의 그 뜻이 가려져 사라진 것은 한자가 행해져 옛 문장(古文)이 폐해진 것에 기인하는 것이 많다는 것에서 볼 수 있다"[25]고 하여 고대 한자가 들어왔기 때문에 많은 일본어의 의미가 상실되었다고 주장했다. "한토(漢土: 중국)의 방언", "한지(韓地: 조선)의 방언", "범어", "서남양의 번어(蕃語: 오랑캐의 말)" 등 많은 '해외 나라들의 방언'의 혼입으로 일본어 자체가 크게 변화해 버렸다.[26] 이 때문에 고대 일본어에 혼입된 한자와 외래어를 식별하여 일본어의 본래 모습(고언의 본의)[27]을 되찾지 않으면 안 된다.

하쿠세키는 '고언의 본의'를 되찾기 위해서는 『고사기』, 『일본서기』, 『만엽집』 등을 참고하라고 하면서[28] 그 자신이 고대부터 진무(神武)천황에 이르기까지의 역사를 해석한 『고사통』(1716년 찬술)을 썼다. 하쿠세키는 이 작업으로 『고사기』, 『일본서기』에 기재된 고사를 재발견하기에 이른다. "본조 국사를 살펴보니 처음 신공황후가 삼한을 정벌하시어 그 나라에 일본부를 두고 그 나라들을 다스리신 때부터 사이메이 천황조에 이르기까지 천황 24대 역수 460여 년 간은 그 나라의 군신이 우리 조정의 신첩 아닌 자가 없었다"[29]고 하면서 '신공황후의 삼한정벌'이 재발견되어 조선은 일본의 '신첩'이라고 결론지었다. 또 "무릇 조선은 교활하여 거짓이 많고 이익이 있는 곳에 신의를 돌아보지 않는다.

---

25 『新井白石全集』 第四卷, 國書刊行會, 1977, 15쪽.
26 위의 책, 6쪽.
27 위의 책, 36쪽.
28 위의 책, 13쪽.
29 「朝鮮國信書の式の事」, 『新井白石全集』 第四卷, 671쪽.

예맥의 풍속으로 천성이 원래부터 그러하다"[30]고 기술하여 조선은 교활하고 이익을 확보하기 위해서는 신의조차도 저버리는 나라라고 단정했다.

게이추도 하쿠세키도 고대 일본어에 관심을 보여 일본어의 본래 모습을 규명하는 작업에 임했다. 그들은 중국어와 일본어를 식별하여 일본어를 중국어에서 독립시키려 했다. 그 과정에서 그들이 발견한 것은 '신국'으로서의 일본이며 일본의 '신첩'으로서의 조선이었다. 고대 일본어의 규명은 일본어의 애착뿐만이 아니라 일본 그 자체에 대한 애착을 환기하고 일본과 타자와의 강렬한 차이화를 재촉했다.

이것은 18세기 초기에 일본어 연구를 매개로 하여 일본인의 근대적 내셔널리즘이 형성되기 시작한 것을 의미한다. 연구된 일본어는 고대 일본어이며 와카였다. 그리고 이 둘이 집약된 텍스트가 『고사기』였다. 그들 이후에 계속해서 생산되기 시작한 민족주의적인 언설은 이러한 불가피적인 일본어와 『고사기』의 언급을 동반한 것이었다.

동시에 잊어서는 안 되는 것은 18세기 일본인의 근대적 내셔널리즘의 형성이 조선인의 일본관에 커다란 영향을 받았다는 것이다. 아라이 하쿠세키는 조선을 이웃의 좋은 나라(隣好國)로 간주하지 않는 이유를 다음과 같이 기술한다.

> 조선은 오랜 동안 좋은 이웃을 맺어야 하는 나라가 아니다. 자세한 이유가 있다. 그 이유는 조선 역대의 서책 모두를 보니 대부분이 우리나라를 그 나라에 신하로 복속시킨 일을 이와 같이 기록해 두었는데, 심한 것은 왜추, 왜노, 왜적 등으로 표한 것은 붓으로 다할 수 없다.[31]

---

30 「國書復號紀事」,『新井白石全集』第四卷, 702쪽.
31 「朝鮮聘使後議」,『新井白石全集』第四卷, 683쪽.

하쿠세키는 조선이 일본을 '신복'국으로 취급하여 '왜추, 왜노, 왜적'이라 모멸적으로 칭하고 있는 이상 조선을 '오랜 동안 좋은 이웃을 맺어야 할 나라'로 볼 필요가 없다고 한다. 하쿠세키가 만들어 낸 다수의 조선 멸시적 언설의 배후에는 조선인과의 접촉으로 점차 분명해진 조선인에 의한 일본 멸시 언설의 존재가 있었다.

임진왜란 이후의 조선 지식인의 일본관은 당연하지만 일본을 "백세 동안 잊기 어려운 원수"[32]로 취급하는 증오에 가득 찬 것이었다. 강항, 이수광, 신경(申炅), 홍여하, 허목 등은 일본을 '견양류', '칠치(漆齒: 치아를 검게 칠하는 것)의 누방(陋邦: 누추한 나라)', '횡목(橫目: 옆으로 찢어진 눈)의 이류(異類)', '견시(犬豕: 개 돼지)의 도적', '추장', '동해중의 잡종', '만이', '흑치', '왜노'라 하여 백 년 이상에 걸쳐 강렬한 일본 멸시관을 견지했다.[33] 따라서 조선인의 일본 멸시관이 횡류(橫流)하는 텍스트를 읽은 일본인의 대부분이 자국=일본에 대한 강렬한 내셔널리즘을 자극했으며 일본인의 조선 멸시관과 조선인의 일본 멸시관은 표리일체의 것이었다. 하쿠세키의 조선 멸시관은 그 전형적인 일례의 하나에 지나지 않는다.

이러한 상황 아래에서 18세기 후반에 가모노 마부치(賀茂眞淵, 1697~1769)나 모토오리 노리나가(本居宣長, 1730~1801)에 의해 국학이 구체화되어 간다. 게이추나 하쿠세키의 단계에서는 아직 막연하게 밖에는 인식되지 않았던 '신국' 일본의 실체가 '야마토 고토바'를 구사한 마부치와 노리나가의 해석으로 구체적 표상으로 제시되어 갔다.

가모노 마부치는 『가의고(歌意考)』(1760년 무렵 성립), 『국의고(國意考)』(1760년 무렵 성립), 『니히마나비(邇飛麻那微)』(1765년 무렵 성립) 등, 일본=

---

32 河宇鳳(井上厚史 譯), 『朝鮮實學者のみた近世日本』, ペリカン社, 2001, 40쪽.
33 본서 제1장, 30쪽.

'야마토국'을 표상하는 텍스트를 계속해서 집필한다. 거기에서 제시된 일본은 '마스라오노쿠니(丈夫國: 장부의 나라)'³⁴, 즉 남성적인 웅혼(雄渾)한 나라였다. 그리고 일본인이란 "옛날 사람의 마음은 바르고 말이 단아하고 조금의 더러움도 보이지 않고 고매하고 기상이 웅장한 마음"³⁵을 가진 사람들이며 순박, 우아, 대체적으로 일체의 더러움이 없는 정결한 에토스를 갖춘 일본인의 마음을 "야마토 다마시(大和魂)"³⁶라 불렀다.

이에 대해 모토오리 노리나가는 『구즈하나(くず花)』(1780년 성립)에서 일본을 "아마테라스 오미카미가 만드신 나라로 만국에 뛰어나고 사람의 마음도 바르다"³⁷라고 하여 일본은 아마테라스 오미카미가 만든 만국에 뛰어난 나라라고 주장했다. 또 『우히야마부미(うひ山ぶみ)』(1798년 성립)에서는 "도를 배우려 하는 자들은 첫째로 한의(漢意), 유의(儒意)에서 깨끗하게 씻어 내고 야마토 다마시를 견고하게 하는 일을 임무로 삼아야 한다"고 하여 중국풍에 심취하는 '가라고코로'를 씻어내고 '야마토 다마시'의 견지를 역설했다. 노리나가가 제시한 '야마토 다마시'란 일본인의 풍아를 아는 마음, 즉 '모노노아와레'를 아는 마음이며 "옛 도를 아는 계제"³⁸였다.

노리나가에게 신이 창조하고 언령이 꽃피고 만국에 우월하는 높은 '황국'=일본을 이해하는 일은 중국에 추종하려는 '가라고코로'를 제거하고 고대 일본인이 가졌던 풍아를 이해하는 마음='모노노아와레를 아는 마음'='야마토 다마시'를 함양하는 것을 의미했다. 노리나가가 필생의 대저 『고사기전』에서 『고사기』에 사용된 모든 한자를 억지로 훈독

---

34 『邇飛麻那微』, 『近世神道論 前期國學』, 358쪽.
35 『歌意考』, 『近世神道論 前期國學』, 351쪽.
36 위의 책, 353쪽.
37 『本居宣長全集』 第8卷, 築摩書房, 1972, 125쪽.
38 『本居宣長全集』 第1卷, 築摩書房, 1968, 29쪽.

하려고 한 것은[39] '한자와 가나를 섞은 문장'이라는 일본어의 탄생과
함께 있었던 한자의 친화성을 바탕에서부터 부정하려는 것이었으며
자기와 타자의 차이화의 극한 형태를 보여준 것이었다.

이렇게 하여 마부치와 노리나가의 언설로 일본의 실체가 표상되기
시작했다. 마부치가 제시한 남성적인 에토스(마스라오부리)와 노리나가
가 제시한 여성적인 에토스(모노노아와레)는 당시의 언설 공간 안에서
무사의 세계와 문학의 세계를 총괄하는 '문무양도'로 재편성되어 순수,
청렴, 웅혼, 우아한 에토스를 갖춘 세계에 우월하는 일본=황국이라는
표상을 완성시킨다.

따라서 18세기의 일본에서 전개된 언설 편성은 일본어 연구에 기대
면서 국학이라는 하나의 학문 체계를 완성시켰으며 '황국'이라는 근대
일본이 필요로 한 근대국민국가 이미지의 원형을 만들어 냈다. 그러나
이 '황국'이라는 자기상은 "이국의 반사체로서의 자기"[40]상이며 타자=
외국의 부정위에 성립된 것이었다. 부정되어야 하는 '이국'의 표상이
없다면 '황국'의 표상 자체가 불가능하게 된다. '이국'과 '황국'은 구조
적으로 표리일체화된 것이며 양자를 개별적으로 분절화할 수 없는 이
유도 거기에 있다. 다시 말하면 '이국'과 '황국'은 동일의 표상에서 생
겨난 것이며 가치에서 플러스와 마이너스를 달리하는 것에 지나지 않
는다.

---

39 「문체의 일」에서 노리나가는 "황국의 언어는 그 자체로 한 글자도 틀리지 않는다.
가나서야말로 그러하다"고 기술하여 『고사기』에서 사용된 한자를 전부 화어(和語)
로 읽어야 한다고 주장했다. 『本居宣長全集』 第9卷, 築摩書房, 1968, 17쪽. 또한 고
야스 노부쿠니는 고사기 본문을 '假名つゞけ'(가나만의 표기)= 훈독하는 것은 야마
토 언어를 '규범적 언어'로 하려고 한 노리나가의 작위적 표현이라고 지적한다. 子安
宣邦, 『宣長問題とは何か』, 靑土社, 1995, 122~124쪽.

40 子安宣邦, 『宣長問題とは何か』, 69쪽.

4. 표상된 '조선상'

로널드 토비는 근세 초기의 일본인은 중국인과 중국의 무역품, 박래문화를 '당인', 조선을 '고려', '조선', '한', 오키나와를 '류큐', '중산'이라 하여 각기 다른 명칭으로 부르고 있었는데 겐로쿠(元祿: 1688~1704)기 이후가 되자 서양인을 포함한 모든 외국인에 모멸적인 칭호로서의 '당인'을 적용하고 일반화하여 생각하게 되었다는 것을 밝혔다.[41]

『일본국어대사전』의 설명에 의하면 '당인'은 11세기 무렵에 중국인을 지칭하는 말로 생겨났는데 17세기 말에는 사물의 도리를 모르는 사람, 이유를 모르는 사람의 모멸적인 칭호로 사용되기 시작했다.[42] 그리고 17세기 말에서 18세기에 걸쳐 외국인을 무시하는 칭호로 '모당', '모당인'이 생겨나고 이 후 널리 사용되기에 이르렀다.[43] 조선인이 극단적으로 털이 짙은 '모당인'으로 묘사되는 것도 있으며 '당인', '모당인'이 "이웃의 타자에서 '우리나라'를 재식별하는 새로운 표상"[44]으로 기능하기 시작했다고 생각된다.

또한 아라노 야스노리는 18세기 후반이 되자 중국의 문화적 우월성과 그것을 전제로 한 화이의식이 의심받기에 이르렀고 중국의 호칭으로 '중화', '중국'을 대신하여 네덜란드 말인 시나(china)의 번역어 '지나(支那)'나 '모로코시'가 사용되기 시작했다고 지적했는데 여기에 하나의 전환점이 있다는 것을 알 수 있다.[45]

41　韓國研究院, 『季刊韓』 2110號, 128쪽.

42　『日本國語大辭典 第二版』 第9卷, 小學館, 2001, 982쪽.

43　ロナルドトビ, 「「毛唐人」の登場をめぐって-近世日本の對外認識・他者觀の一側面」, 村井章介・佐藤信・吉田伸之 編, 『境界の日本史』, 山川出版社, 1997, 259쪽 및 『日本國語大辭典 第二版』 第4卷, 小學館, 2001, 1403~1404쪽.

44　ロナルドトビ, 「「毛唐人」の登場をめぐって」, 『境界の日本史』, 284쪽.

45　荒野泰典, 「近世の對外觀」, 『岩波講座 日本通史』 第13卷, 〈近世3〉, 岩波書店, 1994,

　모든 외국인이 많은 차이를 배제당하고 '당인', '모당인'이라는 표상
으로 멸시되게 되었다는 것은 타자상의 형성에서 어떤 커다란 전환이
일어났다고 생각하지 않으면 안 된다. 그것은 '문화'를 기축으로 한 화
이의 준별이었다.[46] 막번 권력의 끊임없는 교정으로 18세기 초기까지
아이누나 조선 등의 이국 풍속은 철저하게 부정되어 일본 문화=일본
풍속이 일본 사회의 구석구석까지 정착해 간다. 언어나 생활양식을 달
리 하는 이민족의 고유문화는 조소, 멸시되는 대상이었다. 이러한 풍조
는 일본인에게도 도시의 하층민이나 지방의 민중을 '오랑캐'에 가까운
존재로 간주하려는 문화상황을 만들어 냈다.[47] 지금은 일본인과 외국
인(혹은 주변의 일본인)은 '문화'로 식별되는 존재가 되었다.

　'문화'가 화이준별의 기축이 되고 늦은 문화를 갖는 타자를 비웃게
된 배경에는 반전된 타자상, 즉 자기상인 자국 문화의 칭찬이 있었다.
'황국'을 칭찬하는 모토오리 노리나가에 의한 '이국'의 표상은 그 전형
이다. 노리나가는 "이국은 아마테라스 오미카미가 계시지 않기 때문에
정해진 군주가 없고 악신이 거처를 얻어 이곳저곳에 인심을 나쁘게
가르치고 문란하게 만들어"[48]라고 하여 이국은 군주가 정해지지 않고
인심은 나쁘고 습관도 문란한 나라라고 규정했다.

　18세기 '당인', '모당인'이라는 언설의 유통은 마부치나 노리나가의
언설 편성과 분명하게 연동해 있으며 거기서는 이미 중국도 조선도
서양조차도 구별 없이 타자는 극도로 단순화되고 모든 것은 '이국'으로
인식되기 시작했다. 그것은 흔들림 없는 자기상의 확립을 말해주는 것

235~238쪽.
46 荒野泰典, 『近世日本と東アジア』, 東京大學出版會, 1988, 60쪽.
47 위의 책, 60쪽.
48 『本居宣長全集』 第9卷, 50쪽.

이며 문화적으로 일본과 병치되는 타자=외국은 일체 인정받지 못했다. 18세기 일본 문화의 칭찬은 타자상의 일원화, 동일화와 자기상의 단순화, 신성화를 동시에 가져왔으며 모든 타자는 이제 일본 문화의 협잡물, 틈입자(闖入者)였다.

조선의 고유문화를 식별하고 표상된 뒤틀린 조선상을 시정하는 기회는 조선통신사가 왕래하는 한 얼마든지 있었다. 그러나 타자상의 '당인', '모당인', '이국'으로의 일원화는 조선의 고유문화에 대한 관심을 소멸시켜 1811년을 마지막으로 조선통신사의 왕래 자체도 단절되어 버렸다. 조선을 식별하는 공간은 이제는 언설 공간뿐이었다. 따라서 이 이후의 조선 인식은 오로지 신공황후의 삼한 정벌담이나 일본의 조공국이라는 언설을 계속해서 재생산해냈다.

조선에 관한 새로운 정보를 회득하여 '당인', '당모인'의 '이국'이 아닌 조선상을 표상하려 할 때 시대는 이미 근대를 맞았으며 정한론에서 한일병합이라는 식민지 지배의 한가운데서 18세기에 성립된 조선상은 시정되기는커녕 더욱 악랄한 조선상이 표상되어 간다.

5. 근세에서 근대로

야마무로 신이치는 근대 일본의 아시아 인식의 기축은 '문명', '인종', '문화', '민족'이며 '문명과 인종'이 구미에 대항하는 공통의 운명성(運命性)으로서의 아시아라는 주장을 이끌었으며, '문화와 민족'이 공통일 수밖에 없는 아시아 내에 서열화를 초래하여 일본의 우위성, 주도성의 주장을 이끌어 간 것을 방대한 자료의 검증으로 밝혔다.[49]

49　山室信一,『思想課題としてのアジア』, 岩波書店, 2001, 9~10쪽.

문명과 인종이라는 기축은 원래 아시아의 일원인 일본인에게 유럽
에 대한 열등감을 심어주는 것이었는데 18세기에 모토오리 노리나가
에 의해 정식화된 자기상과 타자상의 반전 구조는 아시아 안에 우등한
문명국인 일본과 열등국인 일본 이외의 아시아국들의 차이화를 가능
하게 했다. 일본이라는 표상에서 늦어진 야만의 '아시아성'을 제거하는
것은 본래 불가능한 것인데 타자를 부정하여 성립하는 자기상이라는
반전구조가 이것을 가능하게 했다.

근세의 '당인', '모당인', '이국'에 의해 일원적으로 이해되고 멸시되
던 타자상은 근대의 네 가지 사상 구축으로 유럽, 미국, 인도, 페르시아,
아프리카 등 동아시아 이외의 지역에도 확대된 세계관 안에서 서열화
되어 일본의 식민지로 노리던 조선은 그 가장 가까운 위치에 있었다.
"조선의 풍속은 야만스럽기 그지없는 아프리카와 비슷하고 그 형벌은
삼족에 미치는 것과 같은 야만국"[50]이라 말하듯이 근대에 서열화된 타
자의 멸시관 안에서 악랄한 조선 멸시관이 계속해서 생겨났다.

따라서 근세에서 근대로의 이행에서 일본인의 조선관은 커다란 변
동을 받기에 이른다. 근세의 단순화, 일원화된 타자상은 근대가 되어
해외에 관한 정보량이 비약적으로 증가하여 서양과 접촉=전쟁하는 가
운데 근본적인 재편성에 몰렸다. 근대적인 '문명', '인종', '문화', '민족'
이라는 새로운 사상기축이 공유되기 시작하자 일본인의 타자상은 세
분화되어 가면서 서열화, 계층화되고 정한론 이래 미래의 식민지로서
인식되던 조선은 타자상의 서열에 가장 근접한 위치에 있게 된 것이다.

일본의 자기상 형성이 항상 타자상의 반전으로 일어나던 것을 상기
한다면 근대에 조선 멸시관의 강화는 반전된 일본의 광신적인 칭찬과

---

50 山室信一, 「アジア認識の基軸」, 古屋哲夫 編, 『近代日本のアジア認識』, 京都大學人
　　文科學硏究所, 1994, 27쪽.

불가분에 있었다. 실제 이 당시 일본은 유럽 열강에 우월하기는 어려웠
는데 청일, 러일전쟁에서의 승리, 타이완과 조선의 식민지화, 만주국의
성립 등이 차례로 성공함에 따라 결국 유럽 열강을 추월하여 세계에서
가장 뛰어난 우등국으로서의 일본을 표상하기 시작했다. 그리고 거기
에는 반드시 가장 가까운 위치에 있었던 조선상이 따라왔다.

그 가장 가까운 나라였던 조선에서 온 '재일' 조선인은 가장 가까운
문화와 생활을 매일 증명하는 살아 있는 심벌이었다. 근대의 '재일' 한
국·조선인 차별의 기원은 고대부터의 '연속된 전통'에서 찾는 것도 아
니고 근세의 도요토미 히데요시나 아라이 하쿠세키에게서 찾는 것도
아니다. 서열화된 타자상의 가장 가까운 위치에 있었던 것은 근대에
형성된 것이며 직접적인 기원은 근대 일본인의 아시아 인식에서 찾아
야 한다.[51]

일본인도 조선인도 재일한국·조선인을 좀처럼 상대화하기 어려운
이유의 하나는 우리들 상호 멸시관이 오랜 '전통'을 갖는 변경하기 어
려운 심성이라고 단정하기 때문이다. 일본인이 만들어 낸 자기상과 타
자상의 반전 구조는 한국인에도 공유되어 있다. 일본인이 자기상의 반
전이 아닌 한국상을 그렸을 때, 그리고 한국인이 한국인의 반전이 아닌
일본인상을 그렸을 때 우리들은 비로소 재일한국·조선인을 분명하게
분절할 수 있지 않겠는가?

---

51 조경달은 "아무리 일본이 문화의식에서 국가의식을 우선시한다는 특이한 세계관=일
   본형 화이질서관을 이미 갖고 있다고 해도 근대가 민중에게 강요한 국가의식은 그것
   과는 수준을 달리하는 것이었다. 그러나 근세 일본의 국가중심적인 세계관은 근대의
   국민 국가적 틀을 수용하는 데 받침틀이 되었으며 일본이 국민국가화를 비교적 쉽게
   만들었다는 것은 부정할 수 없다. 또한 그 조선 멸시관이 근대에 생겨나는 배외주의
   의 받침틀이 되었다는 것도 틀리지 않을 것이다"라고 하여 근세에서 근대에 걸친
   멸시관의 수용에 기초한 '근세 일본의 국가중심적인 세계관'이 있었다는 것을 지적
   한다. 趙景達, 『朝鮮の近代思想-日本との比較』, 有志舍, 2019, 396쪽.

재일한국·조선인의 존재는 한일 상호 인식에서 피할 수 없는 중요한 테마이다. "조선의 존재가 일본에게 정치적, 문화적 형태를 크게 규정한다"[52]고 인식하는 한, 우리들은 재일한국·조선인이 맡은 역할에 더욱 관심을 갖고 그들과 어떻게 사귀면서 그들과 어떠한 가능성을 열어갈 수 있는가에 대해 생각을 계속해야 할 필요가 있다.

이회성(李恢成)은 2001년 히로시마시에서 개최된 제2회 세계한민족 포럼에서 일찍이 히로시마의 여름에 피는 꽃인 협죽도(夾竹桃)의 붉은 꽃잎에 감동한 적이 있었다. 그런데 여성 피폭자인 K씨로부터 협죽도를 보면 8월 6일의 피폭 때문에 열풍에 불타 쓰러진 피폭자의 피부색을 떠올려 싫다는 이야기를 듣고 "죽은 자 측에 선 상상력"의 필요성을 다음과 같이 말했다.

　　죽은 사람들의 고통을 떠올릴 수 있는 살아 있는 자의 신명(神命)을 작동시키는 것을 묻고 있습니다. 이 인간적 상상력이야말로 21세기 동포 공동체의 형성을 가능하게 하고 나아가 인류의 새로운 공동체를 만들어 가는 가치관과 정신적 기반이 되는 것이 아니겠습니까. … 합동위령제(2002년 한국 지리산에서 개최된 1940년부터 50년에 걸쳐 태백산 산중에서 죽은 빨치산과 국군병사의 합동위령제)의 그 장소를 방문하여 사자의 영혼에 머리를 숙이면서 내가 생각한 것은 두 번 다시 같은 민족끼리 전화(戰火)로 끌려가서는 안 된다는 것이었습니다. 우리들은 이 전쟁에서 죽은 사람들이 보답받지 못한 인생과 영혼을 앞에 두고 무엇을 말할 수 있을까요? 그것은 어쩌면 협죽도에서 우리들이 상상하는 것과 완전히 동일한 상상력-상대의 입장에서 자신의 삶의 방식을 묻는- 그러한 것일지도 모릅니다.[53]

52　柄谷行人, 『日本精神分析』, 文藝春秋, 2002, 101쪽.
53　李恢成, 『可能性としての「在日」』, 講談社文芸文庫, 2002, 326쪽.

'상대의 입장에서 자신의 삶의 방식을 묻는' 것. 일본인도 한국인도 '재일'의 사람들이 지속해서 써온 언설에 더욱 정면에서 임할 필요가 있다는 것을 결코 잊어서는 안 될 것이다.

───────── 제5장 ─────────
이예와 이와미를 둘러싼 한일관계

1. 표류민이 낳은 언설

에도시대에 한반도에서 동해 주변 지역에 표착하는 사람들은 어업 관계자나 교역관계자(대다수는 쓰시마 경유)였다. 전국시대부터 왜구가 이 해역에 출몰하여 어선이나 교역선을 노린 약탈이 반복되었는데 그들이 표류민이 되는 것은 별로 없었다. 조선인의 어업관계자가 태풍이나 풍랑에 휘말려 일본열도에 표착할 때 그들의 대부분은 한자를 쓰지 못했기에 서로 언어가 통하지 않았고, 생각한 것처럼 필담도 잘 되지 않아 의사소통이 대단히 어려웠다. 그러나 "'표류'라는 해난사고를 매개로 중앙정부를 훨씬 뛰어넘는 교류와 접촉이 일상적으로 존재"[1]했으며 『조선왕조실록』, 『동문휘고』, 『표인영래등록』 등 한국 측의 문헌자료, 『통항일람』 등 일본 측의 문헌 자료에는 표류민에 관한 수많은 기록이 남아 있다. 이러한 사료는 한일 양국의 어민이 서로를 어떻게 인식했는지를 탐구하는 데 귀중한 텍스트로 존재한다.

─────────────

1 李熏(池內敏 譯), 『朝鮮後期漂流民と日朝關係』, 法政大學出版局, 2008, iii쪽.

표류민 연구에 관해서는 이미 이케우치 사토시의『근세일본과 조선 표류민』(임천서점, 1998)이나 이훈(이케우치 번역)의『조선후기 표류민과 한일관계』(법정대학출판국, 2008) 등의 훌륭한 선행 연구가 있으며 일본 에 표류한 조선인의 실태(표류민의 실제 수, 년대, 표착지 등)나 송환체제에 대한 상세한 연구 보고가 있다. 다만 이러한 연구는 통계분석이나 송환 체제 등의 제도 분석을 주로 하고 있으며 언설 분석이라고 할 수 있는 것은 극히 적다.

본 장은 조선인 표류민을 둘러싼 텍스트의 언설 분석을 통해 서민의 상호인식의 추출을 시도한다. 분석대상으로 선정한 것은 표류민이 쓰 시마, 고도(五島)열도, 나가토(長門)에 이어 많았던 산요의 시마네현 서 부지방(이와미(石見) 지방)의 표착기록이다.

2. 이예(李藝)란 누구인가?

대한민국 경상남도 울산시 출신의 이예(1373~1445, 호는 학파, 본관은 학성)는 조선 전기의 외교관으로 40 수회에 걸쳐 일본에 파견된 667명 의 조선인 포로를 데리고 간 것 외에『대장경』을 일본에 전하였으며, 또한 일본에서 자전수차 등을 조선에 가지고 가는 등 조선과 일본의 문화 교류에 커다란 족적을 남긴 인물로 알려져 있다.[2]

역사에서 이예의 현창은 자손인 학성이씨에 의한『학파선생실기』의 제작으로 이루어졌다.『학파선생실기』는 1737년에 편찬이 시작되었는 데 임진왜란 등으로 많은 자료가 소실, 산일되고, 남아있는 얼마 안 되는 자료의 수집, 정리가 대단히 어려웠기 때문에 1872년이 되어 드디

---

2 鳥村初吉 編著譯,『玄界灘を超えた朝鮮外交官 李藝』, 明石書店, 2010, 21쪽.

어 초간의 『실기』가 간행되었다. 그 후 1907년, 1912년, 1967년의 세 번에 걸쳐 증보, 수정을 반복했는데 1872년판과 1967년판은 가문의 일부에게만 배포되었으며 공간된 것은 1907년판과 1912년판, 그리고 1979년에 완성한 개정증보판 『학파선생실기』뿐이었다. 1910년 7월에 '충숙(忠肅)'이라는 시호가 추증되었는데 그것은 1907년판 『실기』 간행이 기여한 것이라 생각된다.[3]

그러나 이예의 본격적인 현창은 2005년 2월에 대한민국 문화체육관광부에 의해 이예가 '문화인물'로 인정된 것에서 시작된다.[4] 이듬해 2006년 2월에 학성이씨(울산시가 후원)에서 동상을 설치하자 2010년 9월에 시마무라 하쓰요시(嶋村初吉) 편역의 『현해탄을 넘은 조선 외교관 이예』(明石書店)가 간행되고 2013년 6월에는 가나즈미 노리유키(金住則行)의 소설을 원작으로 하는 한일 공동 제작 다큐멘터리 영화 『이예-최초의 조선통신사』가 제작되었다. 또한 2013년 10월부터 2014년 2월의 5개월간에 걸쳐 울산 박물관에서 특별전 '조선의 외교관 이예, 바다를 건너다'가 개최되는 등 최근의 이예에 대한 평가는 '최초의 조선통신사'로서 또한 많은 한국인 포로를 구출한 영웅으로서 급속한 고양을 보이고 있다.

그러나 일본에서 이예는 무명에 가까운, 하물며 이예가 시마네현 서

---

3 鶴城李氏報本會, 『忠肅公實紀』(改正增補), 源譜社, 1998, 〈發刊辭〉 2~3쪽. 中田稔, 「丁未年(1907)刊 「鶴坡先生實紀」의 檢討-鶴城李氏家門における始祖李藝像の形成」, 『朝鮮學報』 第202輯, 2007, 48~49쪽, 78쪽. 또한 나카타 미노루의 같은 논문의 상세한 분석에 의하면 『鶴坡先生實紀』는 영조대(18세기 전반기)에 시작된 학성이씨 가문에 의한 사우(祠宇), 서원 정비에 따라 이예의 후손인 이원흥(李元興), 광희(光熹)가 작성한 〈가장(家狀)〉을 울산에 부임한 권상일에 건넸다. 이를 바탕으로 권상일이 이예의 〈행장〉을 작성하는데 후에 점차 학성이씨 가문이 새로운 자료를 증보하여 이예 현창 요소의 추가 보충이 이루어졌다고 한다.
4 鳥村初吉 編著譯, 『玄界灘を超えた朝鮮外交官 李藝』 所收, 李明勳, 「2005年2月の『文化人物』李藝」 참조.

부인 이와미 지방과 밀접한 관계를 갖고 조일외교사에 커다란 역할을 했다는 것은 거의 알려지지 않았다. 근세 시마네현 이와미 지방과 조선과의 관계를 이예에 주목하여 회고하면서 시마네현 서부 지방에서부터 조일관계사를 재고하고 싶다.

3. '이와미주(石見州)'와 이예의 연결(그 1) – 오우치씨(大內氏)와의 관계

이노우에 히로시(井上寬司)에 의하면 "나가하마(長浜)를 거점으로 하는 스후씨(周布氏)의 대조선 교역은 조선관선의 표착이라는 우연한 기회에서 시작되었다. 오에이(應永) 32년(1425), 울릉도(무릉도)로 도망간 사람을 체포하기 위해 출항한 조선 관선이 폭풍우를 만나 겨우 살아남은 장을부 등 10명이 이와미의 나가하마에 표착한 것이 시작이다"라고 설명한다.[5] 그러나 이미 장을부 등이 표착하기 이전에 이예가 이와미에 표착한 것이 다수의 연구자에 의해 지적되고 있다.[6] 나카타 미노루(中田

5　井上寬司, 『中世の港町・浜田』, 浜田市敎育委員會, 2001, 30~31쪽. 이 점에 관한 지적으로 가장 빠른 것은 스기하라 다카시(杉原隆)에 의한 "이와미 나가하마의 한 세력이 표류민 구조에서 세종 연간에 친교를 얻고 곧이어 수도서인(受圖書人)까지 되었다는 것을 알 수 있다"는 지적일 것이다. 杉原隆, 「日朝交流史における山陰海岸の位置」, 島根縣立高等學校敎育硏究連合會, 『硏究紀要』 13, 1977, 4쪽. 또 세키 슈이치(關周一)도 "스후씨가 조선과 통교하는 계기가 된 것은 조선인 표류민과의 접촉이었다"고 기술한다. 關周一, 「中世山陰地域と朝鮮との交流」, 『島根史學會硏究報告』 第1輯, 1994, 230쪽.

6　주된 것은 高橋公明, 「中世西日本海地域と對外交流」, 『海と列島文化』 第2卷, 小學館, 1991 및 內藤正中, 「地方大名の朝鮮王朝との通交」, 『山陰の日朝關係史』, 報光社, 1993; 關周一, 「中世山陰地域と朝鮮との交流」, 『島根史學會硏究報告』 第1輯, 1994; 井上寬司, 「中世石見の繁榮–西日本海水運の據點」, 『ものがたり 日本列島に生きた人たち2 遺跡下』, 岩波書店, 2000; 中田稔, 「朝鮮初期における朝鮮人官人の對日活動–世宗代までの李藝を中心に」, 東京學藝大學大學院連合學校敎育學硏究科, 『學校敎育

稔)는 이예를 "조선왕조가 대일통교규정의 토대를 만든 시기에 교섭의 최전선에서 활동해온 인물"[7]이라고 보고 있는데 이 스후씨의 조선교역에 이예가 관여한 가능성은 없었을까?

이예의 이와미 표착은 『조선왕조실록』[8] 세종 10년(1428) 11월 26일조에 다음과 같이 기록되어 있다. 또한 이하 조선 측의 자료를 인용하는 경우는 현대 일본어로 번역하고 원문을 주에 표시하기로 한다.

> 무자(1408)년에 통신부사인 이예는 강풍을 만나 이와미주에 표착하여 빈사 상태였다. 오우치 도노(大内殿)가 마음을 써서 구호하여 쌀 40석과 선치전(船値錢) 100관을 주고 장선(粧船)으로 호송해 주었다.[9]

기록한 시기는 1428년인데 20년 전인 1408년에 통신부사였던 이예의 배가 태풍을 만나 이와미주에 표착하여 오우치씨의 노력으로 조선으로 호송된 한 사건이 기록되어 있다. 이 시기의 모습은 『조선왕조실록』 태종 8년(1408) 5월 22일의 기사로 알 수 있다.[10]

學硏究論集』第17號, 2008; 村井章介, 「一五世紀日朝外交秘話-李芸と文溪正祐」, 立正大學史學會, 『立正史學』第115號, 2014 등이 있다.

7 中田稔, 「朝鮮初期における朝鮮人官人の對日活動-世宗代までの李藝を中心に」, 66쪽.

8 또한 여기에서 인용한 『조선왕조실록』의 원문은 한국국사편찬위원회가 공개한 Web판 〈조선왕조실록〉 http:/sillok.history.go.kr/main/main.jsp에서 인용한 것이다. 『조선왕조실록』을 인용하는 경우는 현대 일본어역을 본문에 게재하고 원문은 주에 표기하는 방식을 채용했다.

9 『조선왕조실록』세종 10년(1428) 11월 26일조: 戊子年, 通信副使李芸, 遭風漂到石見州幾死, 大內殿盡心救護, 給糧米四十石, 船值錢一百貫, 粧船護送.

10 무라이 쇼스케는 "1408년 일본통신사였던 박화(樸和)가 피로인(被虜人) 남녀 100여 명을 데리고 귀국할 때 통신부사로 합류한 이예의 배가 태풍을 만나 이와미주에 표착하자 오우치씨의 도움으로 조선에 호송된 사건을 지적한다"고 해석하고 있는데 (앞의 논문, 10쪽) 『조선왕조실록』태종 8년 3월 14일의 기록에는 "일본통신사 박화가 본국의 남녀 100여 명을 호송하여 데리고 갔다(日本通信官樸和, 推刷本國被攎人男女百餘以還)"로 기록되어 있어 조선인 피로인 남녀 100여 명이 송환된 것 밖에는

일본 회례관 최재전(崔在田)이 돌아왔다. 재전이 대내전(大內殿) 사인(使人)과 추쇄(推刷)한 본국 피로인 44명을 찾아내어 울산포에 이르러 먼저 사람을 보내 왕에게 상언하기를, "신이 일본에 이르러 그 형세를 보니, 대내전이 한 마을의 거진(巨鎭)을 담당하여 땅이 풍부하고 군사가 강하여 주변의 영주들이 모두 두려워하고 복종합니다. 지금 본국에 대해 충성이 지극히 간절하고, 신을 대접하기를 대빈(大賓)을 본 것 같이 하여 연식을 베풀고 양향(糧餉)을 주는 것이 모두 지극히 후하였으며, 작별할 때에 이르러 언사가 관곡(款曲)하였습니다. 지금 온 사신은 타례(他例)로 대접할 수 없습니다. 청구한 『대장경』을 작량하여 하사하소서. 신이 돌아올 때에 왜인 구라온(仇羅穩) 등 5명이 배를 따라 왔사온데, 구라온은 씩씩하고 용맹하여 대적할 자가 없고 또 칼을 잘 갑니다. 스스로 말하기를 '조선 경내가 살 만하면 돌아가서 처자를 데리고 오겠다'고 합니다. 엎드려 바라옵건대 상을 주어 서울에 올라오게 하소서" 하였다. 왕이 의정부에 명하여 구라온은 재전과 함께 일시적으로 서울로 오게 하라고 명했다.[11]

기재되어 있지 않다. 또한 같은 해 4월 29일에는 "일본국 구사전의 사인이 대궐에 나아가 하직하니, 쌀 1백 50석과 황두 50석을 주어 보냈다. 박화가 돌아올 때에 잡혀 갔던 사람 1백 명을 추쇄하여 보냈기 때문이었다(日本國仇沙殿使人, 詣闕辭, 賜送米百五十石, 黃豆五十石, 以樸和之還, 推刷被擄人百名以送也)"라는 기술도 있다. 여기서 '日本國仇沙殿'이란 『조선왕조실록』 태종 10년 4월 14일의 "사직 박화가 일본에서 돌아왔는데, 지좌전 원추고가 형부대랑을 보내어 호송하고, 예물을 바쳤다(司直樸和還自日本, 志佐殿源秋高遣刑部大郎, 護送獻禮物)"라는 기술에서 유추하면 아마 이키(壹岐)의 호족이라 생각되며 박화 일행이 이키에 표착했다고 생각된다. 한편 세키 슈이치는 "그 당시(1408)의 사절은 같은 해 5월에 조선에 귀국한 일본회례관 최재전(崔在田)이라 생각되며 귀국 시에는 오우치씨의 부하와 피로조선인 44명을 데리고 울산포에 도착했다(『태종실록』 권15, 태종 8년 5월 병오(22일)조)라고 하여 이예는 최재전을 수행하던 중 이와미국에 표착했다고 해석하고 있다(세키 슈이치, 앞의 논문, 227쪽). 피로인의 수가 다른 것은 오우치씨의 관여가 명기되어 있는 것에서 생각해보면 이예는 세키 슈이치의 지적처럼 일본 회례관 최재전을 수행했다고 생각하는 것이 타당할 것이다.

11 『조선왕조실록』 태종 8년(1408) 5월 22일: 日本回禮官崔在田還。在田以大內殿使人及推刷本國被擄人四十四名, 至蔚山浦, 先遣人上言曰, 臣至日本, 觀其形勢, 大內

이 둘의 기사에서 주목되는 것은 이예의 송환에 오우치씨가 관여하고 있는 것이다. 세키 슈이치는 오에이 8년(1401)~10년 무렵부터 오우치씨가 이와미국의 니마군(邇摩郡)을 분군 지행해온 것을 지적하여 이예의 표착지가 니마군이었을 가능성을 지적한다.[12] 그러나 영내의 조선인 관리가 표착했다고 하여 왜 오우치씨가 먼 조선까지의 송환에 힘쓸 필요가 있었을까?

나카무라 에이다카(中村榮孝)에 의하면 조선왕조 건국 당초의 과제 중의 하나는 왜구대책이며 태조 3년(1394)에 회례사 김거원, 승 범명을 일본에 파견하여 포로 남녀 659인을 송환하고 또한 이듬해 회례사 최용소의 내방에 따라 피로인 570여 명을 송환했다. 이에 대한 보답으로 규슈 탐제(探題)였던 이마가와 료슌(今川了俊, 1326~1420?)은 『대장경』을 구하여 왔기 때문에 증여했다. 이 사례가 시마즈씨나 오우치씨를 자극하여 "일찍이 왜구 때문에 약탈당해 노비로 사역하던 자들을 송환한다면 의외의 이익이 있다는 것을 관취한 통효이며, 조선은 이로 인해 포로의 쇄환을 실시하고 동시에 왜구의 단속을 요구하여 그 진압의 한 대책으로 삼으려는 시도였다. 하지만 이에 따라 당시 하카타 지방을 중심으로 빈번하던 무역에 좋지 않은 형태의 발전을 가져오게 된다. 그래서 지속적으로 조선에 도항하는 왜인에게 해구(海寇)에서 해상 무

殿當一面巨鎭, 土富兵彊, 諸酋長皆畏服. 今向本國忠誠至切, 待臣如見大賓, 燕食之設, 糧餉之贈, 皆致其厚, 及至辭別, 言辭款曲. 今來使臣, 不可以他例支待, 其所求《大藏經》, 伏望酌量行下. 臣之還也, 有倭仇羅穩五名, 隨船出來. 其仇羅穩, 壯勇無敵, 且善磨劍, 自言: "朝鮮境內可居, 則還率妻子而來. 伏望賞給赴京. 命議政府曰, 仇羅穩, 可令與在田一時赴京.

12　세키 슈이치, 앞의 논문, 227쪽. 이노우에 히로시(井上寬司)도 니마군의 니마쓰(仁萬津) 가까이 위치하는 고오스미 유적에서 고려에서 만든 자기가 출토된 것으로 볼 때 이예의 표착이 니마군이었을 가능성이 높다고 추측한다. 井上寬司, 「中世石見の繁榮-西日本海水運の據點」, 32쪽.

역상으로 전환하는 단서가 저절로 열렸다"[13]고 설명한다.

실제 오우치씨(본성은 다타라(多々良)씨)는 오우에이 2년(태조 4, 1395)에 규슈 탐제가 이마가와에서 시부가와 미쓰요리(澁川滿頼, 1372~1446)로 바뀐 것을 계기로 활발한 조선 통호를 실시했다. 『조선왕조실록』에 의하면 같은 해(1395) 12월 16일 제3조에 "일본의 오우치 다타라가 사람을 파견하여 토산물을 헌상했다"[14]라는 기록이 있어서 조속히 조선과의 통호관계를 구축하려 한 것을 볼 수 있다. 그 후에도 1408년 5월 22일에 이예가 이와미국에 표착할 때까지 전부 9회의 통호가 확인된다.[15] 특히 오에이 4년(1397)에는 오우치 요시히로(大內義弘, 1356~1400)가 사신을 파견하여 토의(土宜: 지역상품)를 지참하여 잇키, 쓰시마의 해적 금제를 알려 조선의 환심을 사려 했다. 이에 대해 조선은 회례사 박순지를 파견하여 오우치씨에 사의를 표하면서 교토에 가서 삼도(쓰시마, 잇키, 히젠 마쓰우라지방) 왜구의 금제를 청한다. 이에 쇼군 아시카가 요시미치는 오우치씨에 그 임무를 맡기려 명한 일에서 아시카가 정권과 조선과의 통호는 오우치씨를 매개로 본격적으로 전개되기에 이르렀다고 한다.[16]

---

13 中村榮孝, 「室町時代の日鮮關係」, 中村榮孝, 『日鮮關係史の研究』上, 吉川弘文館, 1965, 150쪽.

14 『조선왕조실록』, 태조 4년(1395), 12월 16일 제3조: 日本大內多多良, 遣人來獻土物.

15 1396년 3월, 1397년 7월, 1397년 11월, 1398년 12월, 1399년 5월, 1403년 2월, 1404년 7월, 1407년 2월, 1407년 7월의 9회. 須田牧子, 『中世日朝關係と大內氏』, 東京大學出版會, 2011, 39쪽 게재의 표1 〈오우치씨의 조선통호일람〉에 의함.

16 中村榮孝, 『日鮮關係史の研究』上, 150~151쪽. 또 스다 마키코는 "무로마치 정권과 조선왕조와의 본격적인 외교는 오우치 요시히로를 매개로 시작되었는데 그것은 쇼군 아시카가 요시미쓰(足利義滿)의 의향이기도 했다는 것을 알 수 있다. 이 시기 규슈탐제였던 시부가와 미쓰요리(澁川滿頼)가 통호하고 있음에도 불구하고 요시미쓰가 자신의 외교 개시 즈음에 규슈탐제가 아닌 오우치씨를 통하고 있는 것은 주의해야할 특징이다. 즉 오우치 요시히로의 대조선 통호는 규슈탐제였던 이마가와 료슌(今川了俊) 실각 후에 본격화되며 조선왕조와 무로마치 정권과의 매개로서의 역할을 맡기에 이르렀다"고 설명한다. 須田牧子, 『中世日朝關係と大內氏』上, 60쪽.

이예가 표착하기 직전인 1407년에도 이하와 같은 세 곳의 기록이
남아 있다.

일본 국왕이 사신을 파견하여 선물을 가지고 왔다. 기피당한 왜구가
조선 영내에 들어오지 못하도록 한다고 보고하고는 서계와 예물을 가지
고 왔다. 그 중에 삼주(三州: 사쓰마, 오스미, 휴가)의 자사(刺史) 오우치
다타라 덕웅(德雄)이 서장을 좌의정 하륜에게 올렸다.(2월 26일조)[17]

일본국의 오우치 다타라 덕웅이 사신을 파견하여 예물을 헌상했다.(7
월 21일)[18]

일본의 오우치 다타라 덕웅이라는 객인이 궁중에 들어와 인사하고
대장경 일부를 하사받아 가지고 돌아갔다. 덕웅의 요청에 응한 것이
다.(9월 1일)[19]

이러한 기록에서 오우치씨가 왕성하게 조선에 사절을 파견하여 예
물을 헌상하는 대신『대장경』등이 증여되었다는 것을 알 수 있다. 이
러한 상황하에서 앞에서 보여준 1408년 5월 22일의 최재전의 사행기
록이 등장한다. 이예가 이와미주에 표착할 당시 오우치씨는 조선과 압
도적으로 튼튼한 유대를 맺고 있었으며 그 세력은 이와미 지방에도
미치고 있었다.[20] 같은 이와미주의 호족이었던 스후씨도『조선왕조실

17 『조선왕조실록』 태종 7년(1407), 2월 26일조: 日本國王遣使來聘, 報禁絕姦寇, 有書
契及禮物。其三州刺史大內多多良德雄, 亦奉書於左政丞河崙.
18 『조선왕조실록』 태종 7년(1407), 7월 21일조: 日本國大內多多良德雄, 遣使獻禮物.
19 『조선왕조실록』 태종 7년(1407), 9월 1일조: 日本大內多多良德雄客人, 詣闕辭, 賜大
藏經一部以遣之, 從德雄之請也.
20 원래 오우치씨의 본거는 스오노쿠니(周防國)이며 이와미국은 인접한 지역이었다. 남
북조 당시 쇼헤이(正平) 18년(1363)에 오우치 히로요(大內弘世, ?~1380)는 남조 쪽

록』의 기록으로 세종 7년(1425)부터 연산군 8년(1502)까지 합계 48회 조선과 통교했다는 것을 알 수 있는데²¹ 이예가 이와미에 표착한 1408 년 당시에 이 지역에서 조선과의 통호를 실시하고 있었던 것은 오우치 씨 밖에는 없었다. 스후씨가 조선과의 통호에 나선 것은 1425년이 되어서 부터이다. 오우치씨는 1408년 이후도 1425년까지 합계 11회 조선과의 통호를 실시했으며 스후씨가 직접 조선통호를 개시하기 이전 오우치씨는 조선과의 통호를 말 그대로 독점했던 것이다.

이상의 사실에서 이예가 이와미국에 표착할 당시 조선과 튼튼한 유대를 맺었던 오우치씨의 계략으로 이예는 귀하게 대우받으면서 조선에 송환되었다고 생각하는 것이 자연스러울 것이다.

그렇다면 이러한 이와미주를 무대로 한 이예와 오우치씨와의 특별한 유대를 염두에 두면서 세종 7년(1425)의 표착 사건을 돌아보자. 이예 표착 17년 후 장을부 일행이 이와미주에 표착했다.『조선왕조실록』

에서 북조 쪽으로 돌아서서 이와미국 내의 북방 세력의 확립을 도도하기 위해 이와 미에 출진하여 남조 세력 삭감의 공적으로 이와미국 슈고직(守護職)을 맡았다. 히로 요의 뒤를 이은 오우치 요시히로는 가독계승을 둘러싸고 발발한 내전 당시 스후(周 布), 미스미(三隅) 이 두 가문을 이와미국의 자기편 진영의 기둥으로 삼아 협력 관계 유지를 요청하였다. 결국 이 내전은 형인 요시히로가 오우치씨의 총령(惣領)이 되고 동생인 오우치 미쓰히로(大內滿弘, ?~1397)가 이와미 슈고직을 갖는 것으로 화해가 성립되었다. 그 후 내전 등에 의한 혼란을 경험한 끝에 히로요의 장남인 요시히로가 1399년(應永 6)에 토벌(오에이의 난)되어 죽는 것으로 오우치씨에 의한 이와미국 슈 고직은 몰수되고 교고쿠씨(京極氏)를 거쳐 1402년(應永 9)부터 1517년(永正14)까 지의 약 1세기 동안 이와미국 슈고직은 야마나씨(山名氏)에 계승된다. 오우치 요시 오키(大內義興, 1477~1529) 시대에 다시 이와미국 슈고직으로 복귀하는 경위를 밟 는다. 이와미국 슈고직으로서의 지위를 잃은 동안 오우치씨는 유독 니마군을 다른 곳에서 분리하여 통치하는 '분군지행(分郡知行)'이라는 형태로 지배 지역을 축소시 키면서도 이와미의 오우치 지배권을 존속시켰다. 그 니마군에 이예가 표착하게 된다. 中村榮孝,『日鮮關係史の硏究』上, 254~269쪽. 및 溫泉津町誌編纂委員會,『溫泉津 町誌』上卷, 溫泉津町, 2004, 595~607쪽 참조.

21 關周一,「十五世紀における山陰地域と朝鮮の交流-石見國周布氏の朝鮮通好を事例 として」, 歷史人類學會,『史境』20號, 1990, 35쪽.

세종 7년(1425) 12월 28일 제2조에 다음과 같은 기록이 보인다.

무릉도(茂陵島: 울릉도의 별칭)에서 들어갈 때 수군(水軍)으로 평해(平海) 사람 장을부(張乙夫) 등이 바람 때문에 표류하다 일본국을 경유하여 돌아와서 말하길,

"처음에 수군 46인이 한 배에 타고 안무사(安撫使) 김인우(金麟雨)를 수행하여 무릉도를 향해 갔다가, 갑자기 태풍이 일어나 배가 부서지면서 같은 배에 탔던 36인은 다 익사하고, 우리들 10인은 작은 배에 옮겨타서 표류하여 일본국 이와미주(石見州)의 장빈(長濱)에 이르렀습니다. 언덕에 올라갔으나 주리고 피로하여 걸을 수가 없으므로 기어서 5리 남짓한 곳에 이르렀을 때 샘을 만나 물을 마시고 피곤하여 강가에 쓰러졌더니 한 왜인이 고기 잡으러 왔다가 보고 한 절로 데리고 가서 떡과 차와 죽과 장을 주어 먹게 한 뒤에 순도노(順都老: 周布兼仲)[22]에게 데리고 갔습니다. 순도노가 우리들의 옷을 보고 말하기를 '조선 사람이로구나' 하고 두세 번 한숨지어 한탄하고, 양식과 웃옷과 바지를 주었습니다. 30일 동안을 머물렀는데 날마다 하루 세 번씩 음식 대접을 하였으며 떠날 때에는 큰 잔치를 베풀고 잔을 들어 친히 권하면서 말하기를 '당신들을 후하게 위로하는 것은 곧 조선의 전하를 위하기 때문입니다'고 하면서 여행 중의 식량으로 쌀 백 석을 주고 20인을 보내 호송하였습니다. 대마도에 이르러서 또한 1개월을 머물렀는데 도만호(都萬戶) 좌위문대랑(左衛門大郎)이 세 번 연회를 열어 위로하면서 말하기를 '당신들을 위하는 것이 아니라 전하를 존경하여 이렇게 할 뿐입니다'라고 하였고 또한 사람을 보내어 호송하여 주었습니다" 하였다.

이와미주 장빈의 인번수(因幡守)가 예조에 글을 보내어 말하기를 "금년 9월에 귀국인 10명이 풍랑에 표류하여 여기에 이르렀으므로 즉

---

22 세키 슈이치는 순도노(順都老)가 스후도노(周布殿)의 음사(音寫)라고 추측한다. 關周一, 『中世日朝海域史の研究』, 吉川弘文館, 2002, 156쪽.

시 배를 수리하게 하고 호송하여 대마도 도만호(都萬戶)에게 돌려보내어 그곳에서 다시 조선에 호송했습니다. 또한 환도(環刀) 2자루, 단목(丹木) 1백 근, 사면으로 된 주홍색의 소반 20개, 후추 10근을 바칩니다"라고 하였다.

좌위문대랑이 예조에 글을 보내어 말하기를 "지금 이와미주 장빈의 인번수가 소인이 귀국과 교통하고 있는 것을 알고 풍랑에 표류한 귀국인 10명을 송환하여 소인에게 다시 귀국에 호송하게 하였으므로 즉시 배를 수리하게 하여 호송합니다. 자세한 사연은 선주에게 전하였습니다" 하였다.[23]

이 기록에서 주목되는 것은 순도노가 장을부 일행을 보았을 때 그 자리에서 조선인이라는 것을 인식하고는 30일간 머무는 동안에 하루에 세 번이나 술로 대접하면서 '당신들을 후하게 대접하는 것은 조선국왕 때문입니다'라고 한 점이다. 이것은 확실히 이와미주 사람들에게 조선에 대한 기본적인 정보가 공유되어 있었다는 것을 말해준다. 왜인가? 생각할 수 있는 것은 이예의 표착을 계기로 또 오우치씨의 계속적인 조선과의 통호를 통해 이와미주 사람들의 조선에 대한 이해가 상당히 진전되었다는 것이다. 쓰시마 사에몬 타로가 예조에 보낸 편지에서

---

23 『조선왕조실록』 세종 7년(1425), 12월 28일 제2조: 茂陵島入歸時, 飄風船軍平海人張乙夫等回自日本國言, 初船軍四十六人乘坐一船, 隨按撫使金麟雨向本島, 忽颺作船敗, 同船三十六人皆溺死。我等十人移坐小舠, 飄至日本國 石見(洲) 長濱登岸, 飢困不得行, 匍匐至五裏餘, 得泉飲水, 因倒江邊, 有一倭因漁來見, 牽歸一僧寺, 與餠茶粥醬以食之, 領赴順都老, 順都老見我等衣日, 朝鮮人也。嗟嘆再三, 給口糧、衣袴, 留三十日, 日三供頓。臨送設大宴, 執盞親勸日, 厚慰爾等, 乃爲朝鮮殿下耳。給行糧百石, 差人二十餘送, 至對馬島, 亦留一月。都萬戶左衛門大郎三設宴勞之日, 非爲爾等, 敬殿下如此耳。又差人護送回來。石見(洲) 長濱 因幡守致書禮曹曰, 今年九月, 貴國人十名, 飄風到此, 卽時治船護送, 回付對馬島都萬戶轉送。兼進環刀二柄、丹木一百斤, 朱紅四面, 盤二十, 胡椒十斤。左衛門大郎致書禮曹曰, 今石見(洲) 長濱因蟠守知小人交通貴國, 送還飄風貴國人十名, 令小人轉送, 卽令修船護送, 細在船主。

'지금의 이와미주 나가하마가미(長浜守: 因幡)는 제가 귀국과 왕래하고 있는 것을 알고 있습니다'라고 한 것처럼 이와미주 나가하마 이나바노가미(因幡守)는 쓰시마 사람들이 조선과 왕래하고 있다는 것을 알고 있었다. 그렇다면 이와미주의 백성들도 어느 정도의 지식을 공유하고 있었다는 것은 충분히 생각할 수 있다.

또 '환도 2자루, 단목 100근, 사면으로 된 주홍색의 소반 20, 후추 10근'을 헌상하고 있다는 기술에 대해 세키 슈이치는 스후씨가 "이것을 계기로 조선과의 통호권(무역권)을 확보하려는 정책에 의한 것"이라 해석한다.[24] 확실히 호사스러운 헌상물에 그러한 목적이 들어 있었다는 것은 부정할 수 없지만 '강 근처에 쓰러져 있는데 한 사람의 일본인이 그물질을 하고 있다가 우리들을 발견하고 어느 절까지 데리고 가 주었다. 떡이나 차, 죽, 장 등을 주어 먹게 했다'는 것까지도 이해관계로 설명하는 것은 무리일 것이다.[25] 아마도 오우치씨를 경유하여 『대장경』 등 이전 조선에서의 하사품에 의한 어떠한 은혜를 입었었던 것이 있어서 그에 대한 감사의 뜻으로 이와미주의 백성들이 조선인 표류민을 대우한 것으로 표현된 것은 아닐까? 이해와 정의(情誼: 서로 친해진 정), 그 두 방면에서의 대응이었다고 파악하는 것이 타당할 것이다.

이노우에 히로시가 스후씨의 대조선 교역이 조선관선의 표착이라는 우연의 계기에서 시작되었다고 해석하는 것을 서두에 소개했는데 이상과 같은 당시의 배경을 함께 생각해 본다면 장을부 일행의 이와미주

---

24 關周一, 『中世日朝海域史の硏究』, 156쪽.
25 세키 슈이치는 이 점에 대해 "그들을 송환하는 것으로 조선 통호가 가능하게 된다(회사품 등의 이익을 획득할 수 있었다)는 전망을 갖고 있었다고 생각된다"고 해석한다. "환도 2자루, 단목 100근, 주홍 사면 소반 20, 후추 10근의 배경에 스후씨의 의혹으로 아직 실현되지 않았던 조선 교역 개시의 기대를 갖은 선물 공세로 나간 가능성이 높다고 생각된다. 세키 슈이치, 위의 책, 157쪽.

표착을 계기로 스후씨의 조선 교역이 시작된 것은 결코 우연이 아니다. 그 이전에 이예가 오우치씨가 분군 지행하고 있던 니마군에 표착했던 일을 계기로 하여 오우치씨에 의한 확고한 조선 교역의 두터운 연결통로가 있었기 때문에 가능하게 되었다고 생각된다.

그렇다면 오우치씨가 이 지역의 조선 교역을 독점했음에도 불구하고 스후씨는 어째서 조선 교역에 참가할 수 있었던 것일까?

실은 이 시기 오우치씨는 조선과의 통호를 단절시킬 수밖에 없는 상황에 내몰렸었다. 스다 마키코(須田牧子)에 의하면 1423년에 오우치 모리하루(大內盛見, 1377~1431)가 태종을 조문하기 위해 사절을 파견한 것을 마지막으로 1440년의 오우치 모치요(大內持世, 1394~1441)에 의한 사절 파견까지 조선과의 통호가 끊어졌는데 그 배경으로 ①오에이말(應永末, 1428)~에이쿄(永享, 1429~1441) 연간에 발발한 오우치씨와 쇼니씨(少貳氏)와의 전쟁이 있어서 조선에 사절을 파견할 여유가 없었다. ②아시카가 요시노리(足利義敎, 1394~1441)의 외교정책으로 오우치씨, 규슈탐제를 포함한 무로마치 정권을 구성하는 유력자의 통교를 막부에 통합하여 청경사의 파견이라는 형태로 일원화하려 하고 있었다는 것을 생각할 수 있다고 한다.[26]

따라서 오우치씨가 전쟁의 혼란으로 조선과의 통교가 끊어졌을 때 장을부 일행이 이와미주에 표착하여 오우치씨를 대신하여 스후씨가 표류민을 송환하는 책임을 이어받으면서 동시에 조선과의 교역 독점의 가능성을 타진했다고 해석해야 할 것이다.[27] 원래 스후씨는 총령가

---

26 須田牧子, 『中世日朝關係と大內氏』, 60~63쪽.

27 이노우에 히로시는 스후씨의 조선 교역이 가능하게 된 전제 조건으로 이와미와 조선의 중계기지로서의 쓰시마의 역할이 있었다는 것을 지적한다. 이노우에에 의하면 장을부의 조선 송환에 쓰시마의 소다사에몬타로(早田左衛門太郎)의 협력이 있었다는 것 및 조선 국왕에의 진상물(단목, 후추 등의 남해산 물자)이 쓰시마에서 조달된 것

(惣領家)였던 마스다씨(益田氏)를 따르지 않고 오우치씨와의 관계를 강화했다.[28] 또 전술한 것처럼 오우치씨는 니마군을 분군 통치하여 이와미국에 대한 일정한 지배권을 유지하고는 있었는데 이미 이와미국 전체를 통치하던 슈고직(守護職)의 지위를 상실하고 있었다.[29] 따라서 오우치씨로서는 스후씨의 조선 교역 개시를 묵인할 수밖에 없었다는 것이 진상이라고 생각한다.

장을부 일행이 표착한 이듬해(즉 1426) 『조선왕조실록』 세종 8년(1426) 2월 12일조에 다음과 같은 기술이 있다.[30]

이와미주·쓰시마의 사물관압사(賜物管押使) 대호군(大護軍) 이예가 아뢰자, 임금이 이르기를 "종정무(宗貞茂: 소 사다시게)는 지성으로 순종했기 때문에 부왕께서 이를 가상히 여기시어 항상 보호를 베푸셨는

등으로 부터 "스후씨의 대조선 교역 그 자체가 당초부터 쓰시마와 조선의 네트워크로 지지되었으며 쓰시마는 서일본 해수운의 중요한 일각, 대조선 교역의 중계기지라는 위치를 차지하고 있었다"고 설명한다. 井上寬司, 「中世石見の繁榮-西日本海水運の據點」, 35쪽.

28 세키 슈이치는 그렇게 판단하는 근거로서 "예를 들어 남북조 내란 초기는 스후씨가 남조 쪽, 마쓰다씨(益田氏)는 북조 쪽에 속했으며, 또 오우치씨의 가독 다툼(오우치 시게요(大內茂代)의 아들 요시히로와 미치요시의 다툼) 때에는 스후겐씨(周布兼氏)는 요시히로 쪽에 서서 미치히로 쪽의 마쓰다씨에 대항하는" 사건을 예로 들고 있다. 關周一, 「十五世紀における山陰地域と朝鮮の交流-石見國周布氏の朝鮮通好を事例として」, 歷史人類學會, 『史境』 20號, 1990, 34쪽.

29 이 부분에 관하여는 이노우에 히로시에 의한 "오우치씨의 분군지행권은 야마나씨의 슈고권을 완전히 배제 혹은 대신 떠맡아 성립한 것이 아니라 이른바 이것과 중층적인 형태로 기능했다고 생각하지 않으면 안 된다"고 지적한다. 『溫泉津町誌』 上卷, 599~600쪽.

30 나카다 미노루에 의하면 이 시기의 사행은 명목적으로는 조선인 표류민을 송환한 이와미주 나가하마 이나바노가미(因幡守) 및 표류민 송환에 협력한 쓰시마의 소다 사에몬타로에의 감사와 소 사다모리(宗貞盛)·모리쿠니(盛國)의 조모·모친의 죽음에 대한 조문이었다. 하지만 사실은 조선왕조에 귀순하지 않는 소 사다모리의 동생 모리쿠니(彦七)에 대한 논의에 있었다고 한다. 中田捻, 「朝鮮初期における朝鮮人官人の對日活動」, 67쪽.

데 정무가 죽은 뒤에 그 섬의 도둑들은 이때까지 보호하여 준 은혜는
생각하지 아니하고 틈을 타서 좀도둑질을 감행하고 있음은 그대도 아는
바이다. 이제 그대는 가서 그 뜻을 종언칠(宗彦七)에게 전하라" 하니,
이예가 대답하기를 "소신은 쓰시마를 자주 왕래했습니다. 정무가 살았
을 때에 신이 이르기를 '너희는 우리나라에 대하여 정성껏 섬기지 않으
면 안 된다'고 말하여 왔습니다" 하니,

　임금이 이르기를 "몇 번이나 갔다 왔느냐" 하니,

　이예가 대답하기를 "모두 16번이었습니다" 하였다.

　임금이 이르기를 "모르는 사람은 보낼 수 없어서 이에 그대를 명하
여 보내는 것이니 귀찮다 생각하지 말라" 하고 드디어 갓과 신을 하사
하였다.

　예조 참의 유계문(柳季聞)이 이와미주의 장빈(長濱) 인번수(因幡守)
에게 회답하는 서한에 이르기를 "풍파를 만난 본국 사람 10명을 후히
보호하여 돌려보내고 또 예물까지 바쳤기로 삼가 사실을 갖추어 주상께
보고하였더니 주상께서 매우 가상히 여기시었다. 여기에 토산물로 백세
면주(白細綿紬)·백세저포(白細苧布)·흑세마포(黑細麻布) 각 20필, 정
포 65필, 만화침석(滿花寢席) 10장, 청사피(靑斜皮) 5장, 자사피(紫斜
皮) 3장, 호피(虎皮) 3장, 표피(豹皮) 2장, 인삼 20근, 잣 5백 근, 꿀 15말,
말린 범고기 2마리 분을 좌위문대랑(左衛門大郞: 쓰시마의 소다사에몬
타로(早田左衛門大郞))[31]의 사절인 좌위문삼랑(左衛門三郞)과 등차랑
(藤次郞) 등에게 부쳐 보내니 조사하여 받으라" 하고,

　예조 좌랑 신기(愼幾)가 쓰시마의 좌위문대랑에게 회답하는 서한에
이르기를 "본국의 태풍을 만난 사람들과 전문관이 도성으로 환송한 것
에 깊이깊이 감사하며, 이제 토산물인 백세면주 10필, 백세마포·흑세
마포 각 5필, 소주 30병과 곶감 30첩, 잣·밤·대추 30말씩과 건대구(乾

---

31 關周一, 「中世山陰地域と朝鮮との交流」, 『島根史學會硏究報告』 第一輯, 1994, 232쪽
참조.

大口) 2백 마리, 건청어 5백 마리를 대호군 이예에게 부쳐 보내니 받아
주기 바라며 이제 인번수에게 보내는 서한과 물품을 등차랑과 돌아가는
좌위문삼랑에게 부쳐 보내니 전하여 보내 주면 다행으로 생각하겠다"
하고,

신기가 대마주의 종언칠에게 회답하는 서한에 이르기를 "선대부터
우리나라에 충성을 바치고 귀순하였으므로 본조에서는 삼가 국왕의 명
령을 받들어 대호군 이예를 파견하여 토산물인 조미(糙米) 평두(平斗)
로 40석을 부쳐 보내니 조사하여 받아 주고 자당(慈堂)과 조모님께 보
내는 토산물은 따로 별지에 목록을 적었으니 하나하나 전하여 올려주면
다행으로 여기겠다. 자당(慈堂)에게 조미 평두 40석, 곶감 20첩, 건대구
2백 마리, 소주 10병, 건청어 3백 마리, 꿀 3말, 잣·밤·대추 15말씩,
다식(茶食)과 계(桂) 각 2근이다" 하고 대마주의 월포(越浦) 등 차랑에
게 보내는 서한에 이르기를 "풍파를 만난 본국 사람 10명을 후하게 접
대하여 보낸 데 대하여 위로하는 바이다. 토산물로 면포 5필을 보내니
받으라" 하였다.

예조 참의 유계문이 대마주 태수 종정성(宗貞盛)에게 보내는 서한에
이르기를 "이제 좌위문대랑이 보낸 사람을 통하여 귀하의 조모와 어머
님의 상사를 듣고 삼가 임금께 갖추어 보고하였더니 임금께서 마음으로
슬프게 여기시고 대호군 이예에게 명하여 조미 1백 석, 콩 50석, 종이
2백 권, 백세면주·백세저포 각 10필과 곶감 50첩, 잣 3석, 대추·밤 각
2석을 주어 보내어 부조를 드리는 것이니 받기 바란다" 하였다.[32]

───────────

32 『조선왕조실록』 세종 8년(1426) 2월 12일조: 丙子/石見州, 對馬島賜物管押使大護
軍李藝辭, 上引見曰, 宗貞茂至誠歸順, 父王嘉之, 常加撫育, 自貞茂死後, 其島賊人,
不念撫育之恩, 投間鼠竊, 汝之所知。今汝往傳此意於宗彦七。藝對曰, 小臣往來本
島屢矣。其在貞茂時, 臣諭曰, 汝等向本國, 不可不至誠以事之。上曰, 往來幾度, 藝
對曰, 凡十六度。上曰, 不知之人, 不可以遣, 玆用命汝以送, 勿憚煩數。遂賜笠靴。
禮曹參議柳季聞答石見州 長濱因番守, 書曰, 本國遭風人一十名, 厚恤送還, 仍獻禮
物, 謹具啓達, 上甚嘉之。玆將土宜白細綿紬, 白紬苧布, 黑細麻布各二十匹, 正布六
十五匹, 滿花寢席一十張, 靑斜皮五領, 紫斜皮三領。虎皮三領, 豹皮二領, 人蔘二十
觔, 松子五百觔, 淸蜜十五斗, 乾虎肉全體二就付, 左衛門大郞使人左衛門三郞及藤次

이해 이예는 이와미주와 쓰시마 양쪽의 사물관압사 대호군이라는 관직에 올랐다. 쓰시마가 조일관계에서의 가장 중요한 거점이었다는 것은 이 기술에서도 쓰시마주 태수인 소 사다모리(宗貞盛, 1385~1452)의 모친과 조부의 서거 즈음하여 왕으로부터 애도의 말과 함께 많은 부의금이 지급된 것으로도 드러난다. 이 기사 중에 이와미주 나가하마(長浜)의 이나바노가미(因幡守)에 보낸 서장도 수록되어 있다는 것은 이예가 이와미주 사람들의 두터운 환대를 왕에게 보고하여 그 결과로 예조 좌랑이 '본국의 태풍을 만난 사람들과 전문관이 도성으로 환송된 것에 깊이깊이 감사한다'고 표현한 것을 시사한다. 그리고 이예가 이와미주와 쓰시마의 사물관압사 대호군을 겸직한 것은 이와미주가 쓰시마와 동일할 정도로 중요한 장소로 인식되었다는 것의 또 하나의 표현일 것이다.

여기서 『조선왕조실록』에 수록된 이예의 관직에 대해 정리해 보자. 처음 나오는 1397년부터 1432년까지를 조사해 보면 '기관(記官)'(1397), '일본회례사'(1406), '전호군'(1410, 1416), '류큐국통신관전호군'(1416), '사직(司直)'(1416), '대마도경차관(對馬島敬差官)'(1418), '군기부정(軍器副

郎等前去, 惟照領。禮曹佐郎愼幾答對馬州 左衛門大郎書曰, 本國遭風人等, 專人解送, 深謝深謝。茲將土宜白細綿紬一十匹, 白細苧布黑細麻布各五匹, 燒酒三十瓶乾柿子三十貼, 松子黃栗大棗各三十門乾大口魚二百首, 乾靑魚五百首, 委差大護軍李藝齋去, 惟照。今送因幡守處書契并土宜, 差付藤次郞及回去左衛門三郞等 轉送爲幸。愼幾答對馬州 宗彦七書曰:自從先世, 輸誠來附。本曹敬奉王旨, 差大護軍李藝, 齋土宜糙米平四十石前去, 惟照領。慈堂及祖母處付送土宜, 具在別幅, 一一轉上爲幸。慈堂糙米平四十石, 乾柿子二十貼, 乾大口魚二百首, 燒酒一十瓶、乾靑魚三百首, 淸蜜三門, 松子黃栗大棗各十五門, 茶食桂各二角。致書於對馬州 越浦 藤次郞曰, 本國遭風人一十名, 厚接以送, 爲慰。土宜綿布五匹, 至可領也。禮曹參議柳季聞致書於對馬州太守宗貞盛曰, 今因左衛門大郞使人, 得聞祖母及慈親奄逝, 謹具啓聞, 上心軫悼, 命差大護軍李藝, 齋糙米一百石, 豆五十石, 紙二百卷, 白細綿紬白細苧布各一十匹, 乾柿子五十貼, 松子三石, 大棗黃栗各二石, 前去致賻, 惟照領。

正)'(1420), '일본회례사부사'(1422), '일본국회례사부사호군'(1423), '호군(護軍)'(1424.1.), '일본국회례사부사'(1424.1.), '일본국회례사부사대호군'(1424.2.), '시위사대호군(侍衛司大護軍)'(1424.2.), '일본국회례사부사대호군'(1424.12.), '대호군'(1426.1.), '관압사'(1426.2.), '이와미주·쓰시마사물관압사대호군'(1426.2., 5.), '대호군'(1427), '회례사'(1428), '일본통신사부사대호군'(1428), '대호군'(1430), '통신사부사'(1430), '상호군'(1432)으로 되어 있다. 이 중에서 지명이 부여된 것은 일본, 류큐, 이와미주, 쓰시마 밖에는 없다. 1426년 2월에 '이와미주'가 '쓰시마'와 병치되어 '사물관압사 대호군' 앞에 붙여진 것은 극히 이례적이다. 다른 관직명이 대체적으로 '회례사', '부사', '대호군' 등으로 간결하게 표기되고 있는 것에 비해 '이와미주' 이름을 일부러 붙인 것은 1426년 당시 역시 이와미주에 대한 조선왕조의 특별한 생각이 있었다는 것을 시사한다.

그렇다고는 해도 본래 쓰시마와의 통호 임무를 맡은 이예를 어째서 일부러 '이와미주'의 책임자에 발탁한 것일까? 『조선왕조실록』 태종 14년(1414) 8월 7일조에는 일본에서 오는 사신 105명[33]이 울산에 와서 범종을 구했는데 대응이 늦어져 화가 나 검을 빼어 난폭한 행동을 했다는 폭행사건의 전말이 기록되어 있다. 이 기록에 의하면 태종은 항왜(降倭: 조선에 투항한 일본인)인 지온(池溫)을 소 사다시게에게 파견하여 금후는 일본 국왕(아시카가 쇼군), 쓰시마, 오우치도노(大內殿), 쇼니도노(少貳殿), 규슈절도사(탐제) 등 10개소 이외의 도항을 제한하는 통달을 시행했다. 또한 같은 해 같은 달에 오우치씨의 사신 30인이 김해부에

---

33 『조선왕조실록』 태종 14년(1414) 8월 7일조: 대마도 종정무의 사인 34명과, 소이전의 사인 31명과, 일기주의 사인 20명과, 일향주의 사인 20명 아울러 1백 5명(對馬島主宗貞茂使者三十四名, 小貳殿使者三十一名, 壹岐使者二十名, 日向州使者二十名 合計百五名).

서 폭행을 저지른 사건 등 사선(使船)이나 상선의 왕래가 점점 심해짐에 따라 왜구의 피해가 확대되었기 때문에 세종은 즉위한 원년(1419)에 쓰시마 정벌(오에이[應永]의 왜구)을 결행하여 왜인 대책의 근본적 개혁을 시도했다. 그러나 결과는 좋지 못하여 왜선의 도항은 더욱 심해졌다. 그래서 아시카가 쇼군의 통신에 응하는 형태로 세종 6년(1424)에 파견된 것이 회례사상호군인 박안신과 부사대호군인 이예였다.[34] 즉 장을부 일행이 표착하기 전년, 이예는 왜인 및 왜구대책의 최전선에서 활동하던 관리였다. 그 시기에 장을부 일행이 이와미주에 표착한다. 조선왕조로서는 일찍이 17년 전인 1408년에 이예가 이와미국에 표착한 즈음에 오우치씨의 두터운 환대를 받고 송환된 것을 상기했을 것이다. 일본과의 외교관계 개선이라는 아주 긴요한 과제의 대응이라는 점에서 생각해봐도 당면한 표류민 송환 반례(返禮)의 사신에 어울리는 인물로 오우치씨와 양호한 관계를 맺고 있던 이예를 특별히 골라 뽑은, 아니 이예 이외에는 생각할 수 없었던 것이 아닌가 생각된다.

따라서 1426년부터 개시된 스후씨의 조선 교역도 이와미주, 쓰시마 사물관압사 대호군이었던 이예가 오우치씨가 없는 이와미주의 통교 상대로서 스후씨를 인정했기 때문에 실현되었다고 생각하는 것이 자연스러울 것이다. 장을부 일행의 표착 자체는 우연이었는데 그 송환에 따라 스후씨가 조선 교역을 개시할 수 있었던 것은 오우치씨와 조선과의 강한 결속, 그리고 오우치씨와 특별한 신뢰 관계에 있었던 이예의 활약을 빼고는 생각할 수 없다. 기록에는 남아 있지 않지만 이예의 노력이 있었기 때문에 스후씨는 세종 8년(1426) 11월에 주완(朱椀) 201개, 녹칠(漉漆) 10통, 납초(蠟燭) 50자루를 바치고 답례로 정포(正布) 29필,

---

34 中村榮孝, 「歲遣船定約の成立－十五世紀朝鮮交隣體制の基本約條」, 『日鮮關係史の 研究』 下, 吉川弘文館, 1979, 2~3쪽.

저마포(苧麻布) 각 10필, 만화석(滿花席) 10장, 호피와 표피 각 2장, 인삼 20근(斤), 잣 20두(斗), 소주 30병을 손에 넣을 수 있었다.[35]

4. '이와미주'와 이예의 유대(그 2)─세종의 생각

『조선왕조실록』 세종 10년(1428) 11월 26일 갑술 세 번째 기사에 다음과 같은 유명한 기술이 있다.

> 예조에서 일본통신사 박 서생의 수본(手本)에 의하여 계하기를
> "대내전(大內殿)은 그 선대로부터 성심으로 우리나라를 섬겨 왜적의 무리들을 금제하였고 무자년에 통신부사 이예가 해상에서 바람을 만나 석견주에 표류하여 사경에 이른 것을 대내전이 진심으로 구호하였으며, 식량 40석과 배 값으로 돈 1백 관(貫)을 주어 선척을 수리하여 호송하였고, 매양 본국 사신의 행차가 있으면 해적들이 출몰하는 중요한 곳을 모두 호송하게 했는데, 이제 드디어 구주를 탈취 점거하여 여러 섬을 총괄하여 거느리고 있어 다른 왜인 추장과 유사하지 않습니다. 소이전(小二殿)은 그 본토를 잃고 국지(菊池)에 기생하는데다가 또 이미 양미(糧米)와 잡물을 후히 내리셨으니 청하건대 소이전에 내리실 물품을 대내전에게 옮겨 내리시되 표피 1장, 호피 2장, 세주(細紬)·저포(苧布) 각 5필, 채화석(彩花席) 5장을 더하여 내려 주십시오" 하니,
> 명하여 대내전에 보낼 물건은 계청한 대로 수량을 더하여 보내고 소이전에 내려 보낼 물건도 또한 전례에 의하여 보내게 하였다.[36]

---

35 『조선왕조실록』, 세종 8년(1426) 11月28日 제2조: 日本石見州周布因幡刺史藤觀心 (周布兼仲을 지칭. 세키 슈이치, 앞의 논문, 232쪽 참조) 遣書記景雅, 奉書謝賜物, 仍獻朱椀二百一箇, 漉漆一十桶, 蠟燭五十炷, 回賜正布二十九匹, 苧麻布各十匹, 滿花席十張, 虎豹皮各二領, 人蔘二十勉, 松子二十鬥, 燒酒三十瓶。

36 『조선왕조실록』, 세종 10년(1428) 11월 26일 갑술 세 번째 기사: 禮曹據日本通信使 樸瑞生手本啓, 大內殿自其先世, 誠事我國, 禁制賊倭。戊子年, 通信副使李藝, 遭風

박서생의 보고 내용은 같은 곳 제2조에 기록되어 있는데 일본통신사 대사성인 박 서생과 함께 이예는 부사대호군으로 쇼군이 아시카카 요시모치(足利義持, 1386~1428)에서 요시노리로 바뀐 것의 조문과 경하를 위해 일본사행에 참가했다.[37] 그 보고를 받아 예조가 세종에 오우치씨에 보내는 하사물을 늘이도록 제안하고 있는데 여기에 굳이 20년 전의 에피소드를 끄집어내 '무자년(1408)에 통신부사 이예가 태풍을 만나 이와미주에 표착하여 몇 명인가 사망했는데 대내전(오우치도노)이 마음을 다하여 구호하고 양미 40석과 선가전(船價錢) 100관을 주어 장선(粧船)으로 호송해 주었습니다'라고 왕에게 설명하는 것이 주목된다. 세종은 1418년에 즉위하여 이 시기 32세로 젊었기 때문에 일부러 1408년의 에피소드를 소개했을 것이다. 이예와 오우치씨의 특별한 관계는 세종대가 되어서도 계승된 것이다.

실제 이 예조의 설명은 세종의 뇌리에 깊이 박혔을 것이다. 4년 후의 『조선왕조실록』 세종 14년(1432) 12월 11일조에 다음과 같은 기록이 있다.

> 이와미주의 등관심(藤觀心: 스후가네나카)[38]이 사람을 파견하여 지역 산품을 헌상하러 왔다. 회사로 정포 30필을 주었다.[39]

漂到石見州幾死, 大內殿盡心救護, 給糧米四十石, 船價錢一百貫, 粧船護送。每當本國使臣之行, 於賊路要害之處, 悉令護送, 今乃專據九州, 摠領諸島, 非他酋倭之比。若小二殿則失其本土, 寄生菊池地, 且今已厚賜糧米雜物。請以賜小二殿之物, 移賜大內殿, 加賜豹皮一張、虎皮二張、細紬苧布各五匹、彩花席五張。命大內殿所送物件, 依所啓加數, 小二殿賜送之物, 亦依舊例贈之.

37 三宅英利, 『近世日朝關係史の硏究』, 文獻出版, 1986, 88~89쪽 및 須田牧子, 『中世日朝關係と大內氏』, 64~65쪽.

38 關周一, 「中世山陰地域と朝鮮との交流」, 『島根史學會硏究報告』 第一輯, 1994, 232쪽.

39 『조선왕조실록』 세종 14년(1432) 12월 11일조: 石見州藤觀心, 遣人獻土宜, 回賜正布三十匹.

또 세종 15년(1433) 7월 22일조에 다음과 같이 기재되어 있다.

> 임금이 말하기를 요전까지는 왜인들의 상당히 많이 오더니 근자에는 어찌 전과 같지 아니한가 하니, 신상(申商)이 아뢰기를 구주 지방에 난리가 나서 저희끼리 서로 죽이고 싸우기 때문에 내왕이 드무옵니다 하였다. 임금이 말하기를 예전에 우리나라에서 심부름 보낸 사람이 무릉(茂陵)으로 가다가 바람을 만나서 왜국에 표착하였던바 왜국에서 모두 보호하고 구휼하여서 보냈었는데 내가 어느 섬사람인지 그것을 잊었노라하니, 상(商)이 아뢰기를 석견주 사람이옵니다 하였다. 임금이 말하기를 그 후에도 서로 내왕이 있는가 하니, 상이 대답하기를 한두 차례 본국에 왔었는데 본국에서 후대하여 보냈사옵니다. 근래에 오지 않는 것은 대개 왕래하기가 위험하기 때문일 것입니다 하였다.[40]

세종은 '이와미주'라는 이름은 잊었지만 거기서 본국의 사자(이예)가 많은 사람들의 두터운 보호를 받아 조선에 귀환한 것을 기억하고 있었다. 그래서 오우치씨의 조선 통교가 끊어진 것은 오히려 오우치씨에 대한 평가를 높이는 것이 되었다. 그 이유를 스다 마키코는 "통교 단절기의 오우치씨가 쇼니씨를 내모는 규슈의 전투 상황에 관한 정보와, 호송자로서의 오우치씨의 중요성에 대한 인식과, 실제로 일본을 방문한 조선국왕사들의 보고는 오우치씨의 실력에 대한 조선의 평가를 높여 오우치씨에 대한 대우 상승을 낳았다"고 설명한다.[41]

---

40 『조선왕조실록』 세종 15년(1433) 7월 22일조: 上日, 前此倭客之來頗多, 近者何不如前, 申商啓日, 九州兵亂, 自相誅戰, 故來往稀罕. 上日, 昔者本國使人往茂陵, 遇風漂於倭國, 倭國悉皆護恤而送. 予忘之, 何島人也, 商啓日, 石見州人也. 上日, 其後相通乎, 商對日, 其後一二度來本國, 本國厚待而送, 近來不來, 蓋因往來之險也. 더욱이 이 세종의 기록에 관해서는 이미 스기하라 다카시의 논문(1977) 및 나이토 세이추(內藤正中)의 「地方大名の朝鮮王朝との通交」(1993)에 게재되어 있다.

41 須田牧子, 『中世日朝關係と大內氏』, 65쪽.

오우치씨와의 관계를 강화하기 위한 키퍼슨(Keyperson)으로 이예의 존재가 있었다는 것을 잊어서는 안 될 것이다.

그러나 이 무렵 일본인의 통교자 수가 급증하여 조선 정부는 통교 제한을 하지 않을 수 없게 된다. 예를 들어 오에이(應永)의 왜구(1419) 후, 규슈탐제 시부가와씨나 쓰시마도주 소씨에 서계(도항허가서) 발행권을 주어 통행자에게 그 소지를 의무로 하거나 세종 8년(1426)에는 쓰시마도주 소씨에 문인(文引: 도항증)의 발행권을 주어 동일하게 소지하도록 하여 도항을 제한하려 했는데 대부분이 효과는 없었다고 한다. 특히 스후씨는 서계나 문인의 소지를 실행하지 않았을 뿐더러 위조한 서계를 소지한 적도 있었다.[42]

이러한 우려되는 사태에 대처하기 위해 또다시 이예를 불렀다. 『조선왕조실록』 세종 21년(1439) 9월 10일조에 다음과 같이 기재되어 있다.

신이 진강차랑(津江次郎)에게 이르기를, '종정성(宗貞盛) 등이 본도(本島)에 편안히 살면서 그 생을 즐기는 것은 오로지 우리나라의 은덕인데, 이것을 돌보지 않고 석견주 등처의 잡인을 모두 서계를 주어서 보내니, 이것은 장원(長遠)한 계책이 아니요, 또 종공(宗公)이 혹 본도에 편안히 살지 못할까 염려된다.' 하였더니 대답하기를 '우리 섬이 대내전의 박해를 받아 돌아갈 곳이 없어 오로지 성상의 덕택만 쳐다보는 것이요, 또 왜인들이 도망하여 숨어서 나와 우리 육지로 옴으로, 도주가 도로 내쫓지 못하니, 서계를 발급하는 것은 사세부득이한 것이라.' 하였습니다. … 라고 아뢰었습니다.[43]

---

42 關周一, 「中世山陰地域と朝鮮との交流」, 233~234쪽.
43 『조선왕조실록』 세종 21년(1439), 9월 10일 을묘 5번째 기사: 僉知中樞院事李藝啓, 臣謂津江次郎曰, 宗貞盛等安居本島, 以樂其生者, 專是我國家之恩德。 不此之顧, 石見州等處雜人, 皆給書契以送, 是非所以長遠之計, 且慮宗公或不得安居本島也。 答雲, 我島迫於大內殿, 無所歸處, 專仰上德。 且倭人等逃匿出來, 投我陸地, 島主不得

당시 이예는 69세로 일찍이 스후씨의 조선 통교 실현에 관여하고 있었다고 한다면 이러한 스후씨의 일탈행위는 용서하기 어려운 것으로 비쳐졌을 것이다. 이러한 분노가 '이와미주 등 각지의 잡인'이라는 표현을 만들었을지도 모른다. 스후씨는 세종 29년(1447)이 되어 드디어 조선왕조로부터 도서(圖書: 통교자의 이름을 새긴 은제의 사인)를 받아 세견선 정약(연간 도항선의 수를 제한하는 규칙)을 맺어 조선과의 안정적인 통교권을 획득하게 되는데 이 당시 규칙을 지키지 않은 것으로 악명이 높았던 듯하다.[44] 세종이 스후씨를 이와미주의 호족으로 알고 있었다고 한다면 무엇을 생각했을 것인가?

5. 에도시대의 조선과 이와미의 유대

에도시대가 되자 막부로부터 종종 이국선 표착에 대한 번소설치, 구제방법, 나가사키의 호송 등과 관련된 명령이 내려져[45] 산인(山陰)지방의 해안에서도 번소가 설치되어 간다. 이와미 지방에서는 하마다번에 마스다센푸쿠지(益田專福地), 미스미(三隅), 세토가시마(瀬戸ヶ島), 도노

還黜, 其給書契, 勢不獲已也.

44 關周一, 「中世山陰地域と朝鮮との交流」, 234쪽.
45 스기하라 다카시는 『通航一覽』卷200과 부록 권1을 들고 있다. 권200은 전부 중국인 표류민 단속법에 관한 것이며 또 부록 권1은 남만선(네델란드선)이나 기리시탄에 관한 것이어서 어느 것도 조선인 표류민에 관한 것은 아니다. 한편 『통항일람』권136에는 조선인 표류민의 처우에 관한 기술이 게재되어 있다(『通航一覽』第4, 淸文堂出版, 1913, 1~2쪽). 여기에는 「간에이 7(寬永七, 1710) 병인년, 순검사(巡檢使)에 답하는 개조서중(箇條書中)」과 「안에이(安永) 원년(1772) 임신년, 쓰시마 교역 방법 전달 및 탐색고요고후신야쿠(探索禦用禦普請役) 사쿠마 진파치(佐久間甚八) 書上」이 나와 있는데 "사령 내에 표착하면 편리한대로 보낼 것"이라는 간단한 지시와 나가사키와 쓰시마를 경유하여 부산에 송환한다는 일반적인 주의 밖에는 기재되어 있지 않다. 이것을 생각한다면 조선인 표류민에 대한 막부로서의 통일적인 규제 등은 정비되어 있지 않았다고 생각해야 할 것이다.

우라(外野浦), 쓰노즈(都野津)에 번소 및 하야미번소(速見番所)가 설치되
고 쓰와노번에서는 다카쓰(高津)에 번소가 있으며 오토시요리(大年寄:
에도막부의 최고위직)가 다카쓰(高津), 모치이시(持石), 기아미(喜阿彌), 도
다(戸田), 오바마(小浜), 이이노우라(飯浦)를 지배하여 그 이전과는 현격
하게 표류민에 대한 경비체제가 정비되었다.[46]

　그런데『조선왕조실록』에는 에도시대의 이와미에 관한 기사가 전혀
보이지 않게 된다. 그 대신『동문휘고』나『표인영래등록』등의 표류민
송환에 관한 전문 기록부가 작성되어 여기에 상세한 기록이 남아 있다.
그래서『조선왕조실록』을 대신하여 조선 측의 이 두 자료를 사용하여
에도시대의 이와미와 조선의 유대를 개관해볼 것이다.

　『동문휘고』는 조선왕조인 인조(재위 1623~1649)에서 고종(재위 1863~
1897) 18년에 이르는 대청, 대일 관계 등의 외교문서를 정리 수집하여
간행한 외교사료이다.[47] 그 중에 조선 표류민에 관한 문서는 '표민(漂
民)'으로 분류되어 있으며 부록편의 표민1(권29)-7(권34)에 우리 국인
(我國人: 조선인)이 일본에 표착한 사례가 수록되어 있다. 각 사례는 먼
저 보낸 쪽인 쓰시마도주의 〈도주표민출송서〉의 개요가 기재되고 그
후에 수용 측인 조선 예조의 〈예조참의답서〉가 부재되는 형식으로 통
일되어 있다.

46　杉原降,「日朝交流史における山陰海岸の位置」, 5쪽.
47　『동문휘고 1』(國史編纂委員會, 1978)〈서〉에 의하면 조선왕조의 대외관계문서를 정
　리 수록하여 간행한 문적으로는『교사촬요』,『통문관지』,『증정교린지』등이 있는데
　『동문휘고』처럼 포괄적인 것은 아니다.『동문지』는『승문원등록』안에 외교문서를
　정리 수록한 것으로 세조 12년(1788)에 간행된 초편 60책과 철종, 고종 대에 편찬되
　어 간행된 속편 36책으로 나뉘어 있다.『동문휘고』는 초편, 속편을 합하여 전체 96책
　의 방대한 책이며 조선왕조시대의『조선왕조실록』을 잇는 간행 문적이며 문건의 수
　록, 문서의 정리, 간행 등에 이르기까지 신중 혹은 정밀한 계획 아래 이루어진 외교
　문서의 집대성이라 할 수 있는 자료라고 되어 있다.

이 보고서를 통독해 보면 표류민을 송환해준 표착지에 대한 조선
예조가 외교사령으로 우의적인 표현을 부가한 것이 일반적이다. 그 중
에 특히 후의를 베풀어준 경우는 '이웃으로서의 우의를 느낀다'라는
의미를 담은 '인호지의(隣好之誼)' 혹은 그 생략형인 '인의(隣誼)'라는 표
현이 이용된 것이 주목된다. 각 표류지의 전 사례 보고서를 차지하는
'인호지의', '인의'의 비율을 조사해보면 많은 조선 표류민이 표착한 지
역 중에서 이와미 지방은 '인호지의', '인의'라는 용어로 우호관계를 표
기한 비율이 가장 높은 지역이었다.[48]

---

48 井上厚史, 「石見への朝鮮漂流民について」, 飯田泰三 編, 『北東アジアの地域交流』,
國際書院, 2015, 78~84쪽. 또한 이와미를 이어 비율이 높은 지역은 이즈모(出雲),
히라도(平戶), 고도(五島)(이키는 표착 건수가 적기 때문에 생략했는데 '인의'적 표현
의 비율만으로 본다면 가장 높다)이며, 이러한 지역의 송환 체제는 쓰시마 보다도
보다 '인의'적 인상을 준 것이었다고 생각된다. 『동문휘고 3』 권29~34에 게재된 사
례 중에서 '인호지의(隣好之誼)', '인의(隣誼)'라는 표현이 각 표류지의 전 사례에서
차지하는 비율을 산출하면 이하와 같다.
〈'인호지의', '인의'가 점하는 비율〉

	전체 건수	해당 사례	비율(%)
岩見	37	24	65
出雲	16	10	63
隱岐	7	1	14
伯耆	1	0	0
對馬	110	56	51
壹岐	5	4	80
長門	76	31	41
築前	23	11	48
築後	1	0	0
五島	40	22	55
肥前	19	9	47
平戶	7	4	57
肥後	1	0	0
薩摩	16	7	44
三島	1	0	0
琉球	2	0	0
駿府	1	1	100
蝦夷	1	1	100

구체적으로 어떻게 표현되어 있었는지를 개관하기 위해 이하의 두 사례를 소개해 보자.

하나는 〈갑신(1704) 도주출송표민서〉[49]이다.

표류민은 한두 번이 아니지만 송환하는 것을 언제나 마음에 새겨 잊지 않고 있다. 이번에 한 사람이 또 연민의 정을 얻어 의복과 식량을 얻고 배를 수선해 주었다. 오직 영내 백성들은 호송하여 고향에 돌려보내 주었다. 인호의 의가 오래도록 또한 깊고 두터운 것을 확인하고 또 훌륭한 선물에 대해 감사한 마음이 끊이지 않는다.[50]

전라도 낙안군의 주민 10명이 11월 9일에 이와미 구시로우라(久城浦)에 표착하여 배는 파손되었다. 진리(津吏, 쓰리)가 도와주고 주목(州牧, 슈보쿠)은 특히 불쌍히 여겨 배의 도구나 물품을 나가사키의 청사(廳司)로 보냈다. 이에 대해 예조 참의는 '인호의 의가 오래도록 또한 깊고 두터운 것을 확인'했다고 말하고 있다.

두 번째는 〈정유(1717) 도주출송표민서〉[51]이다.

표류민은 구제를 받은 후에 이번에도 호송하여 돌려보냈다. 참으로 이웃의 정에서 나온 행동이며 은혜에 대한 감사한 심정을 다할 수가 없다.[52]

---

49 『동문휘고 3』, 2340쪽.

50 〈갑신(1704) 도주출송표민서〉: 漂海之氓, 前後非一, 而輒蒙解送, 常用感篆. 今玆十口又勤拯濟, 接與衣糧, 繕完舟楫, 帶價護送, 俾還故土. 可見隣好之誼久而深篤, 嘉貺之餘, 欣謝無已.

51 『同文彙考 3』, 2355~2356쪽.

52 〈정유(1717) 도주출송표민서〉: 漂民旣蒙拯濟, 又勤護還, 寔出隣誼, 感荷不已.

경상도 김해의 어민 7명이 태풍을 만나 12월 2일에 이와미주 오타니우라(大谷浦)에 표착하자 영주가 불쌍히 여겨 그들을 나가사키의 청사로 보냈다. 이에 대해 예조참의는 "실로 이웃의 정에서 나온 행동이며 은혜에 대한 감사한 심정을 다할 수 없다"고 칭찬한다.

290여 년이나 이전인 세종 7년(1425) 12월 28일에 장을부 일행이 이와미주에 표착했을 때 이와미주의 어민이나 영주가 '한 사람의 일본인이 있는데 고기를 잡다가 발견하여 우리들을 어느 절로 데리고 갔다. 떡이나 차, 죽, 된장 등을 주고 먹게 하고는 순도로(順都老)가 있는 곳까지 데려다주었다'는 대응이 『조선왕조실록』에 기록되었다. 현재 연구자의 견해에서는 이 대응은 스후씨가 통호권(무역권)을 확보하려는 정책에 의한 것이었다고 해석하는 것이 일반적으로 되어 있다. 하지만 반드시 그러한 정치적 판단으로만 해석할 것은 아니라고 생각되는 것은 이 두 가지의 사례처럼 18세기가 되어서도 이와미주 영민이 조선인 표류민에 동일하게 후한 보호를 베푼 것이 기록으로 남아있기 때문이다. 이 당시 조선인 표류민을 후하게 보호했다고 하여 어떤 새롭게 얻을 수 있는 이권은 아마도 없었을 것이다. 그러면 왜 그들은 후한 보호를 한 것일까?

또 하나의 다른 사례를 들어보자. 출전은 『표인영래등록』이다. 『표인영래등록』은 인조 15년(1641)부터 영조 27년(1751)까지의 조선인 표류민의 송환에 관계한 일본인 관리(영래차왜)의 보고를 예조전객사에서 이두(吏讀: 조사나 조동사 등의 접미어 부분을 특수한 한자표기를 사용하여 기록한 쓰기법)라는 특수한 표기법으로 서사한 것이다. 그 안에서 무진(1688) 4월 20일 〈동래부사 이덕성 경상감사 이세도장(東萊府使 李德成 慶尙監司 李世茶狀)〉을 소개해 본다.

작년 9월 19일, 선부의 김수현과 다른 5명이 염석(鹽石)을 입수하여 거래를 하려고 싣고 경주로 가서 생선과 교환하여 돌아올 때 10월 24일 장기(長鬐: 경상북도 포항지역의 옛 호칭)에 다다를 무렵 돌연 광풍을 만나 비와 눈이 서로 몰아쳐 해상을 6일간 떠돌다 같은 달 말에 일본 지방의 이와미주에 표착했다. 거기서 선부가 먼저 하선했는데 풍파를 만났기에 배로 돌아가려 하자 또다시 풍파에 휩쓸려 배는 격파되었다. 네 명 중 어떤 자는 부서진 노에 매달리고 어떤 자는 부초에 묶여 모두 해안에 표착했다. 그러자 일본인이 어떤 자는 업고 어떤 자는 어깨에 메고 집으로 옮겨주었다. 먼저 따뜻한 물을 마시게 하고 다음에 죽을 3일 동안 먹게 한 후에 처음으로 따뜻한 밥을 먹었다. 드디어 살아났을 때 그곳의 영주가 모두에게 입을 옷을 지급해 주었는데 선부 한 사람이 아직 돌아오지 않았다는 것을 일본인에게 전했다. 그러자 11월 10일에 시체를 찾아 주었다. 수염이나 머리의 손상이 심해 판별이 어려웠는데 허리에 찬 것이나 삼베로 된 버선이 확인되었기 때문에 시체를 나무로 된 목관 통에 넣게 했다. 같은 달 16일 이와미주에서 나가사키로 보내졌다.[53]

태풍에 휩쓸린 배가 10월 말에 이와이주에 표착했을 때 '일본인이 어떤 자는 등에 업고 어떤 자는 어깨에 메고 집으로 데려왔다. 먼저 따뜻한 물을 마시게 하고 이어 죽이 3일 간 계속된 후에 따뜻한 밥을

---

53 〈東萊府使 李德成 慶尙監司 李世茶狀〉: 上年九月十九日, 與沙工金壽玄竝五名, 貿得鹽石, 興販次載, 往慶州地. 換貿於魚回來之際, 十月二十四日, 到長鬐近處, 猝遇狂風, 雨雪交作, 漂蕩洋中六日簡, 而同月之晦, 到著日本地方石見州, 則沙工先目下陸爲如可, 爲風波所掩, 而所乘舡雙, 又爲風波激破乙仍於, 四人或持蒿櫓, 或抍草苫, 而滿著於沙工岸. 則日本之人, 或負或攜搬到其家. 先飲以湯水, 次以糜粥三日後, 始食熱飯, 僅得回蘇之後, 其處太守各給襦衣一領是去乙, 沙工一人弇死之由言及倭人, 則十一月初十日釣得屍身, 以來顏髮面目損傷難弁, 而腰帶布襪尙存乙仍於, 屍身藏在木桶是如爲齊, 同月十六日, 自石見州送往長崎. 奎章閣資料叢書, 『漂人領來謄錄』二, 서울대규장각, 1993, 288~289쪽.

먹었다. 드디어 살아 돌아왔을 때 그곳의 영주가 모두에게 입을 옷을 지급해 주었다'고 기록되어 있다. 이것도 이해관계로는 설명할 수 없는 대응일 것이다. 그리고 동료 한 사람이 아직 살아 돌아오지 않은 것을 고했을 때 이와미주의 어민이 10일 간 수색한 끝에 시체를 바다에서 꺼내어 '수염이나 머리의 손상이 심해 판별이 어려웠지만 요대나 삼베로 된 버선이 확인되었기 때문에 시체를 나무로 된 목관 통에 넣을 수 있었다'고 한다. 죽은 사람에 대한 국적을 초월한 자연스러운 대응으로 생각해야 할 것이다.

스후씨라는 이와미주의 호족이 이권을 구하여 조선인 표류민에 과잉 접대를 했다는 것은 충분히 생각할 수는 있다. 그렇다고는 해도 같은 어업을 하는 어부들은 이해관계 없이 겨우 숨이 붙어 해변에 표착한 조선인 표류민을 소중하게 돌보고 영주도 안타까운 마음에서 의복과 음식을 지급한 가능성을 부정할 수 없다.

한편 에도시대의 일본 측 사료로 1850년에 대학두 하야시 소켄(林壯軒, 1828~1853), 식기부의 쇼우(式部少輔)였던 하야시 후쿠사이(林復齋, 1801~1859)가 주재하고 1566(永祿 9)~1825(文政 8)년의 사료를 수록한 대외교섭 관계 사료집인 『통항일람(通航一覽)』 350권(부록 23권)이 있다.[54] 그 중에 권25-137이 조선국 관계 사료이며 권136에는 조선인 표착관계사료가 수록되어 있다. 수록된 사료는 전부 6건인데 몇 가지의 사료를 고증하여 확실하게 조선인의 표착이라 인정된 것이 수록되어 있다. 6건 중에 2건이 이와미 관계자료인데 1635년(관영 12)과 1659년(만치 원년)의 기록이 있다. 전자는 권136의 권두에 게재되어 있는데

---

54 페리 내항을 계기로 1853년에 미야자키 세이신(宮崎成身)과 하야시 오케이(林鶯溪)가 주재자가 되어 통편을 계획하여 1856년에 『通航一覽續輯』 152권(부록 36권)이 완성되었다.

일본 측의 쓰시마 태수 소 요시나리(宗義成)의『이국출계(異國出契)』와 조선 측의 예조참의 이덕수의『이국일기(異國日記)』의 두 사료가 기재되어 있기 때문에 아래에서 인용해 본다. 또한 한문 사료는 지금까지 마찬가지로 현대어로 번역한 것을 게재한다.

간에이(寬永)12 을해년(1635) 5월, 이와미국에 표착한 조선국 어민 6인, 쇼호(正保)2 을유년(1645) 표도(漂到)한 어부를(이것은 어떤 나라에 표착이 있는지 상세하지 않다) 쓰시마국에서 돌려보낸다.

간에이12 을해년(1635)
일본국 쓰시마주 태수 슈이(拾遺: 시종) 소 요시나리(平義成)가 조선국 예조 대인에게 써서 올립니다.

작년 초겨울, 귀국민의 어업을 생업으로 하는 자 4명이 본주의 석주 가까운 포구에 표착했습니다. 번주【생각해보니 이와미국의 쓰와노와 하마다의 두 영주 중에 어느 쪽인지는 분명하게는 모른다】는 식량과 의복을 지급하고 배와 삿대를 보수하여 먼 길이라 아랫사람에게 쓰시마까지 보내게 했습니다. 그리고 또 그들의 항로를 다시 정비하여 조선의 사자가 오는 것을 기다려 호송했습니다. 자세한 것은 사자에게 들으십시오. 삼가 건강하시길 바랍니다(謹冀炳願). 난필이지만 실례하겠습니다.
을해, 義成『異國出契』[55]

쇼호2, 을유년(1654)
조선국 예조참의 이덕수가 일본국신하 종4위하(從四位下) 시종(侍

---

[55] 『異國出契』, 寬永一二乙亥年, 日本國對馬州太守拾遺平義成, 奉書朝鮮國禮曹大人足下, 客歲初冬, 貴國民生業漁獵者四名, 漂到於本州石州邊浦, 州主【按ずろに, 石見國津和野浜田兩領主のうち, 何れか詳ならず】爲給糧服補舟楫, 遠令使價送逢馬島, 玆又濟其所之, 附何使之便以送邊, 只在使舌, 謹冀炳願, 不宣頓首, 乙亥 義成, 『異國出契』. 『通航一覽』 第四, 1쪽.

從) 쓰시마주 태수인 평(의성)공 합하에 복서를 올립니다. 사자가 와서 표류민을 귀환시켜준 것은 너무나 다행입니다. 바닷가에 사는 어부들은 이문을 쫓아 종종 출항하는데 폭풍 속을 표류하면서 어디라도 나갑니다. 이에 목숨을 부지하는 것이 어려워졌을 때 드디어 귀국에 의해 생명을 보호받아 자비를 베풀어 곧바로 호송해 주셨습니다. 이것은 단지 보잘 것 없는 백성(小民)을 구출하는 어진 은혜를 입은 것만이 아니라 조정이 점점 귀 대군(에도 쇼군)의 신의의 두터움을 아는 것도 됩니다. 이 감사의 기쁨은 측량할 수 없습니다. 쓰시마가 진실함을 다하여 호위하여 송환해 주신 것은 거듭 경복할 일입니다. 진귀한 혜증품까지 보내시니 감격해 마지않습니다. 보잘 것 없는 것이지만 우리들의 감사한 마음을 표하는 것이기에 기쁘게 받아주시면 감사하겠습니다. 끝으로 아직 더운데 유의하시고 자애하시기 바랍니다. 난필이지만 실례합니다.
을유년 6월일 예조참의 이덕수 『異國日記』[56]

1634년 겨울에 이와미주에 표착한 조선인 어부 4명에 이와미 번주가 식량과 의복을 지급하고 배와 삿대를 보수하여 쓰시마까지 보낸 일, 10년 후인 1645년에 쓰시마 번주인 소 요시나리에 예조참의인 이덕수가 복서를 하여 그 편지에 '드디어 귀국에 의해 생명을 보호받아 자비를 다하여 곧바로 호송해 주었습니다'라고 감사의 말이 기록되어 있다. 물론 이것은 중개자의 수고를 얻어 쓰시마번주 앞으로 보낸 서간이지만 그렇다고 해도 이와미국에 표착한 사례에 관한 서신 왕래가 6건 중 2건이나 들어 있다는 것은 『통항일람』이 편찬된 1850년 시점에

---

56 正保二乙酉年, 朝鮮國禮曹參議李德洙, 奉復日本國臣從四位下侍從對馬州太守平公閤下, 槎使之來, 順付漂民, 不勝幸甚, 浜海漁氓, 冒利輕出, 至於颶漂深入理難生全, 乃蒙貴國明弁疑似之跡, 厚加完恤, 登時解送, 不但小民偏被拯濟之仁, 朝廷益知貴大君信義之篤, 感喜何可量也, 貴州致誠護還, 重用歎服, 承惠珍品, 更切感戢, 仍將薄物, 聊表謝忱, 莞領是希, 餘祝愼夏, 自王不宜, 乙酉年六月日, 禮曹參議李德洙.『異國日記』, 1쪽.

서도 이와미주와 조선과의 관계는 특별한 것으로 인식된 것을 시사해 준다.[57]

또 스기하라 다카시(杉原隆)는 막말 시마네현의 번소에 이하와 같은 조선인 단속 촉서(觸書: 후레가키)나 각서(覺書: 오보에가키)가 남아 있는 것을 소개한다.[58]

당국의 포구 등에 지금까지 조선국의 작은 배나 어선 등이 가끔 표착하는 것이 있다. 그 중에 조선선(朝鮮船)으로 보이면 신속하게 도와 배와 인양선 등을 보내 가장 가까운 포구로 인도하고 구제하는 처치를 한다. 배의 상태를 파악하는 대로 후나오모테반쇼(船表番所)에 두라는 명령에 따라 포구에 묶어 두고 오모리(大森) 야쿠쇼(役所)에도 그 내용을 상신하도록 한다. 조선의 배를 살펴봐도 그곳의 것인지 판단이 어려워 다른 곳으로 보내고자 한다면 반드시 상세하게 아뢸 것(가에이 7년(1854), 2월 알림)[59]

당 영포에 조선인 표착 처리의 일(분카12 을해년(1815) 8월)

하나, 표류하는 배가 해역에서 포착되고 그 배가 지방으로 가는 모습을 보는 대로 즉각 문서를 작성하여 포구에서 즉시 내용을 상신할 것

---

57 『통항일람』 권135는 일본인이 조선에 표류한 기록을 수집한 부분인데 그 권말에 "간세이 10(1798) 무오년 10월 27일 쓰시마에서 이와미주 대관소(代官所)에 있는 자 6명을 보낸다. 이들은 모두 5월 17일 조선국 경상도 경주의 감포라는 곳 표착했는데, 그곳에서 쓰시마로 보내고 쓰시마 관리가 동반하여 나가사키로 보낸다 …『나가사키지속편(長崎志續編)』"라는 기록이 있다(『통항일람 3』, 618쪽). 권135 및 권136의 기록 방법을 생각해본다면 막부는 이와미주를 조선과의 특별한 관계를 갖는 중요한 번(藩)이라 간주했을 가능성이 높다고 생각된다.

58 杉原隆, 「日朝交流史における山陰海岸の位置」, 5쪽에서 재인용. 또한 통독의 편리를 위해 독음을 붙였다.

59 출전은 『異國船渡來之節郡中浦々取締被仰出候禦ヶ篠書小前一同諸印帳/大浦湊』(林家文書: 島根大學圖書館藏).

하나, 대관(代官)이 선견번(船見番) 중에 조속히 파견 나온 무라야쿠
닌이 출두하여 표류한 배가 지방에 드디어 접근해 가면 포구에 있는
관리 모두를 차출하여 힘을 보태 붙잡아 두고 조속히 상륙하도록 적절
하게 조치하는데 별다른 사항이 없이 상륙하면 그 내용과 몇 명인지를
작성하여 상신할 것.

부(附), 상륙하면 가까운 곳의 인가로 데리고 가서 감시자를 붙여 둘
것. 또한 승조인 중에 병이 난 자 등이 있다면 의사에 알려 치료하여
조금이라도 방심하지 말고 마음을 쓸 것.[60]

'조선의 배로 보이면 신속하게 도와 배와 인양선을 보내 가까운 포구
로 인도하고 구제하는 처치를 할 것'이나 '조속히 파견 나온 무라야쿠
닌(관리)이 출두하여 표류한 배가 지방으로 드디어 접근해 가면 포구에
있는 관리 모두를 차출하여 힘을 써 붙잡아 두고 조속히 상륙하도로
적절하게 조치한다'는 기술은 일찍이 장을부 일행이 이와미주에 표착
한 『조선왕조실록』 세종 7년 12월 28일의 기술을 상기시킨다. 이예가
죽은 지 이미 400년이 지났음에도 이와미주 해안에서 이전과 마찬가
지로 조선인 표류민을 후하게 보호한 기록이 남아 있는 것은 단순한
우연일까?

스기하라는 "에도시대 조일간의 표류, 표착의 역사를 일람하여 말
할 수 있는 것은 중·일 간에 있었던 당선타불령(唐船打佛令: 중국선 추
방령)처럼 불행한 처치의 시기도 없이 구제, 보호, 송환 모두 정중하며
그것도 표착의 현지 등 인간적 교류가 농후하여 지금에서 봐도 뭉클
하게 한다는 점, 또 산인(山陰)과 표류 표착 관계에서 조선으로 연결되
는 지점이 경상도 울산 부근을 중심으로 한다는 것, 이 지역이 고대

60 출전은 「郡中諸向取計覺」, 『新修島根縣史』 資料編(3), 島根縣, 1965, 598쪽.

신라 요지의 일각이라는 것은 자연의 해도를 이용하여 고대에 신라와
의 관계를 산인 지방에서 찾는 설들에 고개가 끄덕여진다"[61]고 기술하
고 있다.

스기하라의 추론에 의하면 울산이 '산인과 표류 표착 관계에서 조선
으로 연결되는 지점'의 중심이었던 원인으로 '고대 신라 요지의 일각'
이었다는 것에서 찾고 있다. 지금까지의 고찰로 생각해 본다면 오히려
이예의 출신이 울산이었다는 것, 그리고 이예가 이와미주에 표착한 이
래 울산과 이와미주의 특별한 신뢰 관계의 존속이 관여한 것으로 생각
된다.

중세에 오토모씨가 이와미주를 통치하고 이예가 그 일각에 표착한
이래 실로 400년간에 이르는 이와미 사람의 조선인 표류민에 대한 특
별한 친근감이나 경의가 존속하고 그것이 조선왕조 측에 '린의'라는
표현을 사용하게 하는 등 이 둘은 일찍이 두터운 신뢰관계로 맺어져
있었던 것은 아니었겠는가?

6. 맺음말

이예는 『조선왕조실록』에 남아 있는 기록도 많다는 점에서 "조선왕
조가 대일통교 규정의 토대를 만든 시기에 교섭의 최전선에서 활동을
지속한 인물"[62]로 평가되고 있다. 물론 이 정설에 이론은 없는데 지금
까지 이예는 오우치씨나 스후씨에 관한 연구에서 단편적으로 언급되
어 온 것이 지나지 않는다. 한편 이예라는 인물에 관한 연구는 나카다
미노루(中田稔)나 무라이 쇼스케의 노작으로 최근 비약적으로 진전되

---

61 杉原隆, 「日朝交流史における山陰海岸の位置」, 10쪽.
62 中田稔, 「朝鮮初期における朝鮮人官人の對日活動-世宗代までの李藝を忠に」, 66쪽.

고 있는데 이예와 이와미 지방과의 관계에 주목하여 고찰한 것은 없으
며 해명되지 않는 점도 많다.

본 장은 이상의 고찰에서 이예와 이와미는 밀접한 관계를 갖고 있었
다는 것, 그리고 조일관계사에서 이와미 지방의 중요성을 지적해 왔다.
본장에서 분명하게 밝혀진 것이라 생각되는 것을 다시 한번 확인해
두고 싶다.

(1) 장을부 일행이 이와미에 표착한 1425년은 마침 오우치씨의 조선
과의 통호가 끊어진 시기에 해당하며 오우치씨를 대신하여 스후씨가
조선 등의 통호권을 획득하려고 하는 시기에 해당한다. 그 조정역으로
이예가 이와미주의 책임자로 발탁되었다. 이 경위를 정리해 보면 스후
씨가 조선과의 교역을 바라는 대로 실현될 수 있었던 것은 증물(토산물)
공세에 의한 성과만이 아니라 오우치씨와 양호한 관계를 갖고 이와미
주와 조선과의 우호관계에 분주한 이예라는 핵심 인물이 있었기 때문
에 가능하게 된 것이라 생각된다.

(2) 세종이 1433년에 이와미에 대해 '옛날 본국의 사신이 울릉도에
갔을 때 태풍을 만나 왜국에 표착했는데 왜국의 많은 사람들이 후하게
보호하여 되돌려 보내주었다. 나는 그 이름을 잊었는데 어디의 섬사람
이었는가'라고 언급한 것은 이예에 의한 오우치씨와 이와미주에의 높
은 평가가 조선왕조 내부에 정착해 있었다는 것을 시사한다.

(3) 이와미주의 영민에 의한 조선인 표류민의 후한 보호는 15세기의
이예 표착에서 19세기까지 반복되어 기록되고 있는 대응이며 역대 영
주의 속셈이 어떠한지는 차치하고 조선왕조 측의 '인의'라는 양호한
인상을 주었다.

이후의 한일관계를 생각하는 데 있어서도 또 시마네현 이와미 지역
이라는 지역사에서 한일관계를 전망하는 데에도 이예와 같은 양호한

한일관계를 유지하기 위해 분주했던 핵심인물의 존재가 중요해진다는 것은 말할 것도 없다.

　자칫하면 국제 관계는 국가의 동태에 눈을 빼앗겨 버리는 경향이 있는데『조선왕조실록』,『동문휘고』,『표인영래등록』등 조선 측의 사료에는 국가와는 다른 일본 지방민의 동태나 대응이 상세하게 기록되어 있다. 어민이나 서민의 표류민을 매개로 한 교류나 상호 인식은 국가를 등에 업지 않기 때문에 때문에 외교사 등의 연구 대상에서 제외되는 경향이 있다. 그러나 지역에 남아 있는 역사적 기억이 국가의 타자 인식에 영향을 미치는 것은 충분히 생각할 수 있는 것이며 이러한 지역사에서 한일관계를 다시 파악하는 작업은 이후 더욱 중요해질 것이다.

---------------------------- 제6장 ----------------------------

'일시동인'의 끝없는 여로

1. 월간지 『조선』

조선의 식민지 통치 시대에 조선 총독부는 월간지 『조선』(현존하는 것은 1920년(다이쇼 9) 7월 제66호-1944년(쇼와 19) 12월 제354호)을 발행하여 정치, 경제, 사회, 문학, 예술 등 모든 문제를 다루면서 식민지 지배의 효율화와 계몽에 노력하고 있었다. 이 『조선』을 텍스트로 하여 전전 일본인이 한반도에서 널리 퍼뜨렸던 근대 조일관계를 둘러싼 언설 편성의 양태를 분석할 것이다.

〈시정 30주년 특집호〉라 제목을 한 1940년(쇼와 15) 10월호는 〈반도에서의 사상의 금석-새로운 출발〉을 게재하여 1910년 한일병합에서 1940년까지의 조선 사상계의 변동을 다음과 같이 정리했다.[1]

　一, 한국병합반대운동 시대(병합에서 다이쇼 7년(1918)까지)
　二, 민족자결주의운동 시대(다이쇼 8년(1919)부터 다이쇼 12년(1923)

---

[1] 「半島における思想の今昔」, 朝鮮總督府, 『朝鮮』, 1940(昭和15) 10月號, 1988, 66~67쪽.

　　　까지)

三, 공산주의운동 시대(다이쇼 13년(1924)부터 쇼와 6년(1931)까지)

四, 동요모색 시대(쇼와 7년(1932)부터 쇼와 11년(1936)까지)

五, 신일본건설운동 시대(쇼와 12년(1937) 이후)

　　이 시대 구분에 의하면 한일병합 이후 조선 사상계는 한국병합 반대, 민족자결주의운동, 공산주의운동을 거친 끝에 1932년(쇼와 7)의 '동요모색'부터 1937년(쇼와 12)의 '신일본건설'이라는 점차 일본인 통합에 협력하게 되었다고 해석한다. 물론 이 관찰이 당시의 조선 사상계의 실상을 반영하고 있었다고는 생각하지 않으며 당시의 일본인 지식층의 한반도 지배에 대한 욕망이 표현된 것으로 이해하는 편이 좋다.

　　36년간의 식민지 지배기에 일본인은 조선인을 어떻게 해서든지 일본인과 동화시켜 일본이라는 국가의 번영을 위해 땀 흘려 일할 것을 기대하고 또 그것을 강요했다. 그러한 일본인의 생각을 상징하는 슬로건이 천황의 성지로 구가된 '일시동인(一視同仁)'이다. 친소의 차별을 하지 않고 모든 사람을 평등하게 보고 인애를 베푸는 것을 의미하는 '일시동인'이라는 말은 일본인에 의한 식민지 지배를 정당화하고 조선인에게 지배의 협력을 재촉하기 위한 개념 장치였다.

　　그러나 그러한 일본인의 의혹에 반대하여 식민지 지배는 조선인의 다양한 저항에 직면하여 일본(내지) 재주의 조선인 지배와는 먼 치열한 항쟁이 반복되었다. 당연한 일이지만 일본인의 생각대로 식민지 지배는 진행되지 못했다. 본 장에서는 월간지『조선』에 기록된 '일시동인'을 둘러싼 언설 편성의 양태를 추적하면서 상호 인식의 변용 과정을 분석하기로 한다.

2. '일시동인'이라는 슬로건의 탄생

지배자와 피지배자의 힘의 관계는 언어로 여실히 표현된다. 예를 들어 1920년(다이쇼 9) 10월호에 '입선잡감(入鮮雜感)'이라는 일본인의 여행기가 게재되어 있는데 거기에는 조선인이 다음과 같이 표현되어 있다.

조선의 유언비어 및 음모가 성행하는 일은 이제는 말할 것도 아니다. 어떤 사람은 조선은 유언비어가 성행한 것이 아니라 실제로 유언비어 그 자체라고 찬탄한다. 비평과 음모와 유언비어, 얼마나 불쾌한 일인가? 나는 조금 시원스러운 도량이 넓고 크고 탁 트인 남성적 기분이 그립구나.[2]

일본에 의한 식민지 지배는 조선인을 '유언비어 그 자체'의 민족이라 취급하는 멸시 안에서 출발한다. 그리고 그것은 또 조선인 자신의 자기 인식에도 영향을 미치는 것이었다. 같은 해 11월호에 이번에는 조선인에 의한 '내지시찰 잡혹'이라는 한 문장이 게재되었는데 여기에서 조선인은 다음과 같이 묘사되어 있다.

내지민(內地民: 일본인)은 그처럼 활발하고 근면한데 조선인은 어째서 이처럼 지만태타(遲慢怠惰: 느리고 게으름)한가? 내지민은 그 사람처럼 문명 방면에서 활동하는데 조선인은 어째서 유치한 길로 방황하는가? 필경 내지민의 자각자발과 조선인의 자포자기는 그 차이를 나게 할 뿐이다.[3]

조선총독부는 식민지 지배 10년째에 접어들면서 조선인에게 스스로

2 「入鮮雜感」, 위의 책, 1920(大正 9年) 10月號, 122쪽.
3 「內地視察雜感」, 위의 책, 1920, 11月號, 116쪽.

를 '지만태타', '유치한 길로 방황', '자포자기'의 백성으로 자각시키는 것에 성공했다. 그러나 이 둘이 우월감과 열등감을 유지한 채로는 조선인 독립 운동의 빈발은 있어도 둘이 협력하여 산업 육성이나 무역 촉진에 매진하는 것은 생각할 수 없어서 효율적인 식민지 경영은 불확실하게 된다.

그래서 당시의 조선총독이었던 사이토 마코토(齋藤實, 1858~1936)는 1921년(다이쇼 10) 2월에 〈내지(內地) 실업가에 바란다〉라는 제목으로 조선인에 대한 일본인의 태도를 개선하도록 호소했다.

> 일반 민중으로 한일병합의 본지를 이해시켜 내선인의 융화를 도모하고 내선일가의 결실을 내는 것은 어려운 사업이라고 생각합니다. 이를 위해서는 관민이 서로 협력하고 참된 적성(赤誠: 정성)을 피력하고 견인불발(堅忍不拔: 강인하여 흔들리지 않는 것)의 정신을 발휘하여 여기에 적용하는 것이 필요합니다. 다만 종래대로의 소수 관헌의 손에 의해서만 해결할 수 있다는 것은 아닙니다. 내지인이 하나가 되어 조선 민중에 대해 무한한 친애와 동정을 가지고 임하지 않으면 안 됩니다.[4]

'내선인의 융화', 즉 일본인과 조선인이 마음의 경계를 없애고 사이좋게 하며 '내지인이 단결하여 조선 민중에 대하여 무한한 친애와 동정으로' 대응할 것을 기대했다.

그러한 일본인의 태도의 전환을 상징하는 말이 '일시동인'이었다. 같은 호에 다음과 같이 '동아의 지도자'인 일본인으로서 반성해야 할 점이 기재되어 있다.

---

4 「內地實業家に望む」, 위의 책, 1921(大正 10), 2月號, 2쪽.

생각해 보시오. 조선 민중이라고 해도 지금은 폐하의 적자로서 내지
인과 동일한 동포요. 일시동인의 대심(大心)이 위에 있는데 우리들은
항상 이것을 받들어 모시어 성지(聖旨)의 철저에 노력하지 않으면 안
될 것입니다. … 일반 내지인의 타민족 또는 조선인 등에 대한 태도는
어떤가 하면 이것은 또한 정신적인 감화 지도를 이루어 가는 방면에서
생각해보면 근본적으로 개선이 필요한 것이 많은 듯합니다. 내지인은
내지에서의 태도에서 이미 허다한 결점을 갖고 있을 뿐만 아니라 내지
를 뒤로하고 조선, 만주, 시베리아와 같은 곳에 가 있는 사람들의 태도
에는 동아에서 정신적인 지도자로서 적응하지 않는 자가 많습니다. 어
떠한 점이 그러한가 하면 먼저 너무나도 자기 자신을 위대한 자라하고
다른 민족을 경멸하는 풍조가 있습니다.[5]

조선인도 일본인도 천황의 적자로서는 '동일한 동포'인 이상 '다른
민족을 경멸하는' 것은 동아의 '정신적인 지도자'로서 부적절한 행동이
다. 따라서 지금부터는 조선인을 경멸하지 말고 일본인과 같다고 해야
한다고 말한다.

그러나 그 요구는 '너무나 자기 자신을 위대한 자로 여기고 다른 민
족을 경멸하는' 우월감에 침전되어 있던 일본인에게는 아주 실현 곤란
한 것이었다.

종래 조선 통치의 큰 장애는 총독부 시정(施政) 정신이 민중에 철저하
지 못하고 또 시정에 대한 민중의 요구가 창달되지 않는 점에 있었다.
총독부는 제반 사항에 대하여 신중히 생각하고 숙려하여 최선의 계획을
수립하여 그 실행을 촉진했는데 이 실시 임무를 맡은 자는 걸핏하면
그 정신을 헤아리지 않고 단지 그 형식을 고수하니 실상에 적절하지
않다.[6]

---

5 「宏遠なる理想の實現」, 위의 책, 15~16쪽.

종래 식민지 지배가 잘 시행되지 않았던 원인은 시정의 '정신'이 민중에 철저하지 못하고 또 실시하는 인간도 그 '정신'을 이해하지 않고 형식에만 집착했기 때문이라고 한다. 즉 아무리 면밀한 계획을 세워 형식을 정비해도 '일시동인'이라는 '정신'이 사람들의 마음에 침투하여 완전히 이해되지 않으면 성과는 오르지 않는다고 인식되었다.

이렇게 하여 여기에 '일시동인'과 함께 '정신'의 문제가 부상해 왔다. 표면적인 형식을 정비하는 것이 아니라 근본 '정신'이야말로 고치지 않으면 안 된다. 이러한 움직임 가운데 1922년(다이쇼 11) 1월호에 이후에 아주 중요한 의미를 갖는 〈조선의 개발과 정신적 교화의 필요〉라는 논문이 게재된다.

근본에서는 내선일가이며 사해동포입니다. 특히 조선 사람들은 병합이라는 사실 때문에 전적으로 움직이지 않는 우리들의 새로운 동포입니다. 우리들과 생사존망을 함께 하며 슬픔도 기쁨도 하나로 해야 하는 운명 아래 있다는 생각의 근저로 돌아가지 않으면 안 된다고 생각합니다. 이 본지를 돌아보지 않고 조선인을 적대시하고 이것을 발판으로 하여 인격자로서의 대우를 하지 않고 단지 그 결점을 찾아 스스로 고귀하다 하는 것 같은 것은 실로 병합의 본지에 어그러지고 성지를 배신하는 것이라 봅니다. 강한 힘이라 하는 것은 병력도 권력도 경제력도 둘의 서로 다른 것을 분리하지 않고 두는 것은 가능하지만 합하여 둘을 융합하여 일체로 하는 것은 불가능합니다. 이러한 방면의 개척은 주로 정신적인 힘을 기다리지 않으면 안 되는 것이지요. 상호 정신이 공명하고 마음과 마음이 합치하는 때에 처음으로 병력도 권력도 경제력도 이룰 수 있는 협동융화가 실현되는 것이어서 이렇게 하여 일심동체인 동포의 정신 및 혼이 애심에서 용출되기에 이르며 영구불멸하는 하나의 빛,

---

6 「朝鮮總督府官制及地方官官制の改正」, 위의 책, 1921, 3月號, 3쪽.

하나의 이상을 향하여 나아갈 수 있다고 생각합니다. … 이렇게 생각한
다면 우리들이 하지 않으면 안 되는 것은 자명합니다. 아무리해도 종래
의 우리들이 방치했던 정신적인 융합, 정신적인 개발이라는 방면으로
맹렬하게 나아가지 않으면 안 됩니다.[7]

'우리들과 생사존망을 함께 하며 슬픔도 기쁨도 하나로 해야 하는
운명 아래 있는' 조선인을 '적대시하고 이것을 발판으로 하여 인격자로
서의 대우를 하지 않고 단지 그 결점을 찾아 스스로 고귀하다 하는'
것과 같은 행위는 일시동인의 성지에 위배되는 것이며 고치지 않으면
안 된다. 이를 위해서는 '정신적인 힘'에 기대해야 하며 '정신적인 융합,
정신적인 개발이라는 방면으로 맹렬하게 나아가야 한다'는 것이다. 일
본인의 편견이나 멸시로 좀처럼 생각한 대로 나아가지 않는 일시동인
이라는 슬로건의 실현은 어쩔 수 없이 이러한 '정신적인 힘', '정신적인
융합', '정신적인 개발'로 전술의 전환을 바꿀 수밖에 없었다.

그러면 '정신적인 힘'을 발휘하기 위해 무엇이 필요한 것인가? 조선
총독부가 생각해낸 것은 조선인의 생활 그 자체를 일변시키는 운동,
즉 '생활개선운동'이었다. 당시의 도쿄고등사범학교의 교수가 일본에
서의 사회교화사업의 경험담을 말한 글에 다음과 같이 기술되어 있다.

최근에는 도쿄에서 우리들이 경영하고 있는 것과 같은 형태로 각 부
현에서 개최되게 되었습니다. 최근 아키타현에 가봤는데 계량전람회,
생활개선전람회, 아동위생전람회 등이 동시에 개최되어 거기에서 모든
현 밑에 있는 시정촌 학교장, 시학 등을 모아 생활개선동맹회 아키타지
부라는 발회식을 거행했습니다. 이러한 일이 일제히 실시되었는데 이

---

7 「朝鮮の開發と精神的敎化の必要」, 위의 책, 1922(大正 11), 1月號, 49쪽.

기회에 우리들도 도쿄에서 참가하여 상당한 원조를 했습니다. 그 외에 이와 같은 방법으로 이시가와현 혹은 마쓰에 등에서도 시행했습니다. 아이치현 등에서도 동맹회지부의 발회식을 겸하여 강연회가 있었는데 그러한 경우에는 전람회 등도 거의 각지에서 열렸습니다. 가가와, 에히메, 오카야마, 가고시마와 같은 지방에서도 현청의 지방과 혹은 사회과와 같은 곳이 중심이 되어 혹은 학무과에 사회교육주체라는 것이 생겨 민간인과 하나가 되고, 현립학교장 등도 여기에 참가하여 지금 말한 것 같은 모임이 있었던 것입니다.[8]

일본 국내의 벽지에서 활발하게 실시되기 시작한 '생활개선동맹', '생활개선전람회' 등을 예로 들면서 한반도에서도 같은 운동을 실시할 필요성을 기술했다. 아키타, 이시가와, 시마네(마쓰에), 가가와, 에히메, 오카야마, 가고시마 등 일본의 뒤처진 현에서의 활동상황을 한반도의 시정 목표에 이용하여 조선인을 고무하는 전략은 조선총독부가 종종 채용한 방법이다.[9] 선진문명국인 일본에서는 뒤처진 현조차도 이 정도로 선진적인 활동이 이루어지고 있다. 그 실상을 분명히 파악하면서 후진국인 조선은 보다 더 노력, 정진해야 하는 것은 아닌가? 조선총독

---

8 「社會教化事業に就きて」, 위의 책, 1921, 11月號, 27쪽.
9 위의 책, 1922년 2월호에는 한반도의 수산업 진흥을 목적으로 한 「내지의 수산업 행정 사업에 대하여」라는 제목의 논문이 게재되어 있다. 거기에는 부현(府縣)이 선도하여 업자의 모범이 되는 시험선(試驗船) 건조 실시가 제기되어 있는데 우수한 현으로 시즈오카, 도미야마, 시마네, 이와테, 아키타, 아오모리 등의 이른바 '후진현'이 열거되어 있다. 이러한 일본 국내의 후진현은 단순하게 조선인의 근로정신을 고무하는 것에 이용되었을 뿐 아니라 그들 자신이 적극적으로 당시의 정신강화책에 찬동하고 협력한 것을 보여준다. 예를 들어 전시 하에 재일한국·조선인 통제조직으로 설립된 협화 활동에 대해서 보면 곧 나가사키, 사가, 홋카이도, 나라, 미에, 시즈오카, 시가, 기후, 이시카와, 시마네, 오카야마, 와카야마, 오이타, 미야자키 등의 현에 지방협화회가 설치되었다(樋口雄一, 『協和會–戰時下朝鮮人統制組織の研究』, 社會評論社, 1986, 66~67쪽). 이처럼 재일한국·조선인 통제의 모델로 종종 후진현이 이용되었다.

부는 국내(내지)를 비교 대상으로 가져와 효율적인 식민지 경영을 이루려 한 것이다.

3. 획기로서의 1932년

조선총독부가 '일시동인'의 성지를 실현할 정신적 교화에 힘쓰던 와중에 1923년(다이쇼 12) 9월 1일에 관동대지진이 발생했다. 피해는 심했는데 사망자 9만 천 명, 행방불명 만 3천 명, 부상자 5만 2천 명, 피해세대 69만에 이르는 게이힌(京浜)지대가 괴멸적인 타격을 입은 미증유의 재해였다. 그리고 진재(震災)의 대혼란 중에 화재는 조선인에 의한 것이다, 그들은 강도, 강간, 납치를 반복한다는 유언비어나 선동이 난무하여 일본인 자경단에 의해 6천 명 남짓한 무고한 조선인이 학살되는 비참한 사건이 발생했다.

이 비상사태를 입어 같은 해 11월 10일에 일본 정부는 〈국민정신작흥에 관한 조서〉를 발령했다. "짐이 생각하건대 국가 흥성의 근본은 국민정신의 강건에 있으며 이것을 함양하고 이것을 진작하여 국본을 견고하게 해야만 한다. … 하물며 이번의 재화가 대단히 커서 문화의 회복과 국력의 진흥은 모두 국민의 정신을 기다리는 것에 있어서는 더욱 그러하다"[10]와 같은 '국민정신'의 함양으로 '문화의 회복과 국력의 진흥'을 의도하는 국민교화의 방침이 제시되었다. 이 조서의 발령을 계기로 이후 일본 국내에서는 국민정신과 국민생활을 철저히 한 감시망체제가 점차 정비되고[11] 조선인 통제조직인 협화회(協和會)도 급속하

---

10 『明治大正昭和三代詔勅集』, 北望社, 1969, 363~364쪽.
11 아카자와 시로(赤澤史朗)는 제1차 세계대전 후 일본 국내의 교화정책은 경찰의 단속 범위의 급격한 확대, 국체명칭을 매개로 한 국가의 정통성 원리의 전환, 일화(日華)

게 조직화되어 간다.[12]

그러나 한반도에서는 사정이 달랐다. 수도(도쿄)가 관동대지진으로
괴멸적 피해를 입었다고 해도 바다를 사이에 두고 식민지까지 그 혼란
의 파도는 밀려들지 않았다. 월간지 『조선』이 기록한 바는 다음해
1924년(다이쇼 13)의 연두 소회에 다음과 같은 문장이 게재되는 데 지
나지 않았다.

희망의 빛이 빛나는 다이쇼 갑자년(1924) 신춘을 맞이하여 여기에
우리들은 서로 화평에, 행복에 동포 화락하면서 국운의 발전에 진력하
는 것을 바라마지 않는다. 돌아보면 다이쇼 12년(1923)은 여러 가지
다사다난한 해였다. 다행히도 전 국민일치의 응원과 밖으로는 열강의
열렬한 동정에 의지하여 불행한 이재자(罹災者)는 물질적으로도, 정신
적으로도 구제받았을 뿐 아니라 도쿄, 요코하마 등의 이재 지방에서도
왕성한 우리 국민의 원기로 이미 부흥의 기운이 넘쳐흐르게 된다면 경
제상에서도, 교육학술의 방면에서도 혹은 의외로 조속히 그 회복을 볼
수 있을 거라 생각한다. 이 진재는 처절하고 비참한 우리나라에서 참으
로 불행하고 유감스러운 사건이었지만 또 우리 국민에 대한 일대 시련
이어서 드디어는 전화위복의 대전제가 된다고 하면 조금은 위로하기에
족할 것이다. 이러한 때에 앞서 이재(罹災) 후 얼마 지나지 않아 조서를
내려 국민에 성훈(聖訓)을 내리시고 또한 또다시 국민정신진작의 대조
(大詔: 조칙), 새롭게 됨을 받들고 성지 심원하여 실로 황송 감격의 지극
함에 몸 둘 바를 모르는 바이다.[13]

<hr>

사건 이후의 전쟁 동원체제의 형성 등을 요인으로 1930년대에 크게 전환하여 "재향
군인회 등의 신흥 세력을 조직 안으로 포섭하여 실시된 국민정신총동원운동은 일상
생활 차원의 국민 전쟁 협력 활동의 실천을 독려, 감시하는 것이었다"고 지적한다.
赤澤史朗, 『近代日本の思想動員と宗教統制』, 校倉書房, 1985, 48~49쪽.
12 이 부분에 대하여는 井上厚史, 「戰時下における在日韓國·朝鮮人統制と「內地」, 待
兼山比較日本文化研究會, 『比較日本文化研究』 第4號, 1997, 124~142쪽 참조.

이것을 읽으면 당시의 조선총독부가 얼마나 낙천적인 관측을 하고 있었는지를 잘 알 수 있다. 다만 놓칠 수 없는 것은 여기에서도 역시 '국민정신진작의 대조' 언급이 있으며 또한 "국가의 흥성을 기대하고 사회 인류의 공영을 도모하는 길은 오직 실질 강건한 국민정신의 도야 진작을 기다리는 것 외에는 없다"[14]고 하는 것처럼 국민정신의 관심이 더욱 높아져 있다는 것이다.

일시동인이라는 슬로건에서 정신적 교화, 생활개선운동으로의 전환이라는 기운이 생기는 가운데 관동대지진 그리고 〈국민정신진작에 관한 조서〉의 발령을 맞아 한반도 정책에도 커다란 전환이 찾아왔다. 즉 일본 국내의 국민정신진작(작흥)운동에 연동하여 한반도에서도 정신교화책이 서서히 침투하기 시작한 것이다. 그것은 실로 태풍이 불기 전의 고요함처럼 평온하게 그러나 확실하게 민중 속으로 침투하기 시작했다.

그러한 가운데 커다란 전기가 찾아온다. 1931년(쇼와 6) 6월, 우가키 가즈시게(宇垣一成, 1868~1956)가 두 번째의 조선총독에 취임했다. 우가키는 일본 국내에서 육군대신을 역임하고 학교 교련 등의 군사교육 보급에 진력한 인물이었다. 그 우가키가 조선에 부임한 전후 9월 18일에 관동군이 봉천 교외인 유조호(柳條湖)에서 이른바 만주사변을 일으키고 조선군의 만주 출병이 결정된다.

『조선』 1932년(쇼와 7) 11월호에 〈민심작흥운동에 관한 시설〉이라 제목을 단 글이 게재되었다. "국민정신작흥에 관한 대조(大詔: 조칙) 환발(渙發: 천황의 명령을 알리는 일) 기념일인 11월 10일을 기점으로 하는 수일간 강하게 일반 민중의 주의를 환기하고 이후 계속해서 정신작흥상 각종 시설로서 왼쪽에 기록한 요항을 각 도에 제시하여 이것을 목표

---

13 「年頭所懷を述べて敎育者諸氏に望む」, 『朝鮮』, 1924(大正 13), 1月號, 12쪽.
14 위의 책, 13쪽.

로 귀일시킬 방법을 강구한다"고 하여 당일에 총독에서 일반 민중에
대해 성명서가 발표되자마자 "본부에서는 2층의 큰 방에 총독부 직원
전원을 소집하여 조서 봉독식을 거행하고 이어 총독 성명서 낭독 및
훈화가 있으며 각 소속 관할 경찰서, 학교, 각종 단체, 회사, 은행, 대상
점, 신사 및 사원, 기타 모든 기관이 이를 따라 같은 시설을 행한다"[15]고
한 것처럼 민심작흥운동의 철저화가 전국적으로 시작되었다.

그리고 그 철저화는 조선인이 스스로 다음과 같은 우스꽝스러운 자
성을 강요할 정도로 비할 곳 없는 강력한 것이었다.

나는 조선인이 백의(白衣)를 없애고 채색 옷을 착용하는 것은 단순한
생활개선 및 경제상의 문제가 아니라 국민정신 함양상의 근본문제라고
생각한다. … 나는 조선에서 민풍작흥도 교육 보급도 산업 개선도 먼저
우리 동포로부터 백의의 화(禍)를 배제하여 나약한 정신을 다시 세우는
것이 아니라면 완전히 그 목적을 달성할 수 없다는 것을 주장하는 것이
다. 또 이때의 비상시 타개책으로 조야에 절규하는 자력경정운동도 자
분자성(自奮自省)의 강인한 활동정신에서 출발해야 하는 것이기 때문
에 조선인 동포에 대해서는 채색 옷 장려가 선결 문제라고 확신한다.[16]

너무 진지하게 조선인 관료의 옷 색깔을 바꾸는 것이 조선인의 국민
정신 함양상의 근본 문제라고 생각될 정도로 민심작흥운동, 자력경정
운동의 선전이 한반도 곳곳에서 호소되고 있었다.

이러한 상황 아래에서 우가키는 더하여 두 가지의 새로운 운동을
일으킨다. 그 하나가 '농산어촌 진흥운동'이며 또 하나는 '심전개발운

---

15 「民心作興運動に關する施設」, 위의 책, 1932(昭和7), 11月號, 145쪽.
16 「朝鮮人の自力更生は色服勵行が先決問題」, 위의 책, 1932, 12月號, 2~3쪽.

동(心·田開發運動)'이었다.

우가키는 1934년(쇼와 9) 1월호에 〈쇼와 9년의 신춘을 맞이하여〉라고 제목을 붙여 '농산어촌 진흥운동'에 대한 "부단한 열의와 정진으로 투철한 실현을 기할 각오가 필요하다"[17]는 것을 역설하고 있다. 그리고 같은 호에는 〈조선에서 농산어촌 진흥운동의 전모〉라는 제목의 논문이 게재되어 농산어촌 진흥운동에 대해 다음과 같이 설명한다.

> 비상시기 도래의 목소리와 함께 왕성하게 일어난 농산어촌 진흥운동은 일종의 시대적 행사처럼 전국을 풍미했다. 그것도 형식면에서 운동은 진행되고 있는데 실질 면에서 아무런 수확을 거두지 못한 것이 적지 않다. 어떠한 운동도 심신의 조화를 원칙으로 하여 먼저 정신적으로 운동정신의 큰 분위기의 양성이 필요하며 물질적으로 기구의 정비를 필수 조건으로 한다. 혼이 들어가지 않는 대중운동의 의의는 없으며 조직 없는 곳에 성과는 기대할 수 없다.[18]

농산어촌 진흥운동은 '정신적으로 운동정진의 대 분위기 양성'을 목적으로 하는 것이며 국민정신진작(작흥)과 연동하여 정책 목표를 점점 더 '정신'에 집중시켜 갔다.

나아가 우가키는 시정 25주년인 1935년(쇼와 10) 4월에 개최된 중추원 의회의 석상에서 총독훈시 중에 '심전개발'이라는 말을 언급한다. '심전'이란 조선에서 정신을 의미하는 말이었다.

> 종래 수차례 누차 주의를 환기해온 것처럼 도시 및 농산어촌의 진흥을 도모함에 물심양면으로 이것을 기획하지 않으면 안 되는 하나의 일

---

17 「昭和九年の新春を迎へて」, 위의 책, 1934(昭和 9), 1月號, 2쪽.
18 「朝鮮に於ける農山漁村振興運動の全貌」, 위의 책, 5쪽.

이다. 그럼에도 중점을 경제 방면에 기울이고 정신 방면에서 걸핏하면 무심히 내버려두는 경향이 있다. 이 때문에 사회생활의 병화(病化), 결함이 여기에서 배태되고 모처럼의 증가, 건설도 이로 인해 화룡점정을 결하여 기획한 일들에 유종의 미를 거두어들이는 것이 지난한 것을 간취하지 않을 수 없다. 그러므로 경제 계획을 추진함에는 기조를 정신생활 향상에 두고 심전의 개발, 신앙심의 계발 배양에 필요한 방책을 강구한다. 민중으로 한갓 싫증나지 않게 물욕을 쫓아 초조하여 다투는 누를 떠나 공익으로 사적인 이익에 앞서고 도덕을 지키며 일을 즐기고 하늘을 이고 땅위에 서며(頂天立地), 마음을 편히 하고 독실히 행하는 풍조를 잘 따르게 하지 않으면 안 된다.[19]

이 언설이 보여주는 것은 우가키가 도시나 농산어촌의 진흥을 일으키기 위해서 '정신 방면'의 힘을 기울이는 것이 무엇보다도 중요하다고 생각했다는 것이다. 이를 위해서는 '공익으로 사적인 이익에 앞서고 도덕을 지키며 일을 즐긴다'는 것처럼 맹목적 근로 의욕을 이끌어 내지 않으면 안 된다는 것이다. 그것이 '심전개발'이었다.[20]

우가키의 이 발안을 받아서 총독부는 잇달아 심전개발을 위한 시책을 전개한다. 이듬 해 2월에는 빠르게 '심전개발위원회'를 설치하고 다음과 같은 안건을 협의 결정한다.

19 「中樞院會議」, 위의 책, 1926(昭和 1) 5月號, 41~42쪽.
20 후쿠시마 요시카즈(福島良一)는 우가키의 조선 통치는 조선인에 '열복(悅服)'을 요구한 것이었다고 분석하면서 "조선 민중의 물질생활 안정을 기도한 우가키의 조선진흥운동은 단순한 궁핍타개, 생활개선 수준에서 멈춘 것은 아니었다. 거기에는 전술한 것처럼 총독부 통치 아래에서 물질생활의 안정화를 초래하는 것으로 조선 민중 사이에 일본의 식민지 지배에 대한 열복의 기운을 한층 더 양성하려고 하는 강한 우가키의 생각이 있었다는 것을 인식해 두지 않으면 안 된다"고 지적한다. 堀眞淸 編著, 『宇垣一成とその時代』, 新評論, 1999, 132~133쪽.

시국에 임하여 조선의 특수사정을 생각하여 일반 민중의 정신을 작흥하고 심전을 배양하여 신앙심을 육성하고 경애의 이념을 함양하여 확고한 인생관을 파악하게 하며 안심입명의 경지로 인도하는 것은 조선 통치상 여러 가지 시설을 행함에 또는 민중의 생활 기초를 공고히 하여 이것으로 영원히 행복, 또 의의가 있게 하는 데 가장 간절한 사항이 되는 즉, 심전개발은

一, 국체관념을 명징하는 것

二, 경신숭조(敬神崇祖: 신을 공경하고 조상을 숭배하는 것)의 사상 및 신앙심을 함양하는 것

三, 보은, 감사, 자립정신을 양성하는 것을 목표로 하며[21]

정신작흥도 심전개발도 즉 그것이 목표로 하는 것은 '국체관념을 명징'하여 '신앙심을 육성하고 경애의 관념을 함양하여 확고한 인생관을 파악하게 하며 안심입명의 경지로 인도하는' 것, 즉 일본의 '국체'에 대한 신앙에 가까울 정도의 맹목적 복종을 조선인에게 이끌어 내는 일이었다.[22] 이를 위해서는 그들의 마음을, 정신을 개척하지 않으면 안 된다.

실제로 심전개발운동이 얼마나 효과를 올렸는지는 큰 의문이지만 적어도 그것이 조선인에 준 정신적 압력은 상당한 것이었다. 다음 3월 호에 다음과 같은 조선인의 반성이 게재되었다.

---

21 「彙報 心田開發委員會」, 『朝鮮』 第34卷, 1936(昭和 11), 2月號, 105~106쪽.

22 요네하라 겐(米原謙)은 전전의 타이완에서의 '일시동인' 정책의 허실에 대해 "타이베이의 전문학교 교사(本島人)는 총독부 고관조차 본도인을 '찬코로'라고 불러 차별 의식을 숨기지 않았으며 공학교 입학률은 45%로 입학 당시의 가정 조사에서 몸치장이 불충분하다고 판단되면 입학할 수 없다는 등 실체는 '일시동인'과는 상당히 거리가 멀었다고 비난했다"는 사례를 소개한다. '일시동인'이 타이완에서도 허무한 슬로건이었다는 것을 알 수 있다. 米原謙, 『國體論はなぜ生まれたか-明治國家の知の地形圖』, ミネルヴァ書房, 2015, 262쪽.

　이 심전개발이라는 것은 문자대로 각 사람의 마음의 근저에 있는 진심을 일깨우는 것이 그 목적이어야 하는 것으로, 자기가 자기 자신에 눈뜨는 것이야말로 참된 심전개발도 됩니다만, 조선에서는 불교든지 유교든지 모두 그 근저가 자기발휘나 자기완성과 같은 길이 되지 못하여 참으로 자기 것으로서 포섭하여 소화되지 못하며, 한때 또는 한 계급이 그럴 듯하게 꾸미고, 주목받는 것으로 타락하는 경향이 있습니다. 이것이 결국 오늘날처럼 말라 비틀어져 추락하는 사회를 출현시키기에 이른 것입니다. 이것은 역사상에서 말씀드려도, 또는 민속의 실제에서 봐도 분명한 사실로 이와 같이 정신생활의 근본을 결여한 것이 있기 때문에 바로 오늘 조선인의 심전개발이라는 문제가 일어난 것이라고 생각합니다.[23]

　조선인에게서 신앙에 가까울 정도의 맹목적 종속, 복종을 이끌어내는 것을 목적으로 한 심전개발운동은 이렇게 하여 조선인 스스로에게 "정신생활의 근본이 결여된 것이 있다"는 자각을 이끌어 내는 것에 성공했다.[24]

　우가키 가즈시게의 조선총독 취임과 〈국민정신작흥에 관한 조서〉 발령 10주년의 일련의 사업을 전기로 하여 '일시동인'이라는 슬로건은 '농산어촌 진흥운동'이나 '심전개발운동'으로 모습을 바꾸면서 조선인

---

23 「朝鮮の固有信仰に就て」, 위의 책, 1936, 3月號, 38쪽.

24 이순형은 우가키의 심전개발운동에 대해 "이 심전개발운동은 우가키가 조선총독부 재임 중 가장 힘을 기울인 정책 중의 하나였다. 그는 자신이 추진하는 공업화정책이나 농촌진흥운동 정책을 지지하는 정신적 기반뿐만이 아니라 전쟁의 위기가 높아지는 가운데 조선 사회의 재편성과 통제 강화를 위해서도 이 운동을 강력하게 전개한 것이다. 후의 일본의 황민화정책은 심전개발과는 명칭만 다른 것으로 그 내용에서는 커다란 차이는 없었다. 따라서 우가키의 심전개발운동은 후의 황민화정책을 준비하는 과정이었다고 해도 좋다"고 하여 심전개발운동과 황민화정책의 관련에 주의를 촉구한다. 堀眞清 編著, 『宇垣一成とその時代』, 177쪽.

한 사람 한 사람에게 자성을 촉진하면서 그들에게서 맹목적 복종을
도출하는 것에 총력을 기울였던 것이다.

4. 언설과 제례

우가키에 의한 일련의 정신개조 계획은 그 대규모 캠페인에도 불구
하고 근본적인 어려운 문제를 내포하고 있었다. 즉 아무리 '일시동인'
이라는 천황의 뜻을 큰 소리로 부르짖어도 또 아무리 '농산어촌 진흥운
동'이나 '심전개발운동'을 대대적으로 추진해도 중요한 조선인의 절대
적, 맹목적 복종을 좀처럼 끌어내지 못했다. 다음의 1930년(쇼와 5)과
1938년(쇼와 13)의 두 기사는 그들이 얼마나 캠페인에 비협조적이며
불복종적이었는지를 말해준다.

조선인은 입으로 치국평천하를 말하고 인의충효를 가르치는데 실제
의 정치에는 손가락 하나도 건들지 않는다. 인의충효의 요체 등은 물론
파악하고 있지 않다. 조선을 멸망시키는 보편적 원인은 국민들이 무기
력, 나태, 독립행정의 정신이 결여된 것에 있다. 건강한 골격을 가지면
서 친족이나 벗 중에 약간의 유복한 사람이 있는데 그 집에 살면서 전혀
일하지도 않고 빈둥빈둥 사는 사람이 많다. 조선의 모든 것이 저급하고
빈약한 이상으로 특권계급의 횡포, 관리계급의 강탈, 정의와 공도의 전
멸, 재산의 불안, 정부의 완고함, 모두 이것은 조선 망국의 화근이다.[25]

한마디로 하면 조선은 너무나 비근대적이며 너무나 정체되어 있다.
고유문화의 자취를 봐도 너무나 빈약하며 허전하고 높은 문화를 접해도

---

[25] 「施政二十年」, 『朝鮮』, 1930(昭和 5), 1月號, 11쪽.

그것이 크게 자극이 되지 못하여 마치 커다란 형틀에 심신이 묶여 몸을 움직이려는 의지도 힘도 없는 듯조차 보인다. 이것은 역사의 결과라고 설명하는 것일 뿐 만족할 것은 아니다. 가슴 저 깊은 곳에 더욱 숨어있을 강력한 생기로 공명을 불러일으키지 않으면 안 된다. 그 의미에서 정신진흥운동이 급무라고 생각된다.[26]

총독부의 정책이 어떻게 변화하든지 조선인은 '무기력, 나태, 독립행정의 정신이 결여된' 민족이며 '마치 커다란 형틀에 심신이 묶여 몸을 움직이려는 의지도 힘도 없는 듯조차 보이는' 자로 일본인의 눈에 비춰졌다. 그러나 그것은 당연한 것이었다. 일본 국내의 관동대지진 이후 급속하게 국민정신작흥운동이 성과를 내는 것에 비해 한반도에서 운동이 본격화하는 것은 10년 후이며 그것도 실질적인 성과는 좀처럼 나오지 않았다. 왜냐하면 당연하지만 그들은 순수한 조선인이며 일본인이 아니었기 때문이다.

그들은 일본인의 초조에 내몰려 지속적으로 반복되는 국민정신작흥운동에 대해 결코 맹종하는 일 없이 '무기력, 나태, 독립행정의 정신이 결여된' 태업을 반복하고 있었다. 그것은 그들이 어디까지나 조선인이며 일본인이 아닌 이상 보편적인 민족주의적 반응이었다. 어째서 일본인이 아님에도 일본어를 말하고 신사에 참배하고 일본인의 기묘한 정책에 맹종하지 않으면 안 되는 것인가?

그러나 총독부의 과제는 어떻게 해서든지 그러한 반항적인 조선인에 일본 국내의 일본인과 동일하게 맹종시키는 방책을 끌어내는 것에 있었다. 거기에 착목한 것이 언어와 제례였다.

당시의 일본에서는 언어는 인간의 정신을 표현한다는 사상이 통념

---

26 「朝鮮人生徒に語る言葉」, 위의 책, 1938(昭和 13), 2月號, 125~126쪽.

으로 공유되어 있었다. 예를 들어 식민지 통치 초기인 1920년(다이쇼 9)에 이미 다음과 같이 일본인의 언어관이 게재되었다.

　　　언어도 마찬가지, 역시 꾸미기도 하고 고치기도 하지만 그 정련을 거친 결과 그 후에 이르러서는 자유자재로 사용하고 게다가 자신의 진실과 정신을 나타내는데 원만하게 또 정확히 사용하게 됩니다.[27]

　즉 인간은 언어를 통해 자기의 '진실과 정신'을 표현한다. 그렇다고 한다면 조선인의 '진실과 정신'도 또한 언어=조선어로 표현하고 있으며 조선어와 일본어가 다른 이상 조선인이 일본인 화하는 것은 불가능한 일이다. 그런데 그것은 불가능한 것은 아니다. 왜냐하면 그 증거가 『만엽집』에 분명하게 남아 있기 때문이다.

　　　저 항해가 불편하고 불안한 시대에 멀리서 바다를 건너 일본에 들어온 조선 민족에는 가야도 있다면 백제도 있고 신라도 있다면 고려도 있었다. 그들은 가까운 친척보다도 오히려 먼 타인에게 동정을 받아 후하게 대우받고 사랑받았다. 그 버리기 어려운 집착성을 가진 풍속, 습관, 언어까지 헌신짝처럼 이것을 버리고 완전히 일본의 새로운 공기를 들이마시고 새로운 요소를 만끽하고 재래의 야마토 민족과 하등의 차별이 없을 때까지 그들 자신을 바꾸었다. 그들의 일대(一代)는 물론 자손 후예에 이르기까지 우리 황실의 후은을 입어 문관이 되고 무관이 되고 사회의 상류층에 있는 자도 적지 않았던 것은 지금에 와서 다시 떠들 필요가 없다.[28]

27　「言語と其の實用」, 위의 책, 1920(大正 9), 9月號, 34쪽.
28　「萬葉集に見えたる日鮮關係の詞藻(承前)」, 위의 책, 1924(大正 13), 12月號, 73쪽.

『만엽집』에는 "일본인이 대륙에서 귀화인을 훈화하고 그 귀화인도 또한 용이하게 일본인화했다"[29]는 기록이 분명하게 남아 있다. 따라서 옛날의 조선인이 그러했던 것처럼 '동정을 받아 후하게 대우받고 사랑' 받는다면 '버리기 어려운 집착성을 가진 풍속, 습관, 언어까지 헌신짝처럼 이것을 버리는' 것은 가능한 일이다.

그러나 지배, 피지배의 관계에서 20세기의 조선인은 『만엽집』 시대의 귀화인처럼 풍속, 습관, 언어를 용이하게 버리는 것은 불가능하다. 그렇다면 언어를 버리는 대신 언어의 친근성을 강조하는 것으로 이 둘은 동일한 아이덴티티를 공유하고 있다고 주장할 수 있는 것은 아닌가? 거기서 등장한 것이 일선동조론이었다.

> 그 무렵(1925) 조선에서도 내지에서도 내선융화나 일선동원(日鮮同原)이나 내선의 공존공영이라든지 하는 말이 빈번하게 흘러나왔다. 공존공영이라면 몰라도 지금에 와서 동원설도 융화론도 아니다. 이러한 근거는 『만엽집』이라는 노래집을 펼치고 읽는 것만으로도 천2백 년이나 옛날에 … 또한 다른 문헌에 따르면 더더욱 먼 옛날부터 같은 동원도 융화 접촉도 지극히 친밀하게 이루어 졌다.[30]

일본어와 한국어가 '같은 근원(同源)'이라는 것은 지금 그렇게 말할 필요가 없을 정도로 명백한 것이다. 그리고 이 경향은 더욱 상승하여 결국에는 이 둘이 완전히 같은 것이라는 '동일론'으로까지 내달리는 양상이었다.

---

29 위의 책, 73쪽.
30 「日鮮萬葉歌話(一)」, 위의 책, 1927(昭和 2), 7月號, 98쪽.

국어(일본어)와 조선어는 완전히 같다. 동일론은 여기에서 생긴다. 그런데 동일부락에서 동일언어, 풍속, 인정 아래 친형제로서 생활 생존하고 있는 자가 한편에서는 만주 조선에 살고 한편은 대팔주(일본)에 남았는데 그 후에 생겨난 언어만이 같지 않은 것이 있기 때문에 외견상으로는 너무 먼 것처럼 보인다. 그러나 일단 그 내면에 들어가면 그곳에서는 따뜻한 이부자리가 펼쳐져 있어 우리들을 초대하여 앉아 있게 한다. 이에 우리들은 강한 신념 아래 양어 동일론에 매진하고 모든 언어 하나하나 서로 같은 표어의 실현을 빨리하여 언어상에서 두 민족이 같은 조상이라는 실증을 일목요연하게 알게 하여 혈연의 맹세를 하여 서로 친히 해야 할 것이다.[31]

이렇게 하여 일본어와 조선어가 학문적으로 동일하다는 논문이 몇 명의 연구자에 의해 발표되었다. 그러나 그것만으로는 조선인에게 일본인으로서의 아이덴티티를 갖게 하는 것은 불충분했다. 왜냐하면 아직 최대의 장애인 신앙체계, 즉 조선인에 가장 중요한 조상 제사 신앙이 남아 있었기 때문이다.

총독부는 이 때문에 1937년(쇼와 12) 10월에 '제례특집호'를 꾸며 일본식 제례의 본격적 도입을 획책했다. 권두의 〈특집의 말〉에는 다음과 같이 쓰여 있다.

제례는 인간이 그 생활을 성스럽게 하고 그 활동을 위대하게 하기 때문에 이상적 신격에 일체화하여 그 신덕을 교감 발휘시키고자 하는 인간 본성의 구현이다. 따라서 제례의 본질적 목적이 인간 생활의 순화 갱생과 그 확대 신장에 있다는 것은 논쟁이 필요 없다. 죄와 불결을 떨쳐내고 신에 접근하여 신과 합일하여 그 신의에 따라 제사하는 일은

31 「國語と朝鮮語の交涉」, 위의 책, 1934, 7月號, 77쪽.

작은 우리들이 큰 우리가 되는 것이다. 이것은 드디어 만사의 다른 몸을 좋게 하여 한 마음이 되게 하는바, 보본반시(報本反始: 근본에 보답하여 처음으로 돌아가는 것)로 마음을 하나로 하는 것은 즉 이상적 전통정신의 혼일적(渾一的) 작흥을 촉진하여 현실생활의 약진적 전개를 효과 있게 하는 것이다. … 이것을 제례의 습의(習儀)에서 보는데, 내선일여(內鮮一如)는 수천 세의 아주 옛날 이 나라의 자연스러운 약속과 같다. 참으로 보본반시의 열매를 만들어 소아(小我)의 불결에서 떠나 청명한 대아(大我)로 다시 태어날 때 내선은 그 마음을 하나로 하여 위대한 국민정신의 진작을 밝힐 것이다.[32]

제례의 본질적 목적은 '인간생활의 순화 갱생과 그 확대 신장'에 있으며 죄와 불결을 떨쳐내어 '신에 접근하고 신에 합일하여 그 신의에 따르게 된다면 '이상적 전통 정신의 혼일적 작흥'이 가능하게 된다. 따라서 내선일여인 이상은 일본인도 조선인도 모두가 일본의 신도(神道) 제례에 따르는 것으로 '위대한 국민정신의 진작'이 가능하게 된다는 주장이다.

조선인이 한반도에서 일본의 신도 의례에 따르는 것은 조선 신자의 참배를 의미했다. 같은 호에 게재된 〈조선신궁의 연중제사〉에 다음과 같은 제사의 의의가 역설되어 있다.

신사 존립의 근본 의의는 진제(鎭祭)에 있으며 따라서 이것이 제사의 집행, 즉 '마쓰리'를 주요한 목적으로 한다는 것은 말이 필요 없다. 원래 이 '마쓰리'라는 말의 의의에 대해서는 이미 알고 있어야 하는데도 그다지 알려지지 않은 유감이 있다. '마쓰리'는 기다린다(待), 제사한다(奉獻) 등과 어원을 같이 하는 말로 결국 신과 인간 둘이 서로 접하고 교감

---

32 「特輯の辭」, 위의 책, 1937(昭和 12), 10月號, 1쪽.

하는 의미를 갖는 것이다. 신인도교(神人道交), 신인합일(神人合一)이 바로 제사의 본래적 의의이다. … 말할 것도 없이 신사에 진제하고 모시는 신들은 제국의 신기이며 우리들의 조상이다. 신국 일본의 더 큰 번창을, 조상신의 이상을, 이 땅에 현현하신 공적이 현저한 신들이며 황국과 생명을 중시하는 조상신이다. 그렇기 때문에 신을 제사하는 것은 신에 합일하는 것이며 무궁한 황국의 대생명에 합류 투입하려는, 멈추려야 멈출 수 없는 자손 국민의 지극한 정(情)을 밖으로 드러내는 것이다. 여기에 제사의 엄수는 항상 황국과 국가가 떠날 수 없는 관계를 갖는 이유가 있으며 숭고한 사명이 있다.[33]

'마쓰리'라는 신과 인간이 교감하고 '신인합일'하는 의례를 통해 일본인도 조선인도, 즉 황국의 국민 모두가 '무궁한 황국의 대생명에 합류 투입'하지 않으면 안 된다. 이를 위해서도 황국의 국민은 조선인이라 해도 모두 일본 신도의 제사를 '엄수'해야 하는 것이다.

이렇게 하여 총독부는 언어 동일론으로 조선인의 아이덴티티의 근거의 하나인 언어를 일본화시키고 일본 신도에 의해 또 하나의 아이덴티티의 근거인 조선인의 신앙심까지 일본화시키려 했다. 민족의 자긍심, 즉 민족으로서의 정신=아이덴티티의 철저한 붕괴가 기획되었다.

언어와 제사는 조선인의 정신을 송두리째 일본인의 정신토양에 이식하기 위한 최후의 수단이었다. 그러나 일단 달리기 시작한 정신적 교화와 생활개선운동은 '일시동인'이라는 슬로건을 실현시키기 위한 증식을 멈추지 않았다. 그리하여 상황은 드디어 최종 국면으로 돌진해 간다.

---

33 「朝鮮神宮の年中祭祀」, 위의 책, 27쪽.

5. '일본정신'과 국가

1937년(쇼와 12) 7월 7일의 노구교(蘆溝橋, 루거우차오)사건을 발단으로 일본은 화북(華北, 화베이)에 총공격을 개시하여 일본과 중국의 전면전쟁(중일전쟁)이 발발했다. 그 직후인 8월 일본 정부는 국민의 전의 고양을 도모하기 위해 거국일치(擧國一致), 진충보국(盡忠報國), 견인지구(堅忍持久)를 슬로건으로 하는 국민정신 총동원 운동을 발족시킨다. 그러나 전쟁이 장기화됨에 따라 점차 국민은 이러한 격렬한 운동을 받아들이지 않게 되고 무관심과 반발심이 퍼지기 시작했다. 이에 1938년 4월에 '국가총동원법'이 제정되어 모든 것이 전쟁 수행을 위한 권력과 폭력으로 통제, 제한당하게 된다.

이러한 일본 국내의 정세 변화에 호응하듯 한반도에서도 국민정신 총동원 조선연맹이 1938년에 결성되었다.[34] 그리고 이 무렵을 경계로 하여 조선인의 '적성(赤誠)' '열성(熱誠)'이라는 언어가 『조선』에 빈번하게 된다.

우리 조선에 대해서는 광범한 동포 사이에서 머리를 숙이고 감사해야 할 강하고 아름다운 애국의 적성이 발로하여 역사적인 의미가 감지되는 내선의 융합일체가 또한 필연적인 의미로 훌륭하게 완성되었습니다. 이것은 양과 질의 두 측면에서 국력의 근원을 강화하는 것이며 동양에 쏘는 도의의 빛입니다. 우리들은 이처럼 내선 사이에 걸쳐 전선과 총후(銃後: 후방)를 통해 빈틈없이 결합된 국민의 성의와 성의를 생산한 정신적인 힘이 전쟁의 종국을 결정하는데 유일한 최대의 요소를 이루는 것임은 물론, 사태가 진정된 새벽에 있어서도 그것이 국내의 중요한 문제를 정리하고 해결하는 작용을 갖고 또 우리나라를 중심으로 동

34　「銃後朝鮮の回顧一年」, 위의 책, 1938(昭和 13), 7月號, 12쪽.

아의 천지에 만들어야 할 국민협화, 평화유지의 새로운 기구를 지배하는 원동력이 되는 것을 믿어 의심치 않습니다.[35]

반도인의 다수가 오늘날 우리들과 함께 나라를 근심하고 그 약진을 열망함에 이른 것은 앙분성(昂奮性)이나 또는 사대사상이나 하는 무비판적인 원인에서가 아니라 완전히 반도인에 대한 우리 선정(善政)의 결과라고 생각한다. 즉 반도인의 교양이 향상되어 판단력이 생긴 결과 우리 선정의 정신을 이해하고 애호의 은혜에 감격하면서 우리 대외활동의 진의를 이해하고 제국의 국민이 되는 것의 광영과 행복을 아는 데 이르렀기 때문이라고 믿는다. 우리들은 조선과 내지의 구별 없이 열성을 다하는 반도인의 애국 후방 운동의 성의는 순수하게 또 감사의 뜻으로 받아들여도 좋다.[36]

조선인이 마음의 저 밑에서부터 일본에 대한 애국심을 품고 국민정신 총동원 운동에 성심 성의껏 협력하고 있다고 간주하고 싶었다. 그러한 통치자인 일본인의 바람이 '강하고 아름다운 애국의 적성', '빈틈없이 결합된 국민의 성의와 성의를 생산한 정신적인 힘', '열성을 다하는 반도인의 애국 후방 운동의 성의'라는 열광적인 언설을 계속해서 생산해 갔다. 이제는 단순한 정신이 아닌 '성의', '적성', '열성'이라는 열광적인 정신이 필요하게 되었다.

그러한 가운데 조선인의 절대적 복종을 어떻게 해서든지 이끌어 내려는 총독부는 결국 '일본정신'을 가져와 조선인의 애국심의 근본적 변혁을 계획한다.

---

35 「國民精神作興週間の本旨」, 위의 책, 1937, 12月號, 8쪽.
36 「內地在住半島人と協和事業」, 위의 책, 1938, 7月號, 37쪽.

　　앞에서 만주사건을 계기로 일본정신이 현저하게 고양되고 이에 따라 최근 일본적인 것, 전체주의로서의 일본을 재고하고 장래 일본의 진로 목표를 향해 갖가지 시사가 주어지는 것은 이것을 단순한 조국애라 하는 것보다 오히려 순리 상에 입각하는 세계 일본의 사명을 완전히 파악하는 점에서 봐도 흔쾌한 일이다. 말할 것도 없이 일본정신은 일본 국민에 내장되는 정신적 근본원리라는 것을 오늘날 그 누구도 의심하는 자 없다. 다만 아울러 이 원리는 오직 일본 국민에 한정하지 않고 다른 민족 내지 다른 국민에 대해 얼마나 타당한 것인지, 또 보편적, 세계적일 수 있는지, 다른 말로 하면 일본정신의 파악, 고양은 자가(自家) 독단이 되어서는 안 된다. 그 사이에 철리(哲理)상 모순 당착 없는 한 조목의 맥류가 긍정되지 않으면 안 되며 그것도 그 흐름 속에서 견강부회 없이 또 이 불합리 비도성(非道性)을 찾지 못하는 자연스러운 것이면서 바깥의 형태 그 자체가 바로 전체주의로서의 일본정신의 근거를 이루는 것이다.[37]

　　일본정신이란 진리이며 정의이며 일본 국민만이 아닌 타민족에게도 타당한 것 같은 보편적이며 세계적인 사상이라고 말한다. 여기에 이르러서 총독부의 현상 인식은 광기의 양상을 띠고 있다. 병든 지성이 마지막에 매달린 것은 '조국'과 '심령의 세계'였다.

　　구라타(百三) 씨에 의하면 현대 지식 계층의 거의 대부분이 조국에의 살아 있는 종속감을 갖고 있지 않을 뿐 아니라, 그들의 최대 다수가 조국을 잃고 있다. 다른 말로 한다면 그들은 조국이란 무엇인가를 정말 알고 있지 않으며 그들의 이상은 조국을 중핵으로 묘사하지 않고, 그들의 모럴은 다른 것 위에 건설되고 그 심장에서는 조국은 멀리 있으며

---

37 「國體觀念の貧困層と朝鮮に於ける指導層の進路」, 위의 책, 9月號, 42~43쪽.

따라서 조국은 평소 그들의 관심사가 아니며 그 실천의 정신도 완전히 별개의 지표에 의한 것이다. … 합하여 그들의 의지는 쇠약하고 건전성은 일탈되고 생각보다 문화적 감각은 느리고 섬세하고 영리하고 수동적이며 그동안에 하등의 강력한 것이 없고 신성한 것에 대한 감수성이 결핍되어 있으며 또한 창조적이지 않다. 지성은 비교적, 합리적, 분석적, 비판적 방면에 우수하여 생명의 신비, 비합리적인 심령의 세계를 직감하는 예지력이 결여되어 있고 사물을 종합적으로 수립하고 혹은 있는 대로 본다. 나아가 어떠한 것에 계시를 직감하는 신앙의 입장까지 깊어지려고 하지 않는다. 즉 그들은 회의에 가깝고 신념에 멀다.[38]

'일본정신'을 고무시키는 암울한 분위기에서 '조국에의 살아 있는 종속감'이나 '생명의 신비, 비합리적인 심령의 세계를 직감하는 예지'를 찾아도 더욱이 총독부는 조선인의 절대적 복종을 이끌어내려는 시도를 멈추지 않고 나아가 새로운 정을 연발한다. 그것이 1940년의 '국민총력운동'이며 41년의 '야마토주쿠(大和塾)'였다.

국민총력운동이란 그때까지 실시되고 있었던 국민정신총동원운동(정동운동)과 농촌진흥운동을 하나로 하여 일본 국내의 대정익찬운동을 모방하면서 "관민 모두 그 직업을 묻지 않고 내선인의 구별 없이 유산자도 무산자도 남자도 여자도 모두 국가를 위해 그 직장에서 직역봉공(職域奉公), 일억일심(一億一心)이 되어 국가 국민의 총력을 발휘하려는 실천운동"[39]이었다.

또한 야마토주쿠는 "반국가사상을 품은 자를 변화시킨 사상보국, 내선일체의 실천단체이며 반도 전체의 모든 사상 사건 관계자를 보호 교화하여 국가 총력의 발휘에 한 점의 지장이 없음을 기대하고 더욱

38 위의 책, 43쪽.
39 「國民總力運動の趣旨」, 위의 책, 1940(昭和 15), 11月號, 33~34쪽.

나아가 신하의 도를 실천하는 국민 전사를 육성"[40]하기 위한 사상개조 조직이었다.

국민총력운동도 야마토주쿠도 이미 전쟁과 통제에 몹시 피폐한 조선인의 입장에서는 아무 의미 없이 울리는 징(동라) 소리로 밖에는 들리지 않았던 것은 아닌가? '일시동인'이라는 '성지'에서 20 수년이 경과한 1942년(쇼와 17) 조선총독 고이소 구니아키(小磯國昭, 1880~1950)에 의해 발표된 다음의 훈시는 '일시동인'이 얼마나 실현하기 어려운 길고 끝없는 여로였는지를 말해준다.

> 본 총독은 일시동인의 성지를 받들어 반드시 조선 동포의 물심양면에 걸쳐 수준을 어디까지나 향상하여 하루라도 빨리 내지(일본 본토인) 동포와 진정한 차별 없는 일체의 경지로 인도할 것을 강하게 마음에 새기고 있습니다만, 그 실현을 위해 특히 반도 관민 지도자층 각위의 궐기 협력에 기대하는바 극히 절실한 것이 있습니다. 바라는 것은 각위가 마땅히 본 총독의 진의가 있는 바를 명백히 관찰하고 양지하여 대동아 건설에 있어서 조선 통치를 위해 정진하는 것을 바라마지 않습니다.[41]

"하루라도 빨리 내지 동포와 진정한 차별 없는 일체의 경지로 인도"하고 싶다, 이를 위해서 "대동아 건설에 있어서 조선 통치를 위해 정진"하기를 바란다는 마지막의 바람도 결국 실현되지 못하고 종전을 맞이하게 된다.

---

40 「大和塾の設立と其の運動」, 위의 책, 1941(昭和 16), 10月號, 29쪽.
41 「道知事會議に於ける總督訓示要旨」, 위의 책, 1942(昭和 17), 7月號, 17쪽.

6. 맺음말

아무리 강대한 국가라도 식민지 인민에게서 민족주의 및 애국심을 말살하는 것 등은 있을 수 없는 일이다. 그러나 일본인은 그 불가능을 가능하게 하려고 생각할 수 있는 한에서의 모든 수단에 호소했다. 그러한 때 항상 저 두상 꼭대기 높은 곳에 목표로 내세운 것이 '일시동인'이라는 '성지'였다. 그러나 결국 이 '성지'는 일본인도 조선인도 전혀 실감하지 못하고 사라진 허무한 슬로건에 지나지 않았다.

또한 조선인도 그러한 일본인의 태도에서 '일시동인'이 어디까지나 단순한 슬로건에 지나지 않는다는 것을 분명하게 꿰뚫고 있었다.

> 조선에서 오늘날 내선일체운동을 일부에서는 혹은 관제(官制)라고 하고 혹은 섣부른 것이라 폄하하여 의문의 눈으로 보는 경향도 있는 듯한데 그것은 인과 법칙을 무시한 견해이다. … 단지 당장 내지인 측에서는 조선인의 충성의 정도가, 조선인 측에서는 내지인의 성의의 정도가 아직까지 분명하지 않고 아직까지 그것을 실증할 만큼의 많은 사례도 결여된 관계상 뭔가 목소리뿐 아닌가라는 듯한 느낌이 일부에 있는 것도 일단 수긍이 가지만[42] …

결국 일본인과 조선인 사이에 '견고하게 맺어진 국민의 성의와 성의를 생산한 정신적인 힘'이 생겨나는 일은 없었다. 양자 간에 전시 중임에도 불구하고 진정한 우정이나 친애가 있었다는 것은 상상하기 어려운데 그러나 대세로서는 어디까지나 지배와 피지배, 억압과 피억압의 관계였다는 것도 틀리지 않는다.

돌아보면 '일시동인'이라는 슬로건이 한반도에서 간행된 월간지『조

---

42 「內鮮一體と朝鮮文學」, 위의 책, 1940, 3月號, 66쪽.

선』에서 점차 모습을 바꾸어가면서 새로운 언설을 만들어내어 갔다는 그 에너지의 대단함에 놀라지 않을 수 없다. 1921년 2월 제73호에 처음으로 '일시동인'이 기재된 이래 마지막 호인 1944년 12월 제354호에 이르기까지의 23년간 282권에 얼마나 많은 언설이 생산되고 허무하게 소비된 것일까?

일본의 식민지 경영은 일본의 근대화 정책을 떠나지 못하고 일본 국내의 정치 상황에 따라 식민지 정책도 크게 변경되었다. 그 때문에 일본 국내(내지)와 한반도는 바다로 거리를 두면서도 실시된 정책은 서로 영향을 받았다고 생각해야 한다. 그러나 양자 사이에는 100만 인의 조선인, 일본인의 이동과 거주가 있으며 영향은 국가정책에만 한정된 것은 아니었다. 바다를 넘어 그리고 국가라는 틀을 넘어 영향은 공중에서 비처럼 뿌려진 것이 아니라 일본인과 조선인의 활발한 왕래 가운데 양 지역에 거주하는 사람들의 일상생활이나 사고에까지 미치는 넓이와 깊이를 갖춘 것이었다. 그 두 지역에 '일시동인'이라는 슬로건이 내걸리고 사람들의 행동이나 정신에서 그 실행을 찾았다. 그러나 편견과 멸시로 슬로건의 달성이 곤란하다고 이해되기에 이르자 그것은 조선인의 정신을 지배하려는 정신주의로 변모했다. 정신만이라도 지배할 수 있다면 조선인을 마음대로 움직일 수 있다. 그렇게 생각하고 그렇게 믿는 것에 일본인에 의한 식민지 통치정책의 커다란 문제가 가로놓여 있었다.

또 빼놓으면 안 되는 것은 '일시동인'이라는 슬로건과 생활개선운동, 농산어촌 진흥운동, 심전개발운동, 국민총력운동, 야마토주쿠라는 정신개조운동에 관한 언설은 '국가 관념을 명징하게 하는 것', '제국신민이 되는 것의 영광과 행복', '무궁한 황국의 대생명에 합류 투입시키는 것' 등 '국가'나 '황국'이라는 개념과 결합되어 있었다는 것이다. 다시 말하면 '국가'나 '황국'이라는 개념에 의지하지 않는다면 '일시동인'과 정신개조운동을 통합시키는 것은 불가능했다는 것이다.

조선총독부가 발행한 잡지 『조선』은 전쟁 이전의 일본인이 '일시동인'이라는 마사여구로 조선인의 애국심을 말살하려고 했던 것을 증언하는 비정한 아카이브이며 근대 한일관계사를 고찰할 때 잊어서는 안되는 텍스트이다.

제7장

전시 광고 자료에 표상된 '조선'

1. '조선상'의 변용

중국, 일본, 조선의 동아시아 각 국이 근대화=서양화에 혈안이 되었던 19세기 후반, 동아시아의 국제질서는 여전히 중국을 중심으로 하는 중화체제에 지배받았다. 거기에는 도의로서의 '예'와 문명으로서의 '힘'이라는 상반되는 두 가지의 원리가 교착하고 있었다. 중화체제의 주변(東藩)에 위치하고 있던 조선은 '예'를 상징하는 청에 대해서는 사대외교를, '예'를 벗어난 폭'력(力)'적인 문명을 상징하는 일본에 대해서는 교린외교를 전개했다고 말한다.[1] '동방예의지국'을 자칭하던 조선의 입장에서 전통적인 예법 질서를 파괴하여 근대적인 정치, 군사 제도를 발 빠르게 정비한 일본은 '야만'적인 침략자였다.[2]

한편 일본인도 메이지유신이라는 급격한 근대화를 추진하는 과정에서 중국이나 조선에 대한 인식을 극적으로 변용시켜 갔다. 도식적으로

---

1 張寅性, 「近代朝鮮の日本觀の構造と性格」, 宮嶋博史·金容德 編, 『近代交流史と相互認識I』, 慶應義塾大學出版會, 2001, 161쪽.

2 위의 책, 154~155쪽.

말한다면 동아시아의 전통적인 중화체제를 타파하고 일본을 중심으로
하는 새로운 국제질서=일본적 화이질서를 수립하려는 작업이었다. 이
작업 과정에서 일본인이 표상하는 조선상에 어떤 전기가 찾아왔다. 그
때까지 정체되는 고루한 조선으로 인식되던 것이 청일전쟁을 경계로
타락한 '정신'으로 표상되었다. 멸시하는 것은 같은 것이었다 해도 멸
시의 기준으로 '정신'이라는 개념을 꺼낸 것에 유의해야 한다. 왜냐하
면 '정신'이라는 개념은 그때까지는 존재하지 않았던 어느 인식론적
전회를 의미하기 때문이다.

본 장은 청일전쟁에서 태평양전쟁의 전시 광고자료를 텍스트로 삼
아 거기에 표상된 '조선'상의 변용을 분석하는 것으로 청일전쟁이 일본
인의 대외인식에 극적인 변용을 가져온 것 및 거기서 발견된 '정신'이
이후 일본인의 인식에 커다란 영향을 미치게 되는 것을 검증한다.

2. 메이지 초기 신문 자료에 표상된 '조선'

후쿠자와 유치키가 『문명론지개략』(1875, 메이지 8)을 상재하던 무렵
일본인은 일반적으로 중국을 '예의의 나라'로, 또한 일본을 '무용(武勇)
의 나라'로 인식하고 있었다.

지나는 옛날부터 예의의 나라로 칭하는데 그 말이 혹 자부심과 닮은
듯하지만 일에 열매가 없다면 이름도 또한 있을 수 없다. 옛날의 지나에
는 실로 예의의 사군자가 있어서 그 사업이 칭찬할 만한 것이 적지 않았
다. 오늘에 이르러서도 그 인물이 부족하지 않다고 해도 전국의 양상을
보면 사람을 죽이고 물건을 훔치는 자 심히 많다. 형법은 지극히 엄격하
지만 죄인의 수는 언제나 줄어드는 일이 없다. 그 인정, 풍속이 비굴하
고 천하고 낮은 것은 실로 아시아국의 골법(骨法)을 나타내는 것이라

할 것이다. 그러므로 지나는 예의의 나라가 아니며 예의가 있는 사람이 거주하는 나라라고 할 것이다.[3]

예로부터 우리 일본은 의용(義勇)의 나라로 칭하는데 그 무인(武人)의 표한(慄悍: 날쌔고 빠르다)하여 과단, 성충(誠忠)하고 솔직한 것은 아시아 나라들 중에서도 부끄러울 것이 없다.[4]

후쿠자와는 중국은 이미 실질적으로는 '예의의 나라'가 아니게 되었다고 역설하는 한편에서 일본을 '의용의 나라'라는 무력을 동반한 이미지로 표상하고 있다. 즉 이 시점에서는 '예의'를 대표하는 것은 중국이며 일본이 대표할 수 있는 것이라 한다면 '무용'밖에는 없다는 인식이 있었다는 것을 알 수 있다. 그리고 조선은 '야만'이라는 언어로 표상되어 있었다. 후쿠자와는 『우편보지(郵便報知)』 1875년(메이지 8) 10월 7일호에 〈아시아 제국과의 화전(和戰)은 우리 영욕과 무관한 설〉이라고 제목을 한 글을 투고했다.

근일 세상에 정한(征韓)을 해야 한다는 이야기가 있다. 야만의 조선인이라면 우리를 향해 무례를 가하는 일도 있으며 도리를 말하고 해명하지 못하는 상대라면 벌하는 것 외의 방법이 없다는 설도 있는데 나라를 사랑하고 충성을 다하기 위해서는 마음을 가라앉혀 영원한 이해(利害: 이로움과 해로움)를 살펴보는 것이 중요하다.[5]

1875년의 시점에서 후쿠자와는 중국=예의, 조선=야만, 일본=무용

---

3 福澤諭吉, 『文明論之槪略』, 岩波文庫, 1931, 69쪽.
4 위의 책, 204쪽.
5 杵淵信雄, 『福澤諭吉と朝鮮, 時事新報社說を中心に』, 彩流社, 1997, 21쪽.

으로 인식하고 있었다. 이 시기 일본인의 대외관을 특징짓는 개념은 '정한론'이라 불리는 조선 출병의 가부에 관한 논의였다. 그러나 정한 론으로 들끓었다고 해도 일본인의 조선관에 커다란 변화는 없었다. 후 쿠자와는 『시사신보』 1882년(메이지 15) 4월 25일호에 〈조선 원산진의 변보〉라 제목을 한 사설을 게재했다.

> 그 완고하고 어리석음(頑愚)은 측은하고 그 흉포함은 미워해야 한다
> 해도 단순히 이것을 조선 인민의 죄로 귀결하는 것으로 끝날 일이 아니
> 다. 혹은 우리 일본 정부에 약간의 반성하는 바 있다면 나아가 스스로
> 그 책임에 해당하는 의미가 있다는 것을 기억해야 한다.[6]

조선은 '완우'나 '흉포'라는 언어로 표상되어 있으며 기본적으로 '야 만'이라는 이미지에 머물러 있었다. 그뿐만이 아니라 이 시기 일본인의 조선 인식에는 아직 '문화적 존경'이 남아 있었다고 말한다.[7] 다나카 세이추(田中正中)는 마찬가지로 1875년에 출판된 『정한평론』에서 다음 과 같이 기술한다.

> 전해 들으니 조선의 인심은 후하고 신용을 좋아하고 견고하게 의를
> 지키며 그 기질이 아름다워 아시아주에서 수절(秀絕: 뛰어남)이라고 한
> 다. 지금까지 일찍이 외이(外夷: 서양인)의 간유(姦誘: 간사한 꾐)에 응
> 하지 않고 풍모도 마치 그 덕은 변함없는 미인과 닮았다. 미인은 항상
> 사람에게 사랑받는다. 그런데 어째서 유독 이 아름다운 나라(美國)를
> 대우하는 것이 이와 같이 모질단 말인가?[8]

---

6 南富鎭, 『近代日本と朝鮮人像の形成』, 勉誠出版, 2002, 6쪽.
7 山田昭次, 「民族的差別と蔑視」, 淺田喬二 編, 『「帝國」日本とアジア』, 吉川弘文館, 1994, 178쪽.

조선인은 '후하고 신용을 좋아하고 견고하게 의를 지킨다'고 하여 인심의 미덕을 칭찬하고 있다. 정론으로 떠들썩한 가운데 생겨난 언설이라는 것만으로 조선에 과도하게 동정적일지도 모른다. 그렇지만 조선이 유교적 덕목으로 평가받고 있는 것은 주목할 가치가 있다. 이러한 경향은 같은 해 강화도사건이 발생했어도 일시적인 감정이 높아진 것일 뿐으로 커다란 변화로 덮인 것은 아니었다.

> 지금 묘모(廟謨: 조정에서 세우는 계략)는 어떠한 묘모인가? 그 국왕은 상당히 개화사상을 갖고 있다지만 그 아버지 되는 대원군은 외방인을 꺼리는 것이 뱀과 전갈을 싫어하는 것과 같고, 항상 쇄항양이(鎖港攘夷: 항구를 닫아 외국선의 출입을 금지하는 것)의 설을 고집하여 세력이 국정에까지 미쳤다는 것을 들었다. 그리하여 조정의 관리 중에는 개론당(開論黨) 아님이 없다고 해도 척론당(斥論黨)에 비한다면 그 수는 심히 적다. 좌고우면(左顧右眄)하고 주저함이 많음은 추세의, 그러나 어쩔 수 없어서 나오는 것이다. 이 외에 일반 민심 같은 것은 원래 완고하고 어리석고 고루하여 작금의 시무를 모른다. 단지 그 구습을 지키는 것으로 가장 안전하다고 여기뿐이다.[9]

여전히 조선의 표상은 '완우고루', '구습을 고수'하는 수준에 머물고 있었다. 실제 1882년의 외교문서를 봐도 이전과 다를 바 없이 중국이나 조선의 안색을 살피는 듯 삼가거나 혹은 외교적 배려가 느껴진다.

> 지금 우리 동양은 서양 나라들과 교제를 열고 강국은 국토를 마주하고 침을 흘리고 있으며 부국의 해역을 떠올리며 주시하고 있다. 그 힘은

---

8 中塚明, 『近代日本の朝鮮認識』, 研文出版, 1993, 42쪽.
9 「朝鮮を待つの政略を論ず」, 日本近代思想大系, 『對外觀』, 岩波書店, 1988, 349쪽.

절박하다. 결코 백 년 이전의 동양이 아니다. 생각해보면 이 동안에 동양인이 처한바 너무나 어려운 것을 기억한다. 그렇지만 우리나라 스스로가 분발하여 이 위치에 섰다. 이제 그 어려움을 피하여 동양의 큰 국면이 잘못되는 것을 얻겠는가? 우리나라가 이러한 때에 처하여 오직 지나의 의혹을 해소하고 한인의 원망을 누그러뜨릴 뿐이다.[10]

동양 중에 굴지의 나라는 지나와 우리나라뿐으로 그 지역의 협소, 대소는 너무 다르지만 현재의 국제 위력을 평균한다면 지나에 필적하는 지위에 서야 하는 것은 오직 우리나라가 있다고 하겠다. 만약 일단 양국 간에 일이 발생한다 해도 지나 세력은 결코 우리나라를 능학(淩虐: 침범하여 능멸하는 것)하지 못한다. 또 우리나라의 영무(英武: 영민하고 용맹스러움)의 사기는 지나를 훨씬 초월하여 능히 이것을 일시에 누를 수는 있어도 그 힘이 지나를 진멸하기까지 이르지 못한다. 그렇지만 즉, 오늘은 일본과 지나 양국 간에 동양 세력의 권형이 그 평균을 얻는 모습이어서 강약과 우열을 아직 판단하는 것이 아니라는 것도 옳다.[11]

'오직 지나의 의혹을 해소하고 한인의 원망을 누그러뜨려야 하는' 것에 배려해야 한다고 하고 또 '동양 중에 굴지의 나라는 지나와 우리나라뿐'이라고 하여 중국과의 대등성('일본과 지나 양국 간에 동양 세력의 권형이 그 평균을 얻는 모습')을 강조하는 일본 외교의 자세에는 문화적으로도 군사적으로도 강대한 중국, 그리고 그 중국과 조공 관계에 있는 조선을 무시할 수 없다는 인식이 있었다.

그러나 이러한 중국이나 조선에 대한 배려 같은 인식은 1894년(메이지 27)의 동학당의 난(갑오농민전쟁)에 발단된 청과의 군사 충돌, 즉 청일

---

10 「外交を論ず」, 위의 책, 181쪽.
11 「東洋の大勢大計を論ず」, 위의 책, 362쪽.

전쟁과 그 승리로 사태는 갑자기 변했다. 남부진은 이 점에 대해 "청일 전쟁의 압도적인 승리는 아시아의 야만적인 미개에 대한 문명개화를 추진한 일본의 승리로 의의가 매겨져 새로운 아시아의 맹주로서의 과 잉된 자의식을 가져오게 된다. 이러한 과잉된 자의식의 뒷받침으로 생 겨난 것이 중국에 대한 멸시이며 종래의 아시아적인 봉건주의의 경멸 이며 나아가서는 그 질서의 부정이었다"[12]고 말한다.

청일전쟁을 거친 단계에서 표상된 조선상이란 예를 들어 『여학잡지』 의 편집에 관여하던 이와모토 요시하루(嚴本善治, 1863~1942)가 〈조선국 교육대방침〉이라 제목을 붙여 잡지 『태양』(1894)에 게재한 다음과 같은 것이었다.

> 그 독립심이 없고 무혼(武魂)이 없고 근면절검의 덕이 없다. 이와 같이 인민이 경박하고 경솔하고 무기력하여 집착과 인내의 기골이 없고 허언이 많고 수식이 많고 위선이 많고 모두가 평범, 모두가 문약하여 오히려 열혈 적성의 과감하고 맹렬함을 조금이라도 드러내지 못하는 모습, 눈으로 보는 것처럼 명백하지 않은가?[13]

조선을 평가하는 기준이 '독립심', '무혼', '근면절검의 덕'이라는 일본 적 도덕이라는 것에 주의할 필요가 있다. 여기에는 이미 '예의'라는 유교 적 덕목이 관여할 여지가 없이 근대화를 추진한 일본에서 독자적으로 무사도적 덕목을 재편성한 덕목이 제시되어 있다. 이러한 경향은 같은 해에 발표된 후쿠자와 유치키의 『시사신보』 사설(1894년 7월 29일호)에서 도 엿볼 수 있다.

---

12   南富鎭, 『近代日本と朝鮮人像の形成』, 9쪽.
13   위의 책, 10쪽.

조선의 바다 풍도(豊島: 아산만) 부군의 해전에서 우리 군이 대승리를 거둔 것이 어제의 호외로 보도되었다. 이번의 갈등에 일본 정부는 오직 주의에 주의를 더하여 평화의 종결을 바랐는데 지나인은 힘의 강약을 가늠해보지 않고 무법하게도 이치가 아닌 것을 끝까지 밀어붙여 우리 군이 승리의 명예를 거둔 것이다. 개전 첫 번째의 명예를 축하함이 마땅하다고 하지만 우리 군인의 용맹에 더하여 문명 정예의 무기로 부패국의 부패군에 대한 승패는 명명백백, 놀라기에 족하지 않다. 전쟁은 청일 양국 간에 발생했지만 근원을 찾아보면 문명개화의 진보를 추구하는 자와 진보를 방해하는 자와의 싸움이지 양국 간의 싸움이 아니다. 본래 일본인은 지나인에 사적인 원한이 없고 적의가 없다. 세계의 한 국민으로서 보통의 교제를 바라는데 그들은 '완미불령(頑迷不靈: 사리에 어둡고 깨닫지 못하는 것)'하여 문명개화를 기뻐하지 않는다. 이와 반대로 방해하려고 하여 반항의 뜻을 표하기 때문에 어쩔 수 없이 일이 여기에 이른 것뿐이다. 일본인의 눈 속에는 지나인도 지나국도 없다. 단지 세계문명의 진보를 목적으로 하여 방해하는 자를 타도하기까지의 일이라면 사람과 사람, 나라와 나라의 일이 아니며 일종의 종교 싸움이라 보는 것도 좋다.[14]

후쿠자와는 청일전쟁을 '지나'국과 '부패국'의 전쟁, 혹은 '문명개화의 진보를 추구하는 자와 진보를 방해하는 자와의 싸움'으로 이해했다. 일찍이 그 강대함과 문화적 전통 때문에 삼가고 있던 중국 인식은 이제 청을 '부패국'이나 문명개화의 진보를 방해하는 자로서 규정하기까지 변화하고 있다. 후쿠자와가 여기서 타파하고자 하는 것은 청의 사고방법, 즉 '완미불령'한 유교적 사고방식 그것이었다. 그 때문에 청일전쟁은 '사람과 사람, 나라와 나라의 일이 아니며 일종의 종교 싸움'이라고

---

14 杵淵信雄, 『福澤諭吉と朝鮮 時事新報社說を中心に』, 189~190쪽.

도 할 수 있는 것이라 인식하고 있는 것이다.

이것은 19세기 동아시아 국제질서를 지배하고 있던 중화체제의 근본적인 부정을 의미한다. 일본은 중국과 조선이 자부해 온 '예의의 나라', '동방예의지국'이라는 유교적인 가치관을 '부패'로 삼고 문명개화에 '반항'하는 것으로 정면에서 부정하기에 충분한 인식론적 기반을 드디어 획득한 것이다. 그렇다면 이 이후 종래의 중국관이나 조선관이 크게 변하여 단숨에 경멸도가 높아질 것이다. 후쿠자와는 『시사신보』의 같은 해 11월 17일의 사설에 〈파괴는 건설의 시작이다〉라고 썼다.

> 다행히 우리나라는 조야의 상류에 문명의 주의를 이해하는 자가 적지 않다. 하류 사회를 풍미하여 잘못된 것이 없지만 조선은 부패한 유교의 소굴로 위는 뛰어나고 과단성 있는 선비가 없고 국민은 노예의 지경에 있으며 상하가 문명이 무엇인지를 이해하지 못하는 자뿐이다.[15]

조선의 표상이 '부패국'에서 '부패한 유교의 소굴'로 변화한 것은 유교를 '부패한 유교'로 부정하고 있다는 것을 의미한다. 원래 후쿠자와는 강경한 유교 부정론자였다. 일찍이 『문명론지개략』에서 "옛것[古]을 믿고 옛것을 사모한다 해도 자기의 공부를 더하지" 않는 정신 상태를 '정신의 노예'라 부르고 "지금 세상에 살면서 옛 사람의 지배를 받고 … 널리 인간의 교제에 정체하여 흐르지 않는 원소를 흡입시키는" 것은 '유학의 죄'라고 하면서 유교(유학)을 냉혹하게 단죄했다. 후쿠자와의 이러한 지론이 청일전쟁에서의 승리로 보다 분명하게 증명된 것이다.

이듬해인 1895년(메이지 28)년 3월 13일의 사설에는 〈조선의 근황〉이라 제목을 한 글이 게재되었다.

---

15 위의 책, 199~200쪽.

이씨 건국 5백 년 이래 불법을 폐하고 유교를 쫓았는데 말하는 바는 대단히 아름답고 행하는 바는 심히 나쁘다. 생각하는 바도 심히 추하고 기묘한 관점을 띠어 유교의 중독증을 고칠 수 없다. 오늘 문명의 문에 들어와 독립 운운하지만 이노우에 공사의 설론에 따라 입에 올릴 뿐이다. 공사의 방법이 느슨하면 곧 유독(儒毒)이라는 근본된 증상이 나온다. 그리하여 이노우에 공사는 일체의 인사를 하지 않는다. 마차를 모는 것처럼 채찍으로 때리고, 나라 안에 노마(駑馬: 둔한 말)가 달리 없다면 수중에 있는 것을 몰아 나아가면 유교의 독을 벗어나 문명의 문에 들어가는 자도 있을 것이다.[16]

후쿠자와는 조선을 '유교의 중독증'에 걸린 '유독'을 벗어나 문명의 문으로 나아가지 않으면 안 되는 나라라고 인식하고 있다. 청일전쟁의 승리는 이러한 후쿠자와를 시작으로 많은 메이지 지식인에 유교를 근대화의 방해 요인이나 무용한 전근대 사상으로 인식하는 것을 가능하게 했다. 청일전쟁에 의한 동아시아 국제질서의 재편성은 메이지 일본인 지식인에 전통적인 유교를 '유독'이라 하여 장사 지낸다는 의식 개혁을 가져왔다. 이 때문에 '예의의 나라', '동방예의지국'을 표방해 온 중국과 조선을 전면적으로 부정하는 것이 가능하게 되고 극단적인 경멸을 표상하는 언설을 차례차례로 생산해 냈다.

3. 서양인에 표상된 '조선'

동아시아 국제질서 재편에 따르는 의식혁명, 즉 유교라는 전통적 가치관의 전면적 부정은 일본인에 의한 프로파간다로 서양인의 눈에 어

---

16 위의 책, 210쪽.

떻게 비춰졌을까?

근대 서양인이 소개한 조선 인상의 가장 초기의 것은 에노모토 다케아키(榎本武揚, 1836~1908)가 프랑스인 선교사 달레의『조선교회사』를 초역(抄譯)하여 1876년에 출판한『조선사정』이었다. 에노모토는 이 책에서 달레의 기술 중에서 '불결'이라는 이미지를 더욱 강조했다.[17] '불결(不潔)'이라는 이미지는 그 후의 일본인에 지속적으로 계승되는데 특히 문학작품에 많이 사용되었다. 다카하마 교시(高浜虛子, 1874~1959)는 1911년에 조선을 처음으로 여행한 기행문을『도쿄마이니치신문』에 게재하고는 다음 해『조선』이라는 제명으로 출판했다. 다카하마 교시는 이 책에서 "조선인처럼 더럽고 가난한 생활을 해 보고"라는 표현을 사용하고 있다.[18] '불결'이라는 이미지는 조선뿐만이 아니라 중국에도 적용되어 이 당시 일본인의 아시아 인식의 전형적인 패턴이 되었다.[19]

그 후 1878년(메이지 11)에 일본에 와서 닛코, 니가타, 야마가타, 아키타, 홋카이도의 촌락을 조사하고『일본오지기행』을 기록한 영국인 여성작가 이사벨라 버드 비숍(Isabella Bird Bishop, 1831~1904)은 1897년(메이지 30)에 조선을 방문하고는『Korea and Her Neighbours: A Narrative of Travel, with an Account of the Recent Vicissitudes and Present Position of the country』(『한국과 그 이웃나라들』, 일본어 서명『조선기행』, 1898)을 저술했다. 이 책에서 버드는 다음과 같이 조선을 표상하고 있다.

---

17 南富鎭,『近代日本と朝鮮人像の形成』, 7쪽.
18 木村幹, 「『不潔』と『恐れ』-文學者に見る日本人の韓國イメージ」, 岡本幸治 編著,『近代日本のアジア觀』, ミネルヴァ書房, 1998, 109~110쪽.
19 위의 책, 111~112쪽.

조선 국내는 전 국토가 관료주의에 짙게 물들어 있다. 관료주의의
악폐가 굉장히 만연되어 있을 뿐 아니라 정부의 기구 전체가 악습 그
자체, 맨 밑바닥도 없다면 해변도 없는 부패의 바다, 약탈 기관으로 모
든 근로의 싹이라는 싹을 짓눌러버린다. 직위나 상벌은 상품처럼 매매
되고 정부가 급속하게 쇠퇴해도 피지배자를 먹이로 삼는 권리만은 존속
해 있다. … 일본은 조선식 기구의 복잡다기에 걸쳐있는 악폐에 맞서
시정하려 했다. 현재 시행되고 있는 개혁의 기본노선은 일본이 조선에
준 것이다. 일본인이 조선의 정치형태를 일본의 그것에 동화시킬 것을
염두에 둔 것은 당연하며 그것은 탓할 일이 아니다.[20]

조선은 유교적 관료주의의 '악폐'에 침해당해 있으며 '부패의 바다'
가 펼쳐져 있다. 그 '조선식 기구의 복잡다기에 걸쳐있는 악폐에 맞서
시정하려 한' 것은 바로 일본뿐이라고 한다. 여기에는 버드가 일본에서
배운 조선상이 여실히 표현되어 있다. 또 조선의 교육 제도에 대해 버
드는 다음과 같이 기술하고 있다.

협량(狹量), 매너리즘, 게으른 마음, 존대함, 수작업을 멸시하는 잘못
된 프라이드, 관용적인 공공심이나 사회적 신뢰를 파괴하는 자기중심적
인 개인주의, 2000년 이전부터의 습관과 전통에 예속된 사고와 행동,
시야의 협소한 식견, 잔박한 윤리관, 여성 멸시와 같은 것은 조선 교육
제도의 산물이라 생각된다.[21]

날카로운 관찰 안목으로 알려진 버드였는데 '2000년 이전부터의 습
관과 전통에 예속된 사고와 행동, 시야의 협소한 식견, 잔박한 윤리관'이

---

20 イザベラバード(時岡敬子 譯), 『朝鮮紀行』, 講談社學術文庫, 1998, 474쪽.
21 위의 책, 489~490쪽.

라는 평가에서도 일본인에 의한 조선상의 영향이 분명하게 느껴진다.

더욱 이토 히로부미에 촉탁되어 조선 조사를 실시한 조지 트럼벌 래드(George Trumbull Ladd, 1842~1921)는 『In Korea with Marquis Ito』(『이토 후작과 한국에서』, 1908, 메이지 41)에서 다음과 같이 조선을 언표한다.

> It is one of the most remarkable contrasts between Japan and Korea that, whereas the more distinctly moral elements of Confucianism moulded a noble and knightly type of character in the former country, in its neighbor the doctrines of the great Oriental teacher chiefly resulted in forming the average official into a more self-conceited but really corrupt and mischievous personality.[22]
>
> (일본과 한국의 가장 현저한 대조 중 하나는, 유교의 보다 뚜렷한 도덕 요소가 전자의 나라에서는 고상하고 기사다운 성격을 형성한 반면, 그 이웃에서 위대한 동양 교사의 교리는 주로 평범한 관리가 더 자만하기 쉬운 부패하여 유해한 인격을 형성했다.)

항상 이토 히로부미를 수행하던 래드는 버드와 마찬가지로 일본인이 표상하는 조선상에 영향을 받고 있었다는 것은 분명하다. 왜냐하면 일본과 한국의 차이를 일본에서는 유교의 덕목(moral elements)이 고귀한 무사도를 형성했지만 조선에서는 관료가 자만하기 쉬운 부패하여 유해한 인격(a more self-conceited but really corrupt and mischievous personality)을 형성했다고 결론짓고 있다. 이것은 당대 일본인의 평균적인 조선상과 완전히 일치하는 것이었기 때문이다.

---

22 JAPANESE PROPAGANDA: SELECTED READINGS Series 1: BOOKS, 1872~1943, VOLUME 6, *In Korea with Marquis Ito*, 1908, New York: Charles Scribner's Sons, p.181.

또한 래드는 당시의 일본인이 얼마나 '도덕의 문제'에 관심을 기울이고 있었는지에 대해 다음과 같이 기술한다.

There has also been a great awakening to interest in moral problems since the Russo-Japanese war. This interest is not confined to any one class. In all the Government schools, of every description, especial attention is being given to ethics. This is the one study which is kept most constantly before the minds of the pupils, from the earliest stages of their training to the end of the graduate courses in the university.[23]

(러일전쟁 이후 도덕적 문제에 대한 관심도 크게 높아졌다. 이러한 관심은 어느 한 클래스에만 국한되지 않는다. 모든 공립학교에서는 모든 설명에서 윤리에 특별한 관심을 기울이고 있다. 윤리는 훈련의 초기 단계에서 대학의 대학원 과정이 끝날 때까지 학생들의 마음에 끊임없이 유지되는 학문이다.)

일본의 소학교에서 대학교에 이르는 모든 교육 현장에서 '도덕의 문제(moral problems)'에 대한 관심이 환기되어 모든 장면에서 '윤리학(ethics)'이 언급되고 있다고 말한다. 이 '윤리학'이 니토베 이나조에 의해 재편성된 '무사도'라는 새로운 도덕의 교시였다는 것은 틀림없다.

The men, now past middle life, who were trained to the respect for honor and the feelings of devotion which characterized the *Samurai* (or Puritan knights) of the old *regime*, and who have been the inspirers and guides of all that has been best in the "New Japan"

---

23 위의 책, 460쪽.

are still, though they are growing old and fewer in number, controlling the destinies of the nation.[24]

(구체제의 사무라이(또는 청교도 기사)의 특징인 명예에 대한 존중과 헌신적인 감정으로 훈련을 받았고, '새로운 일본'의 모든 뛰어난 것을 고무하고 인도해 온 중년 이후의 남자들은 나이가 들어 그 수가 줄어들 었다고는 해도 여전히 국가의 운명을 지배하고 있다.)

'사무라이'를 특징짓는 '명예(honor)'와 '헌신(devotion)'의 존중을 철 저히 주입시킨 지식인들은 '새로운 일본(New Japan)'을 건설하는 사명 을 지고 있었다. 그들은 청일전쟁, 러일전쟁의 승리로 중국이나 조선을 존중해 온 동아시아의 전통적 유교 도덕이 아닌, '무사도'라는 새로운 도덕 습관에 힘썼다. '무사도'는 새로운 일본인을 표상하는 심볼이면서 지금 동아시아를 표상할 때의 절대적인 가치기준이 되었다. 니토베는 '무사도'에 위탁된 의식혁명을 분명하게 인식했다.

혹자는 말한다. 일본이 중국과 최근의 전쟁에서 승리한 것은 무라타 총(村田銃)과 크루프 포(Krupp gun)에 의한 것이라고. 또 말한다. 이 승리는 근대적인 학교 제도의 공적이라고. 그러나 이러한 것은 전혀 진리가 아니다. … 활력을 주는 것은 정신이며 그것이 없이는 가장 좋은 기량의 기구도 거의 도움 되는 것이 없다라는 진부한 말을 반복할 필요 는 없다. 가장 진보한 총포도 저절로 발사하지 않으며 가장 근대적인 교육제도도 비겁한 자를 용사로 만들지 않는다. 아니다. 압록강에서 조 선 및 만주에서 전승한 것은 우리들의 손을 이끌고 우리들의 심장에 떨치고 있는 우리들 조부의 위령(威靈)이다. 이러한 영혼, 우리 무용(武 勇)한 조상의 혼은 죽지 않으며 보는 눈이 있는 자에게는 분명하게 보인

---

24 위의 책, 460쪽.

다. 가장 진보한 사상의 일본인이라도 그 피부를 긁어서 본다면 한 사람
의 무사가 밑에서부터 나타날 것이다.[25]

청일전쟁으로 일본이 중국에 승리한 것은 '정신'의 힘, '조부의 위령',
'우리 무용한 조상의 영혼'이며 즉 '무사의 혼'이었다. "봉건 일본의 도
덕체계는 그 성곽과 같이 붕괴하여 진토로 돌아가며 따라서 새로운
도덕이 새로운 일본의 진로를 인도하기 위해서는 불사조와 같이 일어난
다고 예언하는 자가 있다. 그러나 이 예언은 과거 반세기의 일어난 일로
분명해졌다"[26]고 니토베가 말할 때 니토베는 '새로운 도덕'으로서의 무
사도가 '신일본의 진로를 인도'할 것을 확신하고 있었던 것이다.

이렇게 하여 청일, 러일전쟁에서 승리한 일본은 '새로운 도덕'으로서
의 무사도를 절대적인 가치기준으로 삼고 자기를 표상할 때에도, 타자
인 조선을 표상할 때에도 적용해 갔다. 그리고 '무사도'는 문명의 상징
이었던 서양인에 대해서도 호소할 수 있는 일본인이 만들어 낸 새로운
'윤리학'이었다. 이미 동양적인 유교적 가치 판단에 의존할 필요는 없
다. 일본의 전통 안에서 나온 '무사도'야말로 중국도 조선도 그리고 서
양도 눌러 복종시킬 수 있는 절대적인 윤리이며 일본인은 그것을 자신
들의 손으로 탄생시킨 것이다. 가령 "하나의 독립된 윤리 규정으로서
는 사라질지도 모르"지만 "그 힘은 지상에서 소멸하지 않"으며, "그
향기를 가진 인생을 풍부히 하고 인류를 축복한다"고 니토베는 소리
높였다.[27]

이렇게 하여 '무사도'가 새로운 윤리적 기준으로 설정되었다. 그러나

---

25 新渡戸稲造, 『武士道』, 岩波文庫, 1938, 146~147쪽.
26 위의 책, 147쪽.
27 위의 책, 149쪽.

무사도와 유교적 덕목을 구별하는 것은 무엇인가? 무사도를 동양의 전통 사상과 나누는 것이 바로 후쿠자와가 제창하고 니토베가 계승한 '정신'이라는 개념이었다.

4. 월간지 『조선』에 표상된 '조선'

조선총독부의 기관지였던 『조선』에는 실제로 한반도에서 조선인 통치에 임했던 일본인에 의해 적나라하게 표상된 조선상이 기록되어 있다. 동시에 거기에는 어떻게 하여 조선인을 감화해 가는가 하는 도덕적 실천의 자취도 기록되어 있다.[28] 예를 들어 기관지 『조선』의 1921년(다이쇼 10) 2월호에는 다음과 같이 기록되어 있다.

> 일반의 내지인이 타민족 또는 조선인 등에 대한 태도는 어떠한가 하고 말하면 이것은 또한 정신적인 감화 지도를 이루어 가는 방면에서 생각하면 근본적인 개선이 필요한 것이 많다고 생각합니다. 내지인은 내지에서의 태도에서 이미 많은 결점을 갖고 있을 뿐만 아니라 내지를 뒤로 하고 조선, 만주, 시베리아라는 곳에 가서 사는 사람들의 태도에는 동아의 정신적인 지도자로서 알맞지 않은 자가 많습니다. 어떠한 점에서 그러한가 말하면 먼저 자신을 너무나 위대하다 하고 타민족을 경멸하는 풍조가 있습니다.[29]

'동아의 정신적인 지도자'인 일본인이 해야 할 일은 조선인의 '정신

---

28 상세한 것은 井上厚史, 「'一視同仁'というはてしない旅路-雜誌『朝鮮』に見る近代日韓關係の精神史的考察」, 『比較日本文化研究』 第7號, 風響社, 2003 참조.

29 「宏遠なる理想の實現」, 朝鮮總督府, 『朝鮮』, 1921(大正 10), 2月號, 高麗書林, 1988, 16쪽.

적 감화 지도'라고 한다. 일본인은 정신의 지도자이며 조선인의 정신을
감화하지 않으면 안 된다. 이 시기 조선총독부는 줄곧 '일시동인'이라
는 일본인과 조선인의 융화책을 추진했다. 거기에서도 강조된 것은 일
본인과 조선인의 '정신의 공명'이었다.

> 강한 힘은 병력으로도 권력으로도 경제력으로도 둘의 서로 다른 것
> 을 분리하지 않고 두는 것은 가능하지만 합하여 둘을 융합하여 일체로
> 삼는 것은 불가능하다. 이러한 방면의 개척은 주로 정신적인 힘을 기다
> 리지 않으면 안 된다. 상호 정신이 공명하고 마음과 마음이 합치하는
> 때에 처음으로 병력도 권력도 경제력도 이룰 수 있는 협동융화가 실현
> 되는 것이다. 이것을 기회로 하여 일심동체인 동포의 정신 및 혼이 애심
> (哀心)에서 용출되기에 이르며 영구 불멸하는 하나의 빛, 하나의 이상
> 을 향하여 나아갈 수 있다고 생각한다.[30]

일본인과 조선인을 융화시키기 위해서는 '병력으로도 권력으로도
경제력으로도' 불가능하며 '정신적인 힘'에 의하지 않으면 안 된다고
말한다. 그 정신이란 유교적 정신이 아니라 1923년 11월에 발령된 〈국
민정신작흥에 관한 조서〉가 표상하는 것이었다.

> 짐이 생각하건대 국가 흥성의 근본은 국민정신의 강건에 있으며 이
> 것을 함양하고 이것을 진작하여 국본을 견고하게 하지 않으면 안 된다.
> … 하물며 이번의 재화가 대단히 커서 문화의 회복과 국력의 진흥은
> 모두 국민의 정신을 기다려야 하지 않겠는가!"[31]

---

30 「朝鮮の開發と精神的强化の必要」, 위의 책, 1922(大正 11), 1月號, 49쪽.
31 『明治大正昭和三代詔勅集』, 北望社, 1969, 363~364쪽.

국가 흥륭에 이바지하는 '국민정신'을 작흥하는 것이 "문화의 회복과 국력의 진흥"에 도움이 된다고 말한다. 즉 '정신'이란 근대국민국가 발전을 위해 봉사하는 '근대적 정신'을 의미한다. 정신이라는 말 자체는 『장자』나 『순자』 등 고대 유교의 경전에도 보인다. 그러나 근대 일본인이 사용한 정신이란 이러한 유교적 개념이 아니라 근대 서양적인 국민국가의 '민족정신(Geist)'이었다. 정신을 감화하는 것으로 '민족정신'을 함양하고 부패한 게으른 조선인을 교도하지 않으면 안 되는 것이다.

이 '정신적' 과제는 한반도의 조선인뿐만 아니라 일본열도에 거주하던 조선인에게도 적용되었다.[32] 1924년(다이쇼 13) 관동대지진 이듬해에 오사카에서 오사카후내선협화회(大阪府內鮮協和會)로 설립된 협화회는 재일조선의 통제를 목적으로 전국의 재일조선인이 모여 살던 부현에서 전개되어 갔다. 1937년(쇼와 12)이 되자 도쿄후, 교토후, 오사카후, 가나가와현, 효고현, 아이치현, 야마구치현, 후쿠오카현 등으로 퍼져 가는데 같은 해에 간행된 『협화사업개요』 중에 〈쇼와 11년도 야마구치현 협화회사업계획〉으로 다음과 같은 기재가 있다.

본 회는 그 설립의 취지를 돌아보아 현 내 살고 있는 조선인을 교화선도하여 국민정신을 함양시키면서 그 정신과 물질 양 방면의 생활 개선 향상을 도모하는 것이다. 국민 개화 공존 동영(同營)의 열매를 내기 위해 관계 행정 기관들은 물론 교화 단체, 사회사업 단체 등과 긴밀한 연락을 갖고 각 지의 실정에 따라 완급에 적당하게 제재하여 왼쪽에 기재된 사업을 실시하고자 한다.[33]

---

32 이 문제에 관하여는 井上厚史, 「戰時下における在日韓國·朝鮮人統制と「內地」」, 『比較日本文化硏究』 第4號, 風響社, 1997 참조.

33 『增補新版 協和會關係資料集』 I, 綠蔭書房, 1995, 175쪽.

내지에서 널리 퍼져간 협화회 사업은 〈국민정신작홍에 관한 조서〉의 취지에 입각하여 '국민정신을 함양시키기' 위해 '현 내 살고 있는 조선인을 교화 선도'하는 것이었다. 한반도에서 실시되고 있던 것이 그대로 일본열도에 사는 조선인에게도 적용된 것이다. 식민지화된 조선은 이제 정신을 '교화 선도'하기 위한 대상이 되었다.

그러나 어떻게 해서 정신을 교화 선도하는가? 그래서 생각해낸 방법이 '형태(形)'로 정신을 컨트롤하는 방법이다. 조선 민족에게 가장 중요한 조상 제사, 즉 '제례'를 일본식으로 고치지 않으면 안 된다.『조선』1937년(쇼와 12) 10월호 〈제례특집호〉가 해설하는 것처럼 '위대한 국민정신의 진작'을 위해서는 일본식의 제례, 즉 신도의 제례에 따르지 않으면 안 된다고 했다.[34]

한편 내지에서는 예의작법을 체득하는 것이 요구되었다. 1941년(쇼와 16)에 문부성이 작성한『예법요항(禮法要項)』에는 〈예법 체득의 주의〉로 다음과 같이 설명한다.

일본 예의 근본은 어디에 있는가 하는 것, 그리고 자타 간에 인정된 예의에 대한 나라의 명실이 갖추어지지 않은 것처럼 되어 온 원인은 어디에 있는가 하는 것, 그러한 점을 파악하지 않고 단순하게 형태만을 강제하여 실행하면 참된 예의는 널리 행해지지 않는다고 생각합니다. 물론 예의 정신도 형태를 동반하지 않으면 안 되는 것으로 예의의 마음이 있어도 그것을 바르게 표현하는 방법을 알고 있지 않으면 그것은 무작법이 되거나 혹은 비례(非禮)가 되는 것도 있습니다. 또 예의의 정신을 갖고 있지 않다면 형태만 바르다 해도 그것은 소위 허례가 되고 원숭이가 사람 흉내 내는 것과 비슷하거나 혹은 비굴한 비하의 형태가

34 『朝鮮』, 1937(昭和 12), 10月號, 1쪽.

되고 예의 바른 온전한 것은 되지 않습니다. 그리하여 그 근본이 되는 바는 예의 정신을 체득하는 것입니다만 그러나 가령 국민학교의 아동과 같은 자에 대해 정신을 체득시키려 해도 상당히 곤란한데 이러한 경우 형태에서 정신으로 들어가는 길이 있다는 것을 잊어서는 안 됩니다.[35]

'예의 정신'은 체득되어야 하는 것이며 '형태에서 정신으로 들어간다'는 것처럼 '정신'은 '형태'로 나타난다. '예의 정신'이 분명하게 인식되어 있다면 그것은 반드시 행동거지, 즉 행동=형태로 나타난다. 따라서 형태야말로 갖추지 않으면 안 되는 것이다. 가시적인 '형태'를 갖추는 것이 즉 '예의 정신을 체득하는' 것이다.

한반도에서 실천된 '제례'에 의한 정신의 작흥과 내지에서 실천된 '예의'에 의한 정신의 체득은 모두가 〈정신은 가시화될 수 있다〉는 강한 신념에 지지되어 있었다. 정신은 가시화될 수 있는 것이기 때문에 제례와 예의 등의 '형태'에서 정신을 컨트롤할 수 있다.

전시 하에서 전개된 '정신'의 작흥, 체득에 의한 조선인의 마음 지배는 원인을 따진다면 동아시아적 국제질서의 중심에 있었던 중국의 권위 실추에 연원하고 있었다. 그때까지 수 천 년에 걸쳐 우뚝 솟아 온 중국의 정치적, 군사적, 문화적 권위를 일본은 청일전쟁의 승리로 철저하게 때려눕혔다. 여기에서 일본인이 창출한 세계상은 '정신'의 컨트롤을 목적으로 하는 권력의 두려운 모습이었다. 태평양전쟁 하에서 반복된 일본인에 의한 점령지역에 거주하는 현지인의 박해나 학살의 배경에는 유교적 권위인 '예의'를 파괴하고 근대문명적인 '정신'을 감화하는 것으로 고루한 아시아인을 근대문명으로 교도할 수 있다고 생각한

---

35 「文部省制定, 『箇法要項』に就いて」, 『增補新版 協和會關係資料集 II』, 綠陰書房, 1995, 168~169쪽.

근대 일본인의 공포에 가까운 정신분석이 가로놓여 있었다.

5. 프랑크 헤지 〈만주의 조선인 문제〉

다이쇼 시대에 민본주의를 제창한 저널리스트로 알려진 가야하라 가잔(茅原華山, 1870~1952)은 1920년(다이쇼 9)에 직접 구독 잡지『내관 (內觀)』을 창간했다. 그 제95호(1928, 쇼와 3)에 프랑크 헤지(Frank H. Hedgeds)[36]에 의한 〈만주의 조선인 문제〉라는 일본어 논설이 게재되어 있다.『내관』이라는 잡지는 'INTROSPECTION'이라는 영어의 표제를 갖고 있는 것처럼 시세를 고답적인 입장에서 '내성(內省)'적으로 관찰 하려고 한 지식인 상대의 잡지였다. 그 잡지에서 헤지는 당시 만주의 조선인 모습을 다음과 같이 적었다.

만주에 이주한 조선인의 다수는 농부이다. 그들은 적은 면적의 토지 를 빌렸다. 그리고 전부가 소택지(沼澤地) 혹은 그 외의 다른 이유로 지금까지 포기된 토지이다. 가장 근면하여 개간하고 지나인보다도 박리 로 생활하기 때문에 그들은 황무지를 수전으로 훌륭하게 일구고 그리고 각기 이익 되는 것이 있었다. 이웃의 지나인은 이것을 바라보면서 수연

36 헤지는 당시 일본에 체재하던 런던 타임즈 등 영미 잡지의 특파원으로 1935년(쇼와 10)에 일본의 북성당서점(北星堂書店)이라는 출판사에서『IN FAR JAPAN: Glimpses and Sketches』를 간행한 인물이다. 그의 프로필에 대해서는 명확하지 않은 점이 많은데 이 책의 표지에 FRANK H. HEDGES correspondent of the London Times, Christian Science Monitors, the Washington Post, etc. during his time in Japan"이라 기재하고 있다. 또한 1932년(쇼와 7)에 일본의 선진사(先進社)가 출판한『미국인은 일본을 어떻 게 보는가?-일지사건과 미국인의 감정』(上野田節男 譯)의 서문에 "저자 프랑크 헤지 씨는 미국 문필계의 한 권위이다. 또한 미국 신문의 특파원으로 우리나라에 와서 또 재팬애드버타이저지(紙)의 주필로 오랜 동안 이 땅에 체재하여 산 사람이다"라고 기록 하고 있다.

삼척(垂涎三尺: 침을 석자나 흘림)하고 이것을 조선인의 손에서 빼앗으려고 생각했다. … 19년 전(1910) 일본이 조선을 합병한 것 때문에 약 30만의 조선인이 쓰시마해협을 건너 일본의 내지로 들어갔다. 일본인은 지나인과도 조선인과도 농업에서도 노동자로서도 이들과 경쟁이 불가능하며 그리고 그것을 의식하고 있다. 그 결과로 지나인의 입국은 가장 주도용의하게 금지되었다. 그러나 조선인의 입국을 금지하는 것은 거의 완전히 불가능하다. 일본인은 반복해서 계속 조선인과 일본인은 평등하다고 한다. 만약 조선인의 입국을 금지하는 것 같은 것이 있다면 이것은 사실상의 취소이다.

조선인으로 일본에 입국한 자는 대부분이 완전히 막일꾼 계급이다. 그들은 곡괭이와 삽을 사용하는 자들로 일본의 도로, 철도를 건축하고 있다. 그리고 일본의 노동자는 그들과 경쟁하는 것은 불가능하다. 그들은 일본의 노동자에 비해 거친 음식을 달게 먹고 그리고 적은 보수로 많은 일을 하고 있다. 그러나 일본에서 조선 노동자의 수는 아직 큰 문제를 야기하기까지 이르지 않는다. 그러나 대세는 이 방향을 향해 움직이고 있다는 것은 의심할 여지가 없다.[37]

헤지는 만주에 이주한 조선인의 수(봉천 조선총독부 출장소 직원인 스기무라 씨의 보고에 의함)는 만주 및 시베리아 연해주에 이주한 조선인이 약 100만 인, 그 중에 길림성에 44만 인, 흑룡강성에 5~6만 인, 연해주에 13만 인으로 "과거 수년 간 조선인이 만주로 이주한 자의 수는 급증했다"[38]고 하는 상황이었다.

당시의 만주 상황에 대해 가지무라 히데키(梶村秀樹)는 다음과 같이 설명한다. 1927년(쇼와 2)에 다나카 기이치(田中義一, 1864~1929) 내각이

---

37 『內觀』第95號, 內觀社, 1928年 2月 1日, 7쪽.
38 위의 책, 7쪽.

성립하여 중국침략운동이 노골화됨에 따라 만주의 지방정권은 “이전
에 연길현장(延吉懸長)의 요청에 의하면 성내에 사는 조선인은 이미 50
여만의 다수를 보여주고 … 성민 경제생활 발전에 커다란 지장을 가져
왔다. 또한 그 배후인 일본제국주의는 이러한 이주 조선인을 이용하여
심혹(深酷)한 침략을 계획하여 모든 간책을 부리고 있다”는 인식아래
조선인의 이주, 귀화를 일률적으로 저지하려 했다. 이에 대해 일찍이
조선인 농민의 귀화, 토지 취득에 의한 생활 향상 욕구를 저지한 일본
의 관민언론기관은 1928~1931년(쇼와 3~6)에 걸쳐 마치 조선인 농민
의 편인 것처럼 위장하여 ‘동정’ 캠페인을 대대적으로 전개했다. 이것
은 조선, 중국 간의 모순된 ‘재만 조선인 문제’를 의식적으로 이용한
것이었다고 한다.[39]

　1928년(쇼와 3)이라면 조선총독부 임시토지조사국 기수로 조선에 부
임한 일본인 마쓰다 고(松田甲)(1864~1945)에 의한 〈이퇴계 편찬 자성록
과 주자서절요〉가 조선총독부 기관지『조선』에 게재되어 일본의 지식
인이 그때까지 이퇴계에 대한 부정적 평가를 180도 전환시켜 달아나
는 토키처럼 발 빠르게 이퇴계의 칭찬을 시작한 해였다. 당시 널리 퍼
지던 ‘내선동화’, ‘내선융화’라는 슬로건을 열광적으로 믿었던 마쓰다
는[40] 일본과 조선의 근친관계를 아주 세세한 부분까지 파헤치고 조사

---

39 梶村秀樹, 「1930年代滿州における抗日鬪爭にたいする日本帝國主義の諸策動-「在滿
　　朝鮮人問題」と關連して」,『梶村秀樹著作集』 第4卷, 明石書店, 1993, 178쪽.

40 마쓰다 고는 「유교에서 본 내선관계의 이삼례(二三例)」의 서두에서 “말하길 내선동
　　화, 말하길 내선융화, 이것을 새로운 것으로 생각하는 사람도 있는데 사실은 예전부
　　터 시행했어야 하는 것인데 장애도 발생하고 분규도 일어나 실현이 늦어진 것이다.
　　이것을 입증한다면 한도 없는데 먼저 유교 방면에서 봐도 분명하다”고 기술했다. 또
　　조선총독부 편『조선』에 연재하던 기사를 보충, 수정하여 출판한『일본사화(日鮮史
　　話)』(朝鮮總督府, 1926)의 표지에도 일련종 관장 스기타 닛푸(杉田日布)가 쓴 ‘일선
　　공영’이라는 휘호가 게재되어 있다. 이러한 것을 보면 마쓰다가 얼마나 ‘조선공영’을
　　정말로 믿고 있었는가를 이해할 수 있을 것이다. 松田甲,『日鮮史話(一)』復刻版,

하여⁴¹ 1921년에는 〈유교에서 보는 내선 관계의 이삼례(二三例)〉를 써
서 도쿠가와 시대의 이퇴계가 준 영향에 대해 "실로 도쿠가와막부 3백
년의 덕성상의 교화에 대해서는 퇴계 학문의 영향은 상당했다. 그것뿐
만 아니라 메이지시대가 되어 천황 황후 양 폐하를 모시고 성덕을 보좌
하고 섬긴 공신 모토다 도야(元田東野, 1818~1891)는 퇴계의 학문과 인
물을 가장 경모한 사람이었다"⁴²고 썼다.

　일본인이 이퇴계에 대한 평가를 뒤집으려고 안달하던 이해에 헤지
는 이미 일본인이 '농업에서도 노동자로서도 이와 경쟁하는 것이 불가
능하다'는 것을 의식하여 조선인의 입국을 저지하려 했는데 그렇다면
'조선인과 일본인은 평등하다'라는 정책이 '사실상의 취소'가 되어 버
리고 마는 모순을 날카롭게 지적한다. 나아가 주목해야 할 것은 만주에
서 '가장 근면하여 개간하고 그리고 지나인보다도 박리로 생활했기 때
문에 그들의 황무지를 훌륭하게 수전으로 일군' 조선인 이민, 또 일본
에서 '곡괭이와 삽을 사용하는 자들로 일본의 도로, 철도를 건축하고
있다. 그리고 일본의 노동자에 비해 거친 음식을 달게 먹고 그리고 적
은 보수로 많은 일을 하는' 조선인 이민자의 솔직한 얼굴을 헤지는 놓

原書房, 1976 참조.

41　마쓰다 본인의 말에 의하면 "지금까지 조선 연구자로부터 방치되어온 사항"에 대해
　　"확신할 수 있는 역사서, 문집류 및 내가 실지로 조사해 얻은 수필"을 모았다고 한다.
　　『日鮮史話(一)』의 〈서문〉에서.

42　松田甲,「儒敎より觀たる內鮮關係の二三例」, 朝鮮總督府,『朝鮮』, 1922(大正 11), 5
　　月號, 138쪽. 마쓰다의 이 기술은 아베 요시오의 『일본주자학과 조선』(東京大學出版
　　會, 1965)을 곧바로 상기시키는 것이다. 전후 도모에다 류타로(友枝龍太郎)에 의해
　　"실로 지금까지 연구의 맹점을 찌르는 것이며 일본 주자학 연구의 하나의 신기원을
　　만드는 노작"([서평] 友枝龍太郎,「阿部吉雄著日本朱子學と朝鮮」,『斯文』43號,
　　1965년 9월, 54쪽)이라고 높게 평가되어 온 아베 요시오의 『일본주자학과 조선』이
　　었는데 그 모티브는 전전의 마쓰다 고의 연구를 그대로 유용한 것이었다. 상세한 것
　　은 본서의 제2장 참조.

치지 않았다.

1931년(쇼와 6)의 만주사변에 발단하여 1937년(쇼와 12)에 중일전쟁으로 돌입하는 격동의 시대의 전야에서 당사자인 일본인이 헤지처럼 냉정한 시대상황이나 조선인의 사실적인 모습을 파악하는 것은 곤란했을지도 모른다. 또 가령 헤지처럼 냉정하게 조선인을 파악하던 일본인도 있었다고 하지만 그들의 언설이 표면화되는 일은 없었다.

6. 맺음말

청일전쟁에서 태평양전쟁까지의 전시 광고 자료를 소개할 때 누구라도 무서울 정도의 숫자로 '정신'에 관한 언설을 목격한다. 그러한 자료의 특징적인 것은 후쿠자와 유키치를 시작으로 하는 메이지 지식인이 '정신'에 착목하기 시작하자마자 중국이나 조선에 대한 멸시가 각별히 악랄하게 되었다는 것이다.

현재의 우리들이 상상하는 이상으로 근대 일본인은 중국의 문화적 전통적 권위를 좀처럼 극복할 수 없었다. 많은 것들을 중국에서 배워온 일본인에게 중국을 문명적으로 그리고 문화적, 사상적으로 초극한다는 것은 그만큼 곤란한 작업이었다. 사상적으로 콤플렉스인 중국에 대한 열등감에서의 탈출은 청일전쟁, 러일전쟁의 승리에 의했다. 이 때 일본인이 착수한 것은 유교적 윤리관을 폐기하고 일본밖에는 없다고 생각되는=생각하게 하는 '무사도'를 만들어 그 중핵에 서양 근대적인 '정신'을 설치하는 것이었다. '무사도'도 '정신'도 이른바 일본인의 전매특허로서 20세기 동아시아 국제질서를 기초 짓는 개념으로 추대되었다.

'무사도'나 '정신'에 관한 다양한 표상은 프로파간다를 통해 동아시아를 방문한 서양인에 공유되어 있었다. 그들은 엑소시즘과 함께 '무사도'를 내세우고 현실 이상으로 증폭시킨 해석을 반복했다. '무사도'나 사무라이가 서양인의 미디어로 다루어질 때 우리들 일본인이 위화감을 기억할 정도로 정신성이 강조된 것도 근대 일본인이 만들어 낸 '무사도'와 '정신'을 결합시킨 근대적 해석의 유산에 의한 것이다. '무사도'와 '정신'은 연동되어 일본인의 동아시아 대외관 형성에 커다란 역할을 수행해온 것을 잊어서는 안 된다.

제8장

근대 일본 사회의 재일한국·조선인의 자기인식

1. '자기의 테크놀로지'

1945년 제2차 세계대전에서 일본의 패전은 1931년의 만주사변, 1937년의 노포교 사건에 발단한 중일전쟁, 그리고 1941년의 진주만 공격으로 시작하는 아시아태평양전쟁이라는 15년이나 긴 세월에 걸친 대전쟁의 종결을 의미한다. 초토화된 국토에서 일본인은 '일억옥쇄(一億玉碎)'라는 두려운 죽음의 캠페인을 수행하는 목전에서 해방되었다. 그러나 패전에 의한 점령이라는 예기하지 않았던 사태의 도래는 안도 감보다도 '정신적 붕괴감'[1]을 가져다주어 많은 사람들을 허탈 상태에 빠지게 했다고 한다.

당시 일본인의 심리상태를 존 다우어(John W. Dower)는 다음과 같이 설명한다.

---

1 ジョン·ダワー(三浦陽一·高杉忠明 譯), 『敗北を抱きしめて』上, 岩波書店, 2001, 98쪽.

패배를 인정하는 것은 확실히 정신적인 고통을 동반한다. 그리고 그 고통은 패전 직후에는 절망이라는 언어로 표현된다. 무조건 항복은 '수 치이며 불명예인 것'이라 말했다. 지금까지 결코 입에 올릴 수 없었던 '패배한 전쟁'이라는 말은 많은 사람들을 허탈하게 만들었다. 자신들은 '위대한 조국'의 '위대한 민족'이며 유럽제국주의를 타파할 '대동아공영 권' 건설을 운명적으로 받아들인 '지도민족'이며 유래가 없는 불굴의 '야마토 다마시(大和魂)'를 짊어진 민족이다, 우리들은 이러한 최고의 신성 혹은 고결한 목적을 위해 싸우는 것이다, 1930년대의 처음부터 지금까지 일본인은 그렇게 교육받았다.

그리고 지금 전쟁에서 죽은 자에 대해 사람들은 뭐라 해야 좋은가? 숭고한 목적의식을 잃은 인간은 그 후 어떻게 해야 물심양면에서 살아 낼 수 있는가? 성전(聖戰)이라는 이름 아래 총동원되어 오랜 동안 희생 을 지불해 왔음에도 불구하고 갑자기 자국의 완벽하기까지한 패배를 알리고 이후는 승자의 명령에 따라야 한다고 고지받았다면 누구라도 비슷한 반응을 보일지도 모른다. 패배에 의한 정신의 마비상태에 대해 생각하는 경우 '허탈'이라는 막연한 언어가 표현한 절망감이나 상실감 에는 일본인만의 특유한 부분은 거의 없었다.[2]

'위대한 조국의 위대한 민족'으로 또 '유래가 없는 불굴의 야마토 다 마시를 짊어진 민족'으로 그리고 '성전이라는 이름 아래 총동원되어 오랜 동안 희생을 지불해 온' 민족은 그러나 일본인만은 아니었다. 식 민지 통치하에 있었던 조선인도 일선동조론이나 일시동인이라는 슬로 건 아래서 일본인=황국 신민의 일원으로 함께 미증유의 대 전쟁에 참 가한 것이다. 그들은 가령 저변의 군인으로서든지 '일본인'으로서 전쟁 의 참가가 장려되고 또 강요된 것이었다.

---

2 위의 책, 119~120쪽.

일본의 패전은 그러나 그들에게는 당연히 식민지에서의 해방을 의미
했다. 그것은 민족의 독립을, 그리고 민족의 자긍심의 회복을 의미했다.
전전에 230만에 달하는 일본에 거주하던 조선인은 전후 차례차례로
본국으로 돌아갔는데 나라로 돌아가서도 가족도 살 집도 경작할 땅도
없는 사람들이나, 일본인과 결혼하여 이미 아이들이 성장한 사람들은
귀국하고 싶어도 불가능했으며, 일단 귀국해서도 다시 일본에 건너온
사람들 모두가 결과적으로 어쩔 수 없이 일본에서 살 수밖에 없었다.[3]
   그러나 패전의 대혼란 와중에서 그들을 기다린 사태는 치외법권의
'암시장'과 결합된 아주 악랄한 풍문과[4] 일본 국적의 일방적인 상실이
었다. 후지노 하지메(藤野一)는 『고베시사』, 『신홋카이도사』, 『효고현
백년사』, 『니이가타현백년사』, 『오사카백년사』, 『야마가타백년사』 등
전후에 편찬된 지방사의 기술을 분석한 결과 거기에는 〈패전 후의 혼
란-식량난-암시장-제삼국인=중국인, 조선인의 반항, 무법행위자〉라
는 하나의 패턴이 보이는데[5], 실제로 『고베시사』에 게재된 효고현 방범
과(防犯課)의 1946년 1월 15일에 실시된 암시장의 실태 조서 결과를
분석해 보면 암시장 상인 중에 일본인은 80%, 조선인 9.8%, 타이완인
6.8%, 중국인 3.2%라고 하듯이 압도적 다수는 실제로 일본인이었다고
한다.[6]

---

3 1946년 3월의 등록에 의하면 그 총 수는 64만 7,006명이었다고 한다. 田中宏, 『在日
   外國人 新版』, 岩波新書, 1995, 60~61쪽.
4 정대균은 『한국의 이미지』(中公新書, 1995)에서 전후의 '재일조선인에 대한 반감과
   적의'의 한 례로 "그들(=조선인, 중국인)은 암시장을 장악하여 막대한 이익을 내고
   당을 결성하여서는 건물의 잔해와 초토화된 고베 마을을 확보하고 있다. 지나가는
   통행인의 눈매가 마음에 들지 않는다고 하여 욕을 하고 무전취식을 하며 백주의 거
   리에서 부녀자를 희롱한다. 선량한 시민은 공포의 바닥으로 처박혔다"는 언설을 소
   개한다. 鄭大均, 『韓國のイメージ』, 65쪽.
5 『在日朝鮮人史研究』 第8號(在日朝鮮人運動史研究會, 1981년 6월), 『在日朝鮮人史
   研究』Ⅱ, 綠陰書房, 1996, 61쪽.

그럼에도 불구하고 전후 일본 사회에 암시장='제삼국인'=무법행위자라는 잘못된 인식이 정착되어 간 것은 전후의 극단적인 식량난의 황폐한 일본 사회[7]의 희생양(scapegoat)으로서 혹은 "일본인의 일반적인 불만을 토해내는 창구"[8]로서 재일조선인이 타깃이 된 것이었다.

이러한 상황 하에서 1945년 12월의 중의원 의원 선거법 개정으로 전전에는 같은 황국신민=일본인으로 선거권, 피선거권을 갖고 있던 내지에 사는 남성 조선인이나 타이완의 참정권이 정지되고 1947년 5월 외국인 등록령(칙령 207)에 의해 외국인 등록과 외국인 등록증명서의 휴대, 제시가 의무시 되며, 1952년 4월에 샌프란시스코 평화조약의 발효를 계기로 구식민지 출신자는 모두 일본 국적을 상실하여 '외국인'이라 간주되었다.[9] 일본 국적의 박탈은 일본 정부에 의한 일방적인 통달이며 그들에게 국적을 선택할 여지는 없었다. 그들에게 일본에 살면서 일본 국적을 상실한다는 것은 실질적으로 일체의 권리를 상실하는 것과 같았다.

전후 재일한국·조선인이 놓인 이 부조리한 상황을 김석범은 다음과 같이 반복한다.

---

6 위의 책, 69쪽의 〈암시장과 국적별 구성〉에 의함. 또한 존 다우어에 의하면 오사카시의 암시장에서는 1946년 7월 현재의 추계에서 약 10만 명이 암시장 장사로 생계를 꾸리고 있는데 특히 복원병(復員兵: 전쟁에서 돌아온 군인)과 전쟁 종결과 함께 실직한 공장 근로자가 80%를 차지하고 있다고 한다. 『敗北を抱きしめて』上, 171쪽.

7 다우어에 의하면 암시장은 "작가인 사카구치 안고(阪口安吾)가 말하듯이 사람들은 이 정도까지 이기적인 세계를 본 적이 없었다. 아주 몇 개월 전에는 나라를 위해 기쁘게 죽는다─전쟁 중의 명하게 만드는 뻔한 문구에서는 벚꽃처럼 깨끗하고 아름답게 산화한다─고 말했던 사람들이 지금은 동포에게 주저하지 않고 돈을 강탈한다"는 상태에 있다고 한다. 앞의 책, 174쪽.

8 鄭大均, 『韓國のイメージ』64쪽에 수록된 에드워드 와그너의 『日本における朝鮮少數民族 1904~1950』, 外務省刊, 1951에서 재인용.

9 田中宏, 『在日外國人 新版』, 63~66쪽.

한마디로 한다면 전전의 일본제국주의의 특징은 물자의 수탈뿐 아니라 의식의 수탈, 즉 민족을 그 역사나 언어, 씨명까지를 부정한 일본인으로의 동화정책이었다. 전후의 오늘에 이르기까지의 동화정책은 전전의 흐름을 잇는 것인데 그것은 재일한국·조선인이 이질적인 존재로서 일본에 사는 것을 인정하지 않는 사상이다. 따라서 지문제도는 단순하게 검지의 문제가 아니다. 일본의 다른 이질성을 부정하고 배제하여 공존을 거부하는 국수사상과 관련되어 있다고 생각한다. 나는 날인을 거부하여 새삼스럽게 일본의 식민지 지배의 역사를 생각했다. 일본에게 재일한국·조선인의 존재란 무엇일까? 나는 "쪄서 먹든지 구워먹든지 자유"라 하여 일찍이 법무성 고관이었던 자의 한 문장을 떠올렸는데 그러한 것일까?[10]

민족의식을 수탈하고 '이질적인 존재로서 일본에 사는 것을 인정하지 않는' 정책 중에서 외국인으로서 일본에 정주하게 된 재일조선인은 그 후 오늘에 이르기까지 자기의 존재증명=아이덴티티의 확립이라는 아포리아를 끌어안게 되었다. 전전에는 조선인으로서의 아이덴티티를 말살당하여 황국신민=일본인으로서 행동할 것을 강요당하고 전후에는 일본 국적을 박탈당해 외국인으로서 일본 사회에 동화할 것을 강박당해 온 그들은 '일본에게 재일한국·조선인의 존재란 무엇일까'라고 스스로의 존재 이유를 매일매일 자문하지 않으면 안 되는 가혹한 상황에 내몰려갔던 것이다.

미셸 푸코는 〈자기의 해석학〉을 강제하는 개인에 대한 지배 테크놀로지를 '자기의 테크놀로지'[11]라 부르고 '현재의 상황 속에서 우리들은

10 金石範, 『轉向と親日派』, 岩波書店, 1993, 213~234쪽.
11 ミッシェル・フーコー 外(田村俶・雲和子 譯), 『自己のテクノロジー』, 岩波書店, 1999, 21쪽.

무엇일까'라는 18세기 말의 서구 사회에 등장한 하나의 철학적 물음을 둘러싼 고찰을 통해 "어떻게 하여 우리들은 고대를 통과하여 지금까지 전개한 자기에 관한 약간의 윤리적 기술을 매개로 자신의 자기동일성을 직접적으로 구성했는가"[12]에 대해 분석을 시도했다.

서양 사회를 고대부터 조감하는 듯한 장대한 작업을 통해 푸코가 분명하게 밝히고 싶었던 것은 '주체는 금지된 일에 관하여 어떻게 자기의 해독(解讀)을 강제당해 왔는가?'라는 문제, 즉 '스스로 나아가 무엇을 포기하기 위해 자기의 무엇을 인식해야 하는가'를 밝히는 것이었다.[13]

전후의 재일한국·조선인이 걸어온 어려운 길을 돌아볼 때 그들이 몇 번이나 자문하지 않으면 안 되었던 '조선인이란 무엇인가'라는 아이덴티티 모색의 영위는 실로 푸코가 말하는 근대 일본 사회의 '자기의 테크놀로지'의 전개라 부르기에 적합한 철학적 작업이었다. 우리들이 생각해야 하는 것은 왜 그들 재일조선인이 전후의 일본 사회 안에서 지금까지 아이덴티티를 쉽게 확립할 수 없는 채로 있었는가, 그 이유를 "이데올로기 안에서 탐구할 것이 아니라 우리들이 자기 자신의 사회에서 형성해 온 정치 테크놀로지의 존재 안에서 탐구"[14]하는 것이다.

종래부터 재일한국·조선인 문제는 걸핏하면 일본 사회의 균질성이나 폐쇄성, 그리고 에도시대부터의 전통적인 차별이라는 일본 민족의 '고유성'이나 조국의 분단에 의한 '민단'과 '조선총련'의 '대립'이라는 도식을 가져오는 것으로 분석을 완료하는 경향이 보였다. 그러나 그러한 분석을 아무리 반복해도 재일한국·조선인이 왜 근대 일본 사회 속에서 아이덴티티 확립에 괴로워했는지 그 근원적 요인의 추출에 도달

12 위의 책, 212쪽.
13 위의 책, 18쪽.
14 위의 책, 233~234쪽.

하는 일은 없을 것이다.

이 장에서는 이러한 분석 시각과는 일선을 긋고 재일조선인의 아이
덴티티 확립 방해 요인을 근대 일본 사회의 정치 테크놀로지 안에서
고찰하여 그 메커니즘을 밝히고자 한다. 근대 일본사회가 강제한 '자기
의 테크놀로지'에 의해 재일한국인·조선인이 얼마나 곤란한 자기 해독
을 강요당해 왔는지, 그리고 그들이 어떻게 해서 그 곤란한 상황 하에서
아이덴티티 확립에 고민해 왔는가를 고찰하는 것으로 근대 일본 사회
가 낳은 "제도가 갖는 자의성"[15]을 해명한다. 이것은 또한 근대 일본사
회의 바람직한 모습 그 자체를 해명하기 위한 연구과제이기도 하다.

2. 근대 일본의 차별 논리

히로타 마사키는 일본 근세에서의 차별과 근대의 차별에서 차이를
다음과 같이 설명한다.

나는 사회적 분업과 혈통으로 근세 신분제를 고정화한 것이라고 생
각합니다만 그 때문에 각각의 신분이나 직능에 대응한 여러 특권이 있
으며 그러한 직능과 특권에 기초한 아이덴티티를 갖는 것이 가능했다고
생각하고 있습니다. … 이에 대해 근대의 차별은 아이덴티티가 의지하
는 그것 자체를 빼앗아버린 것에 특징이 있다고 생각합니다.[16]

근세의 일본은 사농공상, 에타(穢多: 천민), 히닌(非人: 천민)이라는 엄
연한 신분제를 갖는 사회였는데 각 계층은 "신분이나 직능에 대응한

15 위의 책, 5쪽.
16 ひろたまさき, 『差別の視線-近代日本の意識構造』, 吉川弘文館, 1998, 225쪽.

여러 특권"을 갖고 있었다. 에타, 히닌이라 불리는 천민층조차 형리역
(刑吏役)·죽은 소와 말의 처리역·도둑 단속역 등의 '기요메'(더러운 곳을
깨끗이 하는 것) 야쿠(役)로서 천황이나 구게(公家) 등 귀족과의 결합으로
보호되고 특권을 부여받았다.[17] 이 때문에 그들은 '직능과 특권에 기초
한 아이덴티티를 가질 수' 있었다. 그러나 근대가 되자 표면상으로는
봉건적 신분제는 해체되었지만 반대로 피차별자들은 스스로의 아이덴
티티를 구축하는 근거를 박탈당해 버렸다고 히로타는 지적한다.

왜 근대의 차별은 '아이덴티티가 의지하는 그 자체를 박탈해버린'
것일까? 그것을 해명하기 위해서는 '문명개화'라는 메이지 정부의 일
대 슬로건이 갖고 있던 의미를 다시 고찰할 필요가 있다.

당시 서양에서 과학적인 신사조가 유입되어 근대 일본의 사상계를
석권하고 있었다. 이른바 사회다위니즘과 사회유기체론이 그것이다.
특히 과학적 진화론이라 생각된 사회다위니즘은 생존경쟁, 자연도태,
우승열패, 적자생존 등의 알기 쉬운데 지극히 단순한 공식을 세상에
퍼트려 과학이라는 이름 아래 '강자에 의한 약자의 배제, 지배, 차별'을
점차 정당화해 갔다.[18] 또한 사회유기체론은 생물체가 계층구조를 갖
고 각 계층은 독자의 법칙성을 갖고 있다는 것을 표명하여 새로운 신분
제를 과학적으로 공인하는 것이었다. 이 사회다위니즘과 사회유기체
론의 침투로 근대 일본은 문명개화에 살아남는 강자와 패한 약자를
선별하기 시작했다. 그리고 이 자의적이고 편견에 물든 사상운동은 점
차 '적자'가 아닌 자를 선별하여 궁지로 몰아갔다. 이 주변의 경위를
히로타는 다음과 같이 설명한다.

---

17 ひろたまさき, 日本近代思想大系, 『差別の諸相』, 岩波書店, 1990, 447~448쪽.
18 藤野豊, 「被差別部落」, 『岩波講座 日本通史』 第18卷, 岩波書店, 1994, 141쪽.

일본 국가는 일본 영토에 사는 인간을 모두 포괄하여 '일시동인', '인간평등'하게 인정하는 것을 전제로 하여 그것도 그 모든 주민(아이누도 오키니와 사람도)을 문명인으로 해야 합니다. 문명인=일본국민이라고는 도저히 말하기 어려운 야만인이 있는데 그것은 함께할 수 없다는 것으로 차별이 이루어집니다. 차별하면서 한편에서는 문명인이 된다면 언제든지 차별을 해제할 수 있다는 구조(실제는 그렇지 않아도)를 갖는 것으로, 사실은 차별당한 사람들은 자신의 책임으로 야만의 세계에 떨어진 것이라는 시선이 형성됩니다. 그러한 근대의 자기책임이라는 논리가 바로 피차별자의 아이덴티티의 의지 처를 근저에서 박탈해가는 하나였다고 생각합니다.[19]

메이지 정부는 근세의 봉건적 신분제를 해체하고 '일군만민'이라는 이념으로 평등한 국민을 창출하려 했다. 그러나 일군(천황) 아래 만민이 평등하게 결속한다는 일군만민 이념은 현실에는 곧바로 새로운 신분제를 재구성하게 되었다. 1884년(메이지 17)의 화족령과 1889년(메이지 22)의 황실전범, 대일본제국헌법 발포로 천황, 황족, 화족, 사족, 평민이라는 새로운 신분제가 창출되어 그 신분제 질서를 보장하기 위한 것으로 혈통의 중요성이 주창되었다. 일본인이라는 순수한 혈통의 질서에 옛 천민이던 신 평민이나 아이누, 오키나와인은 포함되지 않았다.[20] 왜냐하면 그들은 문명인이 아니라 비문명인=야만인으로서의 혈통을 갖는 열등민족으로 인식되었기 때문이다.

이렇게 하여 일군만민이라는 이념은 문명개화의 동질화에 참가하는 자격을 갖는 인간만이 적응되는 이념으로 급속하게 퍼지면서 야만인=비적격자는 철저하게 배제되기 시작했다. 그리고 근대사회를 창출하

---

19 ひろたまさき, 『差別の視線-近代日本の意識構造』, 228~229쪽.
20 ひろたまさき, 『差別の諸相』, 469~470쪽.

는데 부적합한 요소는 모두 야만인이라는 범주에 집어넣어 차별의 대상이 되었다.

거기에서 탄생한 것이 '자기책임'이라는 이론이었다. 그들은 근대사회에서는 배제되어야만 하는 존재이다. 왜냐하면 그들은 야만인이며 문명인이 되려고 하지 않기 때문이다. 언제까지나 야만인에 머무는 것은 그들 자신이 나쁘기 때문이며 그들의 책임이다. 이 일본인의 말도 안 되는 논리로 문명개화의 부적격자는 스스로가 처한 열악한 사회환경을 자신이 책임을 지는 자로 생각하게 된다. 차별당하는 것은 자신들이 나쁘기 때문이라는 이 비열한 논리는 신 평민이나 아이누, 오키나와인, 그리고 재일조선인이 스스로의 아이덴티티를 확립하는 데 커다란 장애로 가로막았다.

이제 사람들은 두 개의 카테고리에 가차 없이 둘로 나뉜다. 하나는 문명개화의 적격자이며 그들은 문명, 이성, 부, 건강 등의 모든 선을 독점했다. 또 하나는 문명개화의 부적격자이며 그들에는 야만, 광기, 빈곤, 병 등의 모든 악이 집약되었다.[21] 이 단순한 인간의 차별과 서열화가 근대 일본 사회가 구축한 교묘하고 추악한 차별 논리의 귀결이었다. 히로타가 "문명적 가치들을 추구하는 자에게 그 대극에 있는 야만은 부정되어야하는 존재이며 야만적 현상들에 대한 멸시는 필연적이었다고 할 수 있다. 단순한 멸시에 그치지 않고 문명적 가치들을 위협하는 것으로 두려워하여 배제되는 것도 근대사회의 어느 단계에 이르기까지의 필연적인 양식이다. 그것은 어느 의미에서 전근대적인 차별보다도 가혹하고 무도한 양식이었다"[22]고 기술하는 것처럼. 실로 근대 일본 사회에 전개된 차별의 양상은 부적격자에 아이덴티티의 확립을

---

21 위의 책, 「「文明」と「野蠻」の分割」, 『差別の諸相』, 471~500쪽.
22 위의 책, 512쪽.

허용하지 않을 정도의 '가혹하고 무도한 양식'을 갖추고 있는 것이었다. 이처럼 재일조선인은 그 가혹하고 무도한 차별의 중심에 위치해 있었던 것이다.[23]

3. 협화회 사업과 익찬문화운동

1931년 이래의 15년 전쟁을 싸우던 일본인은 가혹한 전쟁을 끝까지 싸워 승리로 이끌기 위해서 일본인의 총력을 결집시킬 필요에 내몰려 있었다. 38년의 국가 총동원법의 발령이나 40년의 대정익찬회, 대일본 산업보국회 등의 전국적인 조직의 탄생은 착착 진행되는 총력전 체제의 구현화였다. 그러한 상황 하에서 그때까지 부적격자로 배제되던 '야만인'이 갖는 힘에도 점차 주목하게 되었다. 그러나 누구라도 좋은 것은 아니어서 어디까지나 전쟁을 수행하기 위해 도움이 되는 부적격자만이 소집되게 되었다. 광기나 병은 배제하지 않으면 안 된다. 왜냐하면 그들은 군대의 약체화로 이어질 두려움이 있었기 때문이다. 군사 교련을 견디고 국방 국가를 강력하게 건설하는 '건전한 인간'이 양성되지 않으면 안 된다. 그 기준에 합치되는 가장 유력한 부적격자가 바로 재일조선인이었다.

그러나 그들을 전투 요원으로서 또 군수산업의 유능한 노동자로 훈

---

23 히로타 마사키는 이어 "문명 정도에 의한 서열은 피차별자 사이에서도 침식해 갈 것이다. 예를 들어 오키나와의 본도(本島)와 선도(先島)와의 관계는 그 단적인 한 예라 생각된다. 이 시기(메이지 10년 대, 즉 1878~1888년대)에는 피차별자 부락 간의 계층분화가 진행되는데 그것은 상층과 하층과의 모순을 만들어 내게 된다. 피차별자들이 스스로를 문명의 열패자라는 콤플렉스에 사로잡힌 그 메커니즘은 그러한 피차별자 간의 서열이 가령 일반사회의 서열에 연속되어 있다는 환상에 있다고 생각된다"고 하여 피차별자 자신이 이 문명도에 의한 서열화를 받아들여 피차별자 간의 서열화를 경쟁했다는 것을 지적한다. 위의 책, 515쪽.

련하기에는 그들의 독자적 민족문화나 풍속 습관이 방해였다. 그들은 철저하게 재교육하지 않으면 안 된다. 이 때문에 전국 조직으로 중앙협화회가 건립되어 일본 정신의 철저한 주입이 도모된 것이다.[24]

예를 들어 협화회 사업 첫째의 실시 요목은 '국민정신의 함양'이며 '국체관념의 철저, 경신(敬神) 이념의 함양, 충효 정신의 함양, 일본의 국제적 지위의 인식 철저, 도덕관념의 함양, 책임 관념의 철저, 근로정신의 함양, 협화 정신의 철저'등 집요하리만치 '정신의 함양, 철저'가 반복되었다.[25] 그리고 협화 사업의 요지로 다음과 같은 목표가 제시되었다.

> 협화 사업은 일시동인의 성스러운 뜻을 봉체(奉體)하고 내지에 사는 외지동포의 내지 동화를 기조로 하며 이것을 보호 선도하여 생활의 안정 향상을 도모하여 황국 신민으로서 봉공의 성실함을 다하게 하면서 내지 동포의 서로 사랑하는 정의(情誼)를 촉진하여 국민해화(國民偕和) 열매의 결실을 요지로 한다.[26]

협화 사업이란 즉 재일조선인을 '보호선도'하여 '황국신민으로서 봉공의 성실을 다하게' 하도록 하는 교육이며 그들을 총력전 체제로 편입하기 위한 국가사업이었다. 그것은 실로 일본 정부에 의한 그들의 사상통제이며 사상개조였다. 재일조선인에 허용된 아이덴티티란 '일시동인'이라는 슬로건 아래 제시된 '황국신민'으로서의 그것이며 전쟁에 전

---

24 협화회에 의한 재일조선인 통제와 일본정신 주입 문제에 대해서는 井上厚史, 「戰時下における在日韓國, 朝鮮人統制と「內地」」, 待兼山比較日本文化研究會, 『比較日本文化研究』 第4號, 1997 참조.

25 『在日朝鮮人資料集成』 第4卷, 三一書房, 1976, 1274쪽.

26 위의 책, 1270쪽.

면적으로 협력하는 것 이외에 그들에게 남겨진 자유는 없었다.

그 한편에서 대일본산업보국회는 '공장문화운동'을 장려하고 대정익찬회 문화부는 '지방익찬문화운동'을 지도하는 등[27] 모든 문화 영역이 국민교육의 수단으로 이용되기 시작했다. 이러한 문화운동의 흥륭에 대해 아카자와 시로(赤澤史朗)는 다음과 같이 기술한다.

> 이러한 위로부터의 문화정책이 추구한 것은 이른바 단일한 국민문화 형성이었다고 할 수 있다. 여기서 그때까지의 근대 일본 문화의 주 조류가 도회적이고 외래적이며 또한 비생산적인 상업적 문화였다고 하여 부정된다. 이를 대신하여 인구의 과반수가 살고 생활하는 장의 문화인 지방적인 문화, 일본의 예로부터의 전통적인 문화, 그리고 도시, 농촌을 막론하고 사회를 지탱하고 있는 근로자, 생산자의 문화가 칭양(稱揚)된다.[28]

총력전 체제에 합치되는 전국적 규모의 '단일한 국민문화'를 형성하기 위해서는 그때까지 등한시되던 '지방적인 문화, 일본 예로부터의 전통적인 문화, 그리고 도시, 농촌을 막론하고 사회를 지탱하고 있는 근로자, 생산자의 문화'에 착목하여 지방이나 노동자 사이에 익찬문화운동을 넓혀야 한다. 그리고 이를 위해서 특히 문화 혜택을 받지 못하는 농산어촌이나 공장을 순회하는 이동연극이 조직되어 "건전 오락의 보급, 국민적 신념의 앙양, 국민문화의 수립"[29]을 목표로 내걸고 공연을 반복하여 각지에서 열광적인 반향을 일으켰다.

그러나 이러한 전국적인 익찬문화운동의 추진과 그 열광적인 지지는 재일조선인의 아이덴티티를 더욱 위협하는 것이었다. 일본인을 대

---

27 赤澤史朗, 「戰中·戰後文化論」, 『岩波講座 日本通史』 第19卷, 岩波書店, 1995, 295쪽.
28 위의 책, 295~296쪽.
29 위의 책, 300쪽.

상으로 한 화려한 익찬문화운동이 전개되는 한편에서 재일조선인은
협화회라는 조선인 통제 조직 아래서 일본어를 배우고 가미다나(神棚:
신을 모시는 재단)를 설치하고 신사참배나 일본 의복의 착용을 강요당하
고 탁주(막걸리)의 제조를 금지당하는 등 철저한 감시체제 아래 놓여진
다. 항상 "일본 민족은 옛날부터 우수한 민족이며 조선 민족은 옛날부
터 열등한 민족이다"[30]고하는 출구 없는 콤플렉스에 고뇌하도록 했다.
  기록에 의하면 그러한 곤란한 상황아래에 처하여 일본어의 강요에
저항한 조선인 부락이나[31] 어디까지나 일본옷의 착용을 지속적으로 거
부한 재일조선인 부인[32], 집단폭행, 파업, 태업, 사감경질요구 등의 쟁
의로 과혹한 강제노동에 저항한 강제연행 노동자[33] 등 협화회 체제에
저항한 다수의 조선인이 분명하게 존재했다. 그 체제에 저항한 조선인
의 존재를 히구치 유이치(樋口雄一)는 다음과 같이 설명한다.

  재일조선인 부락의 적극적인 역할이나 협화회의 여러 시책에 대한
  재일조선인의 비동조 행동, 강제 연행 노동자의 직장에서의 저항과 도
  망은 일본 파시즘 체제하에서 특필할 수 있는 저항이었다고 말할 수
  있을 것이다. 이 배경이 된 것은 조선민족으로서의 전통·문화였으며
  일본에서의 임금, 주택 차별에서 보이는 차별 체제에 대한 저항이었다.
  이 민족적인 입장과 차별에 대한 저항이 전시 하에서 재일조선인 사회,
  혹은 재일조선인의 세계를 형성했다고 할 수 있다.[34]

---

30 朴慶植, 『在日朝鮮人·强制連行·民族問題』, 三一書房, 1992, 69쪽.
31 樋口雄一, 『協和會-戰時下朝鮮人統制組織の研究』, 社會評論社, 1986, 160~162쪽.
32 위의 책, 172~175쪽.
33 위의 책, 176~186쪽.
34 위의 책, 187쪽.

전국적인 규모로 강력하게 추진된 협화회 사업과 익찬문화운동의
태풍 속에서 재일조선인은 작은 저항을 반복하면서 결코 민족의 자긍
심을 상실당하는 일은 없었다. 그러나 그 때문에 열등 민족으로 평가받
은 재일조선인의 아이덴티티 확립이 얼마나 어려웠는지는 상상하기
어렵지 않다.

국가총동원법 아래서 '일시동인'이라는 이상적인 표면화된 슬로건
과는 반대로 항상 열등 민족으로서 멸시당하면서 일본인에 죽을힘을
다해 협력하고 총동원 체제에 가차 없이 편입된 그들은 자기의 존재
이유를 사고하는 것조차 어려운 절망적인 상황에 내몰렸던 것이다.

4. '문화국가론'과 '자기비판'

패전으로 군인이 추방되고 관료의 권위가 실추되자 외국어가 가능
하고 구미의 사정에 밝은 지식인이나 문화인이 새로운 정치나 사회
지도자로 등장했다. 패전 직후의 일본 사회에서 '문화'라는 말이 맡은
역할을 아카자와는 다음과 같이 설명한다.

　　패전은 '문화'라는 심볼을 한꺼번에 부상시키는 계기가 되었다. 이것
　은 지금까지 전쟁으로 억압되던 '문화'가 이제부터의 사회를 영도하는
　심볼로 등장해 왔다는 것이 된다. 전시 중 국가나 전쟁에 얼마나 도움이
　되는가 하는 관점에서 그 존재 이유를 변증해 온 문화는 갑자기 원래
　본질적으로 평화적인 것이라고 설명되면서 보편적인 세계나 인간과 같
　은 개념에 새로운 근대적인 이미지로 설명할 수 있게 된다.[35]

---

35 『岩波講座日本通史』第19卷, 岩波書店, 1995, 312~313쪽.

전전의 익찬문화운동 중에서 '지방적인 문화, 일본의 예로부터의 전통적인 문화, 그리고 도시, 농촌을 막론하고 사회를 지탱하던 노동자, 생산자의 문호'로 이미지 되던 '문화'가 갑자기 평화적으로 '보편적인 세계나 인간과 같은 개념에 새로운 근대적인 이미지'를 걸치게 되었다. 그리고 기타가와 겐조(北河賢三)가 지적하는 것처럼 "패전 후의 혼돈과 해방감 안에서 각지에서 계속해서 문화단체가 결성되어 연극, 댄스, 음악회, 독서회, 각종의 강연회, 토론회 등이 개최되었다. 전극 방방곡곡에 이르기까지 문화운동 단체가 결성된 것은 미증유의 일이며 종래 문화운동과는 인연이 없던 지역, 직역(職域)에서도 문화운동이 일어났다[36]"는 것이다. 문화는 전전의 전통적, 도덕적, 봉건적인 개념과는 동떨어진 미국 경유의 서양적인 '연극, 댄스, 음악회, 독서회, 각 종의 강연회, 토론회' 등을 의미하는 모던한 언어로 변신했다.

그러한 새로운 문화의 숨결은 마르크스주의나 자유주의가 부활, 대두하는 가운데 '문화국가론'으로 집약되어 민주주의에 기초한 문화국가 건설만이 전후 일본이 달성해야 할 목표로 제시하게 된다. 그러나 지식인이나 문화인의 전쟁 책임 추급이 주춤한 채로 끊어져버린 것과 호응하듯 전시 중의 익찬문화단체는 명칭을 바꾼 것일 뿐으로 그대로 존속하여 전시 중의 '문화익찬'이 전후의 '문화국가'로 연결되는 기묘한 현상이 각지에서 출현하게 되었다.[37]

예를 들어 기타가와는 고리야마(郡山) 문화협회의 기쿠치 데이조(菊地貞三, 1925~2009)의 발언(1946년 중반 무렵)으로 다음과 같은 언설을 소개한다.

---

36 北河賢三, 「戰後の出發 文化運動・靑年團・戰爭未亡人」, 靑木書店, 2000, 13쪽.
37 위의 책, 29쪽.

익찬문화협회 당시와 문화에 대한 생각은 바뀌지 않았습니다. 유아
사(湯淺) 회장의 의견도 그러합니다만 문화라는 것은 생활 감정을 풍부
히 하고 생활 의지를 강화시키며 생활양식을 높이고 발전시켜 가는 것
이라는 문화 이념은 전시 중이고 아니고를 막론하고 바뀌지 않습니다.[38]

전전의 익찬문화운동과 전후의 문화국가운동이 연결하는 것은 익찬
문화운동의 특징이었던 '단일한 국민문화'를 형성하려는 목표와, 전전
에 시도된 지방문화나 전통문화, 근로자, 생산자 문화의 부활을 예언한
발언이었다. 그리고 실제로 문화국가론을 맡은 지식인이나 문화인의
보수적 경향으로 전전의 문화가 급속히 부활하기 시작했다.[39] 기타가
와는 전후 문화국가론의 배후에 사회 질서를 안정화시키려는 요청이
강력하게 작동하고 있었던 것을 다음과 같이 설명한다.

전후 설립된 사회교육기관이나 단체는 전후 사회의 혼란, '황폐' 상황
에 대처하고 '문화국가' 건설을 향해 국민을 통합하는 역할을 맡으려
하는 것이며 사회 교육 기관, 단체가 문화 단체를 육성하여 문화운동을
종용한 것도 그 일환이었다. 사회 교육의 중시와 문화 운동 추장의 배후
에는 사회 질서를 안정화시키려는 요청이 작용하고 있었다고 말할 수

---

38 위의 책, 30쪽.
39 아카자와 시로는 이 점에 대해 "지방으로 소개당한 지식인, 문화인들은 패전 직후
시기부터 급변하는 현실이나 세계의 정세에 대한 해설을 요구하여 지방의 국민학교
등을 회의장으로 삼아 강연회가 열렸다. 그리고 스스로 사직하거나 공직 추방에 있기도
했던 귀족원의 칙선의원 후임에는 저명한 지식인, 문화인이 등용되었다. 그러한 움직
임은 관료의 상급 자리에도, 또한 대신의 자리에까지 퍼져갔다. 문화국가라는 용어에
는 원래 철인정치라는 이미지가 포함되어 있는데 이 시기의 문화국가론의 유행은
이러한 문화인, 지식인의 실제 정치에 대한 커다란 영향력을 기본으로 한 것이었다고
할 수 있을 것이다. 이러한 종류의 '문화국가'론의 보수적인 흐름은 드디어 참의원
녹풍회 등으로 계승되어 가게 된다"고 기술한다. 『岩波講座 日本通史』第19卷,
313~314쪽.

있을 것이다.[40]

　존 다우어가 지적하듯이 '문화'나 '밝음'이나 '새로움'은 "제국 일본의 이데올로기의 실로 심장부에 있었던 발상"[41]이며 문화라는 언어로 전전의 문화국가론이 부활한 것은 "언어의 가교를 건너 사람들이 또다시 과거로 돌아가 버리는 가능성"[42]의 두려움을 훌륭하게 증명한 것이었다.

　이러한 새로운 민주주의적인 문화국가론이 점차 전전과의 결합을 회복하여 "사회 질서를 안정화시키려는" 사회 통제 운동으로 변질되어가는 한편 마르크스주의를 핵으로 하는 "확고한 사회관, 인간관에 뒷받침된 문화를 희구"[43]하는 운동이 커다란 조류가 되어 갔다. 민주주의과학자협회(민과), 일본민주주의문화연맹(문맹) 등의 반체제 정치와 결합한 학문이나 문화 운동이 전개되고 노동자 문화 서클을 기반으로 근로자 문화 운동도 성행하여[44] 세상은 실로 신구 문화론이 난무하는 '문화의 시대'를 맞이한 것이다.

　이러한 문화론에 들끓는 전후의 일본 사회는 그 한편에서 지식인 간에 심각한 회한의 정을 불러일으킨다. 존 다우어는 당시 지식인의 사상이나 행동을 지배하고 있던 시대상황에 대해 마루야마 마사오가 명명한 '회한(悔恨) 공동체'라는 개념을 채용하면서 다음과 같이 설명한다.

40　北河賢三, 『戰後の出發 文化運動・靑年團・戰爭未亡人』, 40쪽.
41　ジョン・ダワー(三浦陽一・高杉忠明 譯), 『敗北を抱きしめて』 上, 223쪽.
42　위의 책, 257쪽.
43　『岩波講座 日本通史』 第19卷, 318쪽.
44　위의 책, 318~320쪽.

마루야마를 시작으로 하는 많은 학자나 문화인에게 패전이나 점령은 과거에 대한 깊은 회한과 미래에 대한 넘쳐나는 기대감이 한데 뒤섞인 것이었다. 두렵기만 한 국가 권력에 대항할 수 없고 추종해버리고 마는 자책감을 동반하면서 정치적, 지적인 해방이 주어졌다. 이렇게 해서 지식인 사이에서는 정치나 이데올로기 문제는 회한과 자기비판이라는 언어와 끊으려 끊을 수 없는 것이 되었다.[45]

이러한 시대배경 가운데 재일조선인도 민족적 주체성의 회복과 전전에 잃어버렸던 생활권이나 옹호에 분주했다. 그러나 그 운동은 많은 일본인 지식인의 사상과 마찬가지로 마르크스주의의 강한 영향을 받아 철저한 '자기비판'에 의한 변증법적 발전을 표방하게 되었다. 1947년 9월 29일 조선문화교육회가 발행한 『문교신문』의 서두에는 〈사회개혁을 단행하라. 자기비판을 철저하게 하라〉라는 제목 아래 다음과 같은 주장이 게재되었다.

보다 위대한 진보를 바란다면 거기에 사회의, 또 개인의 자기비판을 행하여 변증법적 발전을 급속히 높여야 한다. 보다 치열한 자기비판 없이는 그 사회단체와 개인은 뒤떨어진 과거의 반민주적인 것이 될 것이다.[46]

철저한 자기비판, '보다 치열한 자기비판'을 하지 않으면 그 단체나 개인은 '뒤떨어진 과거의 반민주적인 것'으로 추락해버린다. 새로이 커다란 도약을 위한 자기비판. 자기비판에 엄격하면 할수록 변증법적 발전으로 보다 위대한 진보를 가져온다. 이것은 당시 유행한 마르크스주

---

45 ジョン·ダワー(三浦陽一·高杉忠明 譯), 『敗北を抱きしめて』上, 311쪽.
46 朴慶植 編, 『在日朝鮮人關係資料集成(戰後編)』 第8卷, 不二出版, 2001, 71쪽.

의적 민주 투쟁 사고방식인데 이것을 재일조선인이 표방할 때 사태는
전혀 다른 양상을 띠었다. 왜냐하면 일본 근대사회 안에서 야만인으로
위치 지었던 그들에게는 '자기책임'이라는 논리가 질곡처럼 따라다녔
기 때문이다. 열악한 환경에 놓인 것은 근대 일본이 만들어 낸 사회제
도 문제이며 확실히 그들의 혈통이나 성격 문제는 아니다. 그러나 자기
비판에 의한 변증법적 발전이라는 생각은 걸핏하면 전전의 '자기비판'
이라는 논리에 통합되어 버리는 위험성을 크게 안고 있었다. 예를 들어
같은 『문교신문』 제4면에 게재된 〈자기를 깨달아라〉라는 칼럼은 자기
비판에 대해 다음과 같이 설명한다.

> 오늘의 조선 지식 청년의 심리에는 세계 조국의 현실에서 오는 눈에
> 는 보이지 않는 힘에 의해 깊이 영혼의 공백감이라고도 할 수 있는 것이
> 계속해서 지배하고 있다. … 인생의 진실이라는 것은 결코 자기의 밖에
> 서 구할 수 있는 것이 아니다. 진실을 자기 자신의 영혼의 깊은 곳에서
> 찾으려 하지 않고 이것을 인간에게 구하고 벗에게 구하려 하는 것에
> 우리들의 생활에 가장 큰 오류가 있다. 허위인 것은 세상 가운데 있는
> 것보다도 실은 오히려 자기 자신이다.[47]

조선인으로서의 민족적 주체성을 회복하는 것은 자기 자신을 '허위'
라 간주하는 행위와는 전혀 관련이 없다. 그런데도 왜 그들은 거기까지
자기비판을 철저히 하지 않으면 안 되었던 것일까? 그 수수께끼를 푸
는 열쇠는 식민지 시대의 '니힐리즘'을 설명한 박경식의 다음과 같은
언설 안에서 찾을 수 있을 것이다.

---

47 위의 책, 74쪽.

우리들도 식민지 시대에는 니힐리즘에 빠진 자들이었습니다만 조선인이 싫어집니다. 언제나 조선인은 바보 취급을 당하여 어디에 가더라도 취업하지 못합니다. 하물며 희망하는 대로의 직장에는 가지 못합니다. 열심히 일해도 제대로 된 임금도 받지 못합니다. 자식은 학교에서 언제나 바보 취급을 당합니다. 그리하여 허위의식, 니힐리즘에 빠져있었지요. 그러니까 인간으로서의 자긍심이 없어요. 조선인은 정말 싫다고 이것이야말로 인간적이지 않습니다. …

일본에서는 재일조선인에게 이전부터 민족적인 주체성을 갖지 못하게 합니다. 전전도 전후도. 현재도 재일조선인은 일본 사회에서 쓸모없는 존재라는 식으로 보이기 때문입니다. 조선인 자신도 그렇게 생각하는 사람이 있습니다. 일본의 권력자뿐만이 아니라 대부분의 일본인이 재일조선인을 성가신 존재라고 생각합니다. 나쁜 짓만 저지른다고 생각하는 것이죠. 그러니까 자신들의 나라로 돌아가라고. 일본에서 산다면 귀화하여 일본인이 되라고. 그러나 가령 일본인이 되었다고 해도 역시 차별을 합니다. 결국 역사적으로 재일조선인의 역할을 바르게 위치 지어 평가하지 않습니다.[48]

'언제나 조선인은 바보 취급당하여 어디에 가더라도 취업하지 못한다'는 폐쇄감에 기인한 '조선인이 싫어진다'는 니힐리즘은 절망에 빠진 조선인의 극한적인 발언이다. '인간으로서의 자긍심'을 갖지 못하는 일본 사회 안에서 그들은 작은 저항을 시도하는 것 외에는 단지 일본인의 총력전 체제에 편입되어 사는 것밖에는 없었다. 전후가 되어 민족적인 주체성을 가지려고 생각해도 불가능했으며 조선인으로서 살아가려고 해도 살아갈 수 없는 일본 근대사회로부터 도망가는 것조차 불가능한 고난. 자기 자신의 존재를 '쓸모없는 존재'로 밖에는 인식할 수 없는

48 朴慶植, 『在日朝鮮人·強制連行·民族問題』, 39쪽.

소통에 견디기 어려워 일본인으로 귀화해도 더욱 지속적으로 차별당하는 부조리. 오임준은 그러한 부조리를 자신이 습득한 일본어와 관련시키면서 다음과 같이 토로한다.

우리들은 미약하면서 '일본어로 자신을 표현할 수 있는 것 자체'의 그 미증유의 비극이 사실은 완전한 '희극'으로서 계속 살아왔다는 것을 인식할 수 있다. 우리들의 일본어는 이처럼 오욕투성이인 채로 일본 제국주의의 한쪽을 둘러멘 보기 흉한 흉내 내는 원숭이처럼 습득한 것이다.[49]

전후의 일본 사회란 전시 하에서 절대적으로 강제당한 일본어 습득을 그들 재일조선인에 '오욕투성이인 채로 일본 제국주우의 한쪽을 둘러멘 보기 흉한 흉내 내는 원숭이처럼 습득한 것'이라 말하는 잔혹하고 무자비한 사회였다. 우리들 일본인은 전후의 '문화국가'로서의 부흥=재생 덕분에 전전의 상태와 별반 다르지 않는 가혹한 상황 하에 놓여 있던 재일조선인이 불가피하게 니힐리즘에 빠졌다는 사실을 더욱 진지하게 받아들일 필요가 있다. 그들은 그러한 자기 자신에 대한 니힐리즘을 안고 있었기 때문에 저 정도까지 엄한 자기비판을 철저하게 하지 않고는 있을 수 없었던 것이다.

언제나 바보 취급을 당하고 직장에도 취업하지 못하고 임금도 제대로 받지 못하는 사회 안에서 그들은 조국 통일에 유일한 희망을 걸었다. 그 방도를 그들을 차별하고 인간으로서의 자긍심을 수탈한 일본인과의 공투(共鬪)라는 형태에서 구한 것이다.

---

49 吳林俊, 『朝鮮人としての日本人』, 合同出版, 1971, 37쪽.

일본 국민과 동일하게 재일조선인이 추구한 것은 통일과 평화, 우호와 번영의 길이다. 그렇기 때문에 재일조선인은 일본 국민과 함께 독립과 평화, 공존을 목표로 싸우고 있는 것이다. 그 때문에 재일조선인의 민주단체들과 애국적, 민주적인 사람들은 자신들 조국의 평화적 통일과 독립, 생활과 교육, 그 외의 문화적, 경제적 요구들을 쟁취하기 위해 우리들의 민족적인 단결을 보다 한층 더 강화하여 점점 일본 국민과의 친선, 우호의 교제를 활성화하면서 많은 민주적, 진보적 국민의 각층 및 정당들과 긴밀하게 제휴하여 그 단결과 통일의 힘을 강화시키기 위해 노력하는 것 외에는 없다.

오늘날 재일조선인이 통일과 독립, 평화 공존의 방향을 견지하여 일본 국민과 견고하게 단결한다면 미국이 이승만을 독립시켜 일본의 반동 세력을 약화시키고 조국의 평화적 통일을 촉진시키는 것은 의심할 것 없다.[50]

가령 일본공산당과의 공동투쟁이라는 한정된 것이었다고 해도 '일본 국민과 동일하게 재일조선인이 추구한 것은 통일과 평화, 우호와 공영의 길이다. 그렇기 때문에 재일조선인은 일본 국민과 함께 독립과 평화, 공존을 목표로 싸우고 있는 것'이라는 억제된 언설이 보여주는 것은 일본인에의 아첨이라 받아들일 위험성을 범하면서까지도 무엇보다도 '통일과 평화, 우호와 번영'을 쟁취하고 싶다는 재일조선인의 절실한 희구의 표출일 것이다. 그러나 전후의 일본 사회는 그러한 그들의 절실한 희구를 무시하는 듯 '쓸모없는 존재'라는 인식을 쉽게 고치지 않았다. 그들의 민족으로서의 자긍심, 인간으로서의 자긍심은 과연 문화운동으로 들끓는 전후 일본인 사회의 어디에서도 볼 수 없었다.

일반적으로 전후 일본 사회는 전전의 군국주의와 작별을 고하고 민

---

50 朴慶植 編, 『在日朝鮮人關係資料集成(戰後編)』 第10卷, 不二出版, 2001, 80쪽.

주주의적인 국가로서 새로 태어났다고 생각할 수 있다. 그러나 그 실태는 전전의 '익찬문화운동'이 전후의 '문화국가운동'에 그대로 계승된 것처럼 전전의 체제가 아직까지 살아남아 있는 것이라 생각하지 않으면 안 된다. 전전의 체제가 살아남아 있기 때문에 재일한국·조선인의 자기 인식은 계속해서 방해받는다. 전전의 조선인 멸시에서 달아나기 위해 스스로를 "일본의 병대(兵隊)까지 된 조선인"[51], 혹은 "피지배에서의 비상을 모색한 동화의 충량한 노예"[52]라고 전후에 냉혹하게 자기비판한 오임준의 다음과 같은 술회는 재일조선인에게 전전의 체질이 얼마나 강고하게 전후에도 살아남아 있었는지를 말해준다.

> 전쟁이 끝나고 일본인은 모든 가치관이 변했다고 떠들썩하게 말하기
> 시작했습니다. 제국주의적이고 봉건적인 생각은 전부 멈추고 젊은 인간
> 이 점점 민주주의에 눈을 떠갔다고 말합니다. 특히 가치관이 180도 변
> 했다는 것은 일이 있을 때마다 힘주어 강조되어 왔습니다. 그러나 재일
> 조선인, 조선에 관해서는 가치관의 변동을 이루는 기회는 손톱의 때만
> 큼 있어도 대단하다 할 정도로 없었습니다.[53]

근대 일본 사회는 전전에서 전후로 대변동의 와중에도 재일조선인의 입장에서는 '손톱의 때만큼도 가치관의 변동'이 없다고 생각하는 완고한 인식 기반을 견지했다. 그리고 그 일본인의 인식 태도에 재일조선인의 아이덴티티 확립을 방해하는 가장 근본적인 문제가 숨어 있다.

---

51 吳林俊, 『朝鮮人としての日本人』, 20쪽.
52 위의 책, 21쪽.
53 위의 책, 153쪽.

5. '제삼국인'과 '초대받지 않은 손님'

2000년 4월 9일의 육상자위대 기념행사에서 당시 이시하라 신타로 (石原愼太郎) 도쿄도지사는 대재해가 발생했을 때 "불법 입국한 많은 삼국인, 외국인"에 의해 보다 큰 소동사건이 상정된다는 취지의 발언을 하여 커다란 물의를 일으켰다. '제삼국인(삼국인)'이란 제2차 세계대전 후의 미국 점령 시대에 일본에 재류하던 주로 조선인과 중국인(특히 타이완인)을 가리키는 차별용어였다.[54] 당사국인 일본과 미국 이외의 제삼국의 사람이라는 의미로 사용된 '제삼국인'에 차별적인 뉘앙스가 부가된 것은 1946년 8월 17일에 시이쿠마 사부로(椎態三郎, 1895~1965)가 국회에서 "이시바시 단잔(石橋湛山, 1884~1973) 대장대신(大藏大臣)은 일주일 전 국회에서 500억 엔의 유통 화폐 중에서 200억 엔은 고국으로 돌아가지 않고 일본에 남아 있는 제삼국인의 수중에 있다고 말했다"고 발언하여 제삼국인이 전후 암시장을 지배하고 있다는 풍평을 만들어 냈기 때문이라고 말한다.[55]

---

54 초출은 高野雄一, 「外交官, 外國人の一般的地位」, 『日本管理法令研究』 第14號, 1947년 11월, 28~29쪽이라고 말한다. 여기에는 "제삼국인, 여기에서 제삼국인이라는 것은 연합국민 및 중립국민, 즉 외국인은 아니지만 동시에 일본인과 반드시 지위가 동일하지 않는 조선인 그 외의 '종래 일본인의 지배하에 있던 나라들의 국민'(nationals of countries formerly under the domination of Japan)이다. 무리하게 말한다면 해방민족이라고도 할 수 있다. 보통 조선인 외에 류큐인, 타이완인을 들 수 있는데 타이완인의 지위는 미결정된 부분이 있다. 이 제삼국인은 각각의 본국 귀환에 관하여 일본 재판소에서 받은 형벌 판결을 연합국 최고 사령관에 재심의를 받아 특권을 갖는다(1946년 2월 19일 〈조선인 그 외의 국민에 대해 부과된 판결의 재심사〉에 관한 각서, 1권8호 사법3). 즉 사법권에 관하여 일부 특정한 특권을 갖는다. 그러나 그 외의 점에서는 원칙으로서 일반 일본인과 마찬가지로 일본의 사법권, 행정권 하에 놓이며 특히 지방적 법률 규칙에 따른다. 즉 외국인 일반과는 다른 지위에 있다. 금융조치, 과세, 식량배급, 경찰통제 등 동등하다"고 기록하고 있다.

55 內海愛子·梶村秀樹·鈴木啓介 編, 『朝鮮人差別とことば』, 明石書店, 1986, 115~156쪽.

　불법 입국자를 안일하게 전후의 차별용어인 '제삼국인'이라는 말을 사용하여 대표시키는 한 정치가의 무신경한 발언의 배후에는 제삼국인이나 외인(外人, 가이진)에 대한 뿌리 깊은 혐오가 숨어있다는 것을 엿보게 한다. 21세기의 일본에서 사어(死語)가 된 패전 직후의 '제삼국인'이라는 말이 생각지도 못한 곳에서 부활한 것은 재일조선인을 둘러싼 상황이 21세기를 맞아서도 어떤 본질적으로는 바뀌지 않고 있다는 것을 시사한다.

　이시하라의 발언 이전에도 1980년대 일본인의 재일한국·조선인에 대한 감정을 적나라하게 토로한 텍스트로 1981년에 간행된 요코야마 야스시(橫山やすし)의 『고마워요! 요코야마입니다』의 판매중지 소동에 대한 유명한 투서가 있다.

　　일본인이 싫은 나라의 첫째가 조선 한국, 두 번째가 소비에트라는 것은 모두가 아는 사실입니다. 자신의 나라를 거덜 내며 살 수는 없기 때문에 생명의 위험을 무릅쓰고라도 일본에 밀항해 오는 초대받지 않은 손님은 세계에서 조선인, 한국인밖에는 찾아볼 수 없습니다. 욕하는 주제에 무엇 때문에 일본에 오는가? 독립국의 자긍심 같은 것은 아무것도 없는 불쌍한 국민입니다.

　　일본에 어떻게 해서 안주할 수 있게 되면 폭력단 조직을 만들어 범죄를 저지르고 마약을 가지고 오고 일본 국내에서 할 수 있는 모든 나쁜 일을 자행하는 것은 세계 각국 사람들이 일본에 살고 있습니다만 조선인, 한국인뿐입니다. … 오랜 기간에 걸쳐 역사적인 망국 국민의 근성을 30여 년 지난 지금까지도 버리지 못한다니 한심스러운 멸시당하는 국민성이 불쌍합니다. 불만이라면 모두 돌아가세요. 일본에게 위해만 있을 뿐 하나도 도움이 되지 않는 사람들입니다. 초대받지 못한 손님입니다. 자신의 나라로 돌아가면 차별당하지 않고 살 수 있겠지요.

일본인도 아닌 조선인들을 일본인이 비꼬는 것은 당연지사. 당신들은
독립국민입니다. 일본 국민이 아니에요. 당신들은 그게 아니면 굴욕을
당하면서도 일본에 붙어살고 싶은가요? 그렇다면 얌전하게 다른 외국인
처럼 시건방진 말은 하지 말아야죠. 일본인은 모두 화내고 있습니다.[56]

전후 50년이 지났어도 세계에 유래 없는 독자의 전통문화를 보유한
다고 호언장담하는 '문화국가' 일본이 재일한국·조선인에 대해 '초대
받지 않은 손님', '독립국의 자긍심 같은 것은 아무것도 없는 불쌍한
국민'이라고 대략적으로 생각해 버리는 매리잡언(罵詈雜言: 상대방에게
온갖 욕을 해대며 꾸짖는 것)이 한 시민의 입에서 분출하는 것의 비상식적
인 것을 생각하지 않으면 안 된다.

다음의 두 자료는 1953년과 1991년에 발표된 것인데 이 둘이 직면
한 현실은 40년 정도의 시간을 경과해도 조금도 바뀌지 않은 것이 이
해될 것이다.

식민지에서 지배자들이 설립한 교육기관(학교에 한정하지 않는)에서
교육된 조선의 청소년은 '조선인으로서'가 아닌 지배자인 일본 제국주
의의 앞잡이로 자랐기 때문이다. 그것은 자신의 민족이 갖는 것은 모두
가치가 없는 경멸할 만한 것이며 자신의 민족은 열등 민족이어서 하등
의 존재 가치가 없는 민족이라고 생각하여 자신의 부모, 형제를 바보
취급하고 이것을 소원하게 하는 인간이 되어 버린다. 심한 자는 민족의
이익을 배신하는 것이 당연한 것처럼 생각하거나, 부모 형제를 노예시
한다. 즉 식민지에서 지배자들이 설치한 교육 기관은 청소년을 그 민족
이나 가정을 위해 도움이 되는 인간으로서가 아니라 그들 지배자, 외국
인의 이익에 도움이 되는 인간으로 삼아 버렸다.(『평화와 교육』, 1952년

---

56 위의 책, 253~254쪽.

1월호의 〈재일조선인은 그 자제의 교육에 무엇을 기대하는가〉에서)[57]

> 역사 기술 중에서 재일조선인은 '나쁜 자'로 존재해요. 이것은 완전히
> 역사의 왜곡인 것이죠. 이것으로는 재일조선인은 부상하지 않습니다.
> 우리들은 이것을 바로잡아야 합니다. 옛날 미에현의 기노모토초(木本
> 町)에서 마을 사람들 천 수백 명을 동원하여 겨우 60명 정도 밖에 없는
> 조선인의 숙소[飯場, 한바]를 습격하여 학살하는 사건이 일어났습니다.
> 이것을 조선인이 폭동을 일으켰다고 기록하고 있어요. 그래서 현재 그
> 잘못된 기록을 바로잡아 희생자의 추도비를 건립하는 운동을 일으키고
> 있습니다. 그러한 운동은 일본 전국에서 일어나게 해야 합니다. 역사
> 연구를 진척시키면서 그러한 잘못된 역사 기술을 바로잡아야 한다고
> 절실히 여깁니다.(기념강연회, 재일조선인 운동사 연구회 간사이부회
> 창립 12주년 심포지엄, 박경식 〈재일조선인사 연구의 현 단계〉에서)[58]

식민지 시대에 교육받은 조선의 청소년이 전후도 조선(한)민족을 '가
치가 없이 경멸할 만한 것', '열등민족으로 하등의 존재 가치가 없는
민족'이라 생각하고 '자신의 부모, 형제를 바보 취급하여 이것을 소원
하게 하는' 상황에 있었다고 한다. 자신의 자식이 자신의 조국을 경멸
하고 부모나 형제를 경멸하는 것을 목격한 부모의 탄식이나 비참함은
가족이나 친구의 유대를 너무나 소중히 하는 조선인에게 참기 어려운
것이었을 것이다. 그러한 그들의 고통을 자극시키는 듯 그러한 40년이
지나도 가혹한 강제노동에 대한 항쟁을 '폭동'이라 하고 마을 사람들에
학살당한 역사가 그대로 어둠속에 묻히며 재일조선인은 '나쁜 자'로
계속해서 기술되어 왔다.

---

57 朴慶植, 『在日朝鮮人關係資料集成(戰後編)』 第10卷, 237쪽.
58 朴慶植, 『在日朝鮮人・强制連行・民族問題』, 12쪽.

　전후 일본 사회는 민주주의의 보급과 경이적인 경제 발전으로 훌륭할 정도로 선진국으로 부흥=재생했는데 패전이라는 굴욕과 경제, 과학 분야에서 서양에 추월당했다는 초조감이 아시아에 대한 정당한 평가를 지체시켜 아시아 멸시관은 방치된 상태이다. 혹은 노벨상 수상이나 가전, 자동차 산업의 세계적 성공으로 서양을 쫓아가 추월했다는 우월감이 오히려 아시아 멸시를 깊게 만들었다고 해야 할지도 모르겠다.

　우리들 일본인이 얼마나 서양에만 신경을 쓰고 아시아를 멸시했는지는 일본 근대사 중에서 재일조선인이 떠맡고 있던 사회적 역할을 아직까지 정당하게 평가하지 않은 채로 있다는 것에서 상징적으로 나타난다.

　　일본의 근대, 현대를 생각해보면 일본 사회의 발전, 경제 발전, 정치 발전의 각 방면에 걸쳐 조선인은 많은 역할을 수행해 왔습니다. 사실 일본의 도로 건설, 수력발전소 건설, 탄광개발 등 일본의 경제 발전에 조선인이 관련되지 않은 곳이 없을 정도입니다. 일본의 근대사회에서 조선인은 많은 분야에서 일본인과 함께 싸우며 일본의 민주주의, 인권 확립에 도움이 되고 있습니다.[59]

　근대 일본의 노동 운동이나 경제 발전을 토대에서 지탱해 온 재일조선인의 역할을 우리들은 어디까지 정확히 조사하여 인식하고 있을까? 하물며 '일본의 경제 발전에 조선인이 관련되지 않은 곳이 없다'고 말할 수 있을 정도로 그들이 수행한 실제적 노동은 거대하며 '일본의 민주주의, 인권 확립에 도움이 되고' 있다고 가슴을 펴고 말할 수 있을 정도로 착실하고 지속적인 활동이었다고 생각된다.

59　위의 책, 67쪽.

익찬문화운동에서 문화국가운동으로 변용해서도 근대 일본 사회가 여전히 재일조선인에 '제삼국인', '초대받지 않은 손님'이라는 라벨을 붙여 일본 근대사 안에서 재일조선인의 역할을 계속해서 무시하는 상황 하에서 그들은 도대체 어디에서 아이덴티티의 처소를 찾으면 좋을까?

6. 통명과 본명

근대 일본 사회에서 중요한 역할을 수행했다고 보기에 당연한 재일조선인이 전후의 사방이 꽉 막힌 듯한 상황 아래에서 선택한 길은 얄궂게도 마치 조선인으로서의 아이덴티티를 상실한 듯한 '일본이름'을 쓰고 일본인으로서 살아가는 일이었다.

> 고등학교도 마찬가지로 일본이름으로 갔지만요, 고등학교 때에는 '통명(通名: 일본식 이름)이란 게 고맙구나'라고 생각했습니다. 그렇지만 고등학교에 입학하여 얼마 지나지 않은 무렵에 교실의 한쪽에 반 친구 몇 명이 모여 '이카이노(豬飼野: 오사카시 히가시나리구와 이쿠노구에 걸친 지역)라는 곳은 이국민족부락이야'라는 말을 하면서 우와하는 소동에 직면했지요. 그때는 정말 철렁해서 들키면 큰일이구나 하고 생각하게 되었습니다.
> 그 후 통명이라는 것은 실은 고마운 것으로, 자신이 한국인이라는 것을 숨기려 하면 숨길 수 있다는 생각에 자신이 한국인이라는 것을 일체 드러내지 않고 통명으로 숨어왔습니다.[60]

본명이 아닌 일본식의 이름인 '통명(쓰메이)'을 갖고 있는 것을 '고맙

60　大阪朝鮮人社會·教育研究所 編, 『在日朝鮮人に投影する日本』, 法律文化社, 1987, 132쪽.

다'고 느끼는 그들의 아이덴티티란 지극히 빈약한 토대 위에서 가까스로 유지되고 있는 거의 아이덴티티라 부를 수 없는 자기 인식이다. 게다가 안타까운 것은 설령 통명=일본이름을 쓴다 해도 그들이 처한 가혹한 상황에는 어떠한 변화도 없었다는 것이다.

박경식은 그러한 본명=조선이름을 써도 차별당하고 통명=일본이름을 써도 역시 차별당하는 근대 일본 사회의 배타적인 양상에 대해 다음과 같이 설명한다.

> 나카소네 전 수상의 발언에 의하면 일본은 단일민족 국가여서 다른 민족, 예를 들어 아이누 민족, 류큐 민족, 조선 민족, 중국 민족도 일본에 살 자격이 없다, 살 수 없는 것이 됩니다. 그래서 조선인이라면 분명하게 자신을 표현하며 살아서는 안돼요. 언제나 숨어있어야 합니다. 일본이름을 쓰지 않으면 살아갈 수 없어요. 조선이름으로는 차별당하게 되어 있으니까요. 현실에 차별하는 인간이 존재할 리가 없고 구체적으로 사회의 구조가 그렇게 되어 있어요. 취직하는 데 차별당하고 희망하는 곳의 채용시험에도 좀처럼 응시하지 못해요. 또 관청, 학교 교원에서는 '국적 조항'이 있어서(현, 시정촌에 따라 다소 차이는 있습니다만) 조선인이라면 취직 시험은 보지 못합니다. 시험을 봐도 채용해주지 않습니다. 그러한 식으로 사회 구조가 되어 있기 때문입니다.[61]

'조선인이라면 분명하게 자신을 표현하'면 안 되며 '언제나 숨어서' 생활하고 '일본이름을 쓰지 않으면 살아갈 수 없는' 비참한 상황 속에서 재일조선인은 더하여 조국의 인간들로부터는 '반쪽발이=반일본인'으로 멸시당해야만 했다. 그리고 한국인이면서 한국인으로서 살아가

---

61 朴慶植, 『在日朝鮮人·強制連行·民族問題』, 68쪽.

는 것을 거부당한 존재는 때때로 자신도 모르는 사이에 서로가 서로를 차별하는 비극을 연기해야 했다.

> 조선인의 부모도 자식도 자신이 조선인이라는 의식이 없는 사람은 아닙니다. 단지 그것을 일본 생활 속에서 그대로 드러내며 살아갈 수 있는지 어떤지가 문제입니다. 결국은 민족적인 의식, 자각이 제로라는 것은 없다고 생각합니다. 있지만요, 그것을 마음속에 가라앉히고 있는 것이 아니라 가라앉도록 압력을 가하고 있어요. 그렇기 때문에 그 압력을 제거하지 않으면 어찌할 수 없죠. 그 압력이라는 것은 자신 주위의 것들입니다. 일본인 사회의 이웃에서입니다. 학교에 가면 자기 혼자이죠. 같은 조선인 사이에서도 본인이 조선인이라고 하지 않으면 서로 조선인인지 모릅니다. 상대를 조선인인지 모른 채로 '조선인, 조선인'이라 바보 취급 하면서 조선인이 조선인의 악평을 말하는 사례가 있었습니다.[62]

전전부터 전후를 일관하여 재일조선인에 '압력'을 지속적으로 가하고 있는 것, 그것이 바로 일본 근대사회가 그들에게 강요한 '자기의 테크놀로지'이다. '민족적인 의식, 자각이 제로'에 가까운 곳까지 아이덴티티를 상실하도록 강박하는 '자기의 테크놀로지'. 그것은 전후 70년이 지나도 더욱 냉혹한 성질을 강고히 유지하고 있는데 그것은 "일본인 사회의 이웃들"의 '압력'으로 날마다 재생산되고 있다. 재일한국·조선인은 왜 일본이름='통명'을 가져야만 했던 것일까? 그 불행한 사건은 우리들 일본인이 근대사회에서 만들어 낸 제도의 '자의성'을 전혀 깨닫지 못하고(혹은 봐도 못 본 척하여) 근대 일본 사회가 선진적이고 문화적이고 건전한 국가라는 환상에 얼마나 깊이 있게 사로잡혀 있는지를 증명

---

62 위의 책, 77쪽.

하는 것이다.

7. 맺음말

근대 일본 사회에서 재일한국·조선인은 '야만인', '제삼국인', '초대받지 않은 손님'으로 멸칭되어 왔다. 그리고 그때마다 '조선인이란 무엇인가', '민족의 주체성이란 무엇인가'. '인간의 자긍심이란 무엇인가'라는 자문을 강요당해 왔다. 그들이 조선인으로서의 인간의 자긍심을 유지하는 것이 얼마나 곤란한지는 통명과 본명의 사용 구분이라는 이상한 습관을 돌아보는 것만으로 쉽게 추측된다. 그 정도로 근대 일본 사회는 그들에게 아이덴티티의 확립을 방해하는 듯한 배제와 차별을 반복해 왔다.

폐쇄된 상황 아래에서 그들이 아이덴티티 확립의 희망을 가탁한 것이 가상된 통일국가 '코리아'이며 가상된 일본인과의 '공생'이었다. 그러나 그 실현은 너무나 멀어서 그들의 아이덴티티는 아직까지도 확고한 기반을 얻을 수 없다.

재일한국·조선인도 그리고 1980년대부터 급증한 외국인 노동자도 일본의 근대 경제구조의 변화 그 자체가 필요로 한 사람들이었다. 현재 급속하게 진행하고 있는 저출산, 고령화나 IT혁명의 파도는 필연적으로 종래의 일본 경제구조를 극적으로 변화시켜 외국인 노동자 없이는 일본 경제가 성립하지 않는 상황을 출현시키고 있다. 그럼에도 일본 사회가 쉽게 '외국인'을 받아들이려 하지 않는 것은 '지방문화'나 '전통문화'의 진흥을 부르짖을 때마다 전전의 협화회 사업에 상징되는 듯한 외국인에 대한 비관용이며 탄압적인 체질이 되살아나고 있기 때문이다. 이미 전전에 일본에 대한 익찬문화운동과 재일조선인에 대한 협화회 사업을 연동시키던 일본 사회는 전후가 되어서도 재일조선인에게 '자기의 테크놀로지'를 강요하여 아이덴티티 확립을 지속적으로 방해해 왔다. 그들이 '자기의 테크놀로지'에서 좀처럼 빠져나오지 못하는 것은 일본 사회가 "불만 있으면 자기들 나라도 돌아가라"고 하는 압력을 계속해서 주기 때문이다.

전후에 축적된 근대 일본 사회가 보유한 거액의 부는 기득권익으로 사회에 군림하고 있다. 그러나 그 기득권익은 근대 일본 사회가 희생을 강요해 온 사회적 약자, 즉 재일조선인, 아이누, 오키나와인, 장애자나 한센병자 등 많은 사람들을 배제한 내부에서 성립하고 있으며 외부에 존재하는 인간과 그 경제 격차는 확대되기만 할 뿐이다.

히로타 마사키가 "사회적 차별의 가장 기본적인 문제는 피차별자 측에 '차별'의 원인이 있는 것이 아니라 차별자 측에 원인이 있다는 것이다. … '차별'을 만들어내는 근원은 차별자들이 정당화하는 사회질서나 제도이며 그 질서관이나 인간관이다"[63]라고 주장하는 것처럼 우리들 일본인은 그들을 '자기의 테크놀로지'에서 구해내야 한다. 그들에게 차별의 원인이 있는 것이 아니라 우리 근대 일본인이 만들어 낸 질서관이나 인간관, 문화의식이 '자기의 테크놀로지'를 만들어 내고 그것을 그들에게 강요하여 그들의 아이덴티티 확립을 저해하고 있다.

긴 세월동안 곤란한 자기 인식 작업을 죽음 직전까지 계속한 박경식의 다음의 말은 근대 일본 사회의 특질을 명확하게 밝힐 때 누구라도 재고하지 않으면 안 되는 언사이다.

---

63 ひろたまさき, 『差別の諸相』, 441쪽.

　　조선인이 일본에 산 지 약 80년이 됩니다. 그 긴 세월 동안 조선인은 일본 사회에서 무엇이었을까? 조선인이 일본 사회에서 중요한 존재였다는 것을 조선인은 물론 일본인도 명확하게 인식할 때 일본 사회는 훌륭한 사회가 될 수 있다고 생각합니다. 그러한 관점에 선다면 조선인과 일본인은 좋은 관계를 만들어 갈 수 있을 것입니다.[64]

　그리고 가혹한 일본인사회에 어디까지나 〈재일조선인〉으로 살아가려 하는 오임준의 다음과 같은 각오를 우리들은 피하지 않고 정면에서 받아들일 필요가 있다.

　　재일조선인은 일본인의 한복판에서 일상을 보낸다. 그 선택은 자기의 의지로 결정해 간다. 일본에 의해 그러한 민주주의 사회의 어찌할 수 없는 계약으로 존재한다. 이것을 돌파한다고 하는, 재일조선인의 주체란 무엇인가를 나는 자신에게 계속해서 물어야 한다.[65]

　재일한국·조선인을 통해 근대 일본 사회를 되돌아 볼 때 근대 일본 사회가 만들어 낸 제도가 얼마나 사회적 약자를 억압하고 소외하는 제도였는지 생각이 간다. 우리들이 만들어 낸 그들을 둘러싼 '자기의 테크놀로지'에서 눈을 돌리지 말고 그들을 일본 사회의 정당한 일원으로 받아들이는 것이 가능한 새로운 사회를 구축해가지 않으면 안 될 것이다.

64　朴慶植, 『在日朝鮮人·强制連行·民族問題』, 39쪽.
65　吳林俊, 『朝鮮人としての日本人』, 30쪽.

제9장

한국인의 반일감정과 대중심리

1. '혹평하는 즐거움'

한국인의 반일감정을 다룰 때 한국인의 내셔널리즘 및 표상문화의 착종된 양상과 관련시켜 논하는 경우가 많다.

예를 들어 장인성은 근대 조선 지식인의 일본관에 대해 "근대 조선인에게 일본은 배제하지 않으면 안 되는 타자였는데 자기 정체성의 변용과 자기 생존에서 중요한 의미를 갖는 존재였다. … 근대 일본은 악의 모델이면서 동시에 선의 모델이기도 했다"[1]고 기술한다. 한국인에게 일본이 '악'으로 또 동시에 '선'의 모델이기도 했다고 지적한다.

또 정대균은 한국인의 반일감정에 대해 "한국인의 일본관에서 특징적인 것은 반발이나 불신, 적의와 함께 유인이나 신뢰, 경의가 교차하는 앰비밸런스(ambivalence)적 성격이다. 앰비밸런스라는 것은 일본에 대한 모순된 조망이 한국인의 마음속에 공존하고 있다는 것을 의미한

다"[2]고 기술한다. 한국인의 텔레비전 프로그램이나 신문잡지 등의 저 널리즘에 반일적인 언론으로 가득 찬 한편에서 만화나 텔레비전 프로 그램, 영화 등의 일본 대중문화에 대한 호의나 관심을 가진 많은 젊은 이가 있으며, 앰비밸런스적인 혹은 심리학적으로 말한다면 분열증적 인 현상이 보인다는 견해이다. 그리고 이러한 현상이 보이는 원인으로 세대 간에 의한 인식의 상위, 즉 식민지 시대(일제시대)를 알고 있는 구 세대와 모르는 신세대의 세대 간 격차가 지적되는 경우도 종종 있다.

그러나 본 장에서는 이러한 한국 문화 속에 대일감정의 분열증에 초점을 맞추는 것이 아니라 전후 70년이 지난 지금 왜 한국에서는 반 일감정이 지속되고 있는가에 대해 고찰하고 싶다.

한국인의 반일감정을 분석하는 데 시사적인 것은 엘리아스 카네티 의 『군중과 권력』이다. 카네티는 이 책에서 인간의 '혹평하는 즐거움' 에 대해 다음과 같이 기술한다.

> 인간은 자신이 알고 있는 혹은 상상할 수 있는 모든 인간을 그룹으로 편성하고 재편성하고 싶다는 뿌리 깊은 욕구를 갖고 있다. 인간은 사람 들의 약한 아모르프한 집합을 둘의 대립적인 그룹으로 나누는 것으로 그 집합에 일종의 긴밀함을 부여한다. 인간은 이 두 그룹을 마치 전투대 형을 만드는 것처럼 배치한다. 인간은 두 그룹을 배타적으로 만들어 서로에 대한 적의로 가득 채운다. 인간이 두 그룹을 상상하고 그렇게 있고 싶다고 생각한다면 두 그룹은 적대적으로 될 수밖에 없다. … 이 프로세스의 근저에는 적의 있는 군중을 형성하려는 충동이 있으며 그 충동은 결국 현실의 전투하는 집단을 만들어낼 수밖에 없다.[3]

2 鄭大均, 「反日感情」, 古田博司・小倉紀藏 編, 『韓國學のすべて』, 新書館, 2002, 261쪽.
3 エリアス・カネッティ(岩田行一 譯), 『群衆と權力』下, 法政大學出版局, 1971, 28쪽.

유대인이었던 엘리아스 카네티는 파시즘에 의한 유대인 박해를 경험한 작가였다. 그는 평화롭고 온순하게 살고 있던 사람들이 왜 전쟁 하에서는 어떠한 주저함도 없이 사람을 죽이는 흉포한 전투 집단으로 변모하는가, 그 원인과 메커니즘을 탐구하면서 35년의 세월을 소비하여 드디어 완성한 것이 『군중과 권력』이다. 카네티는 인간이 군집을 형성하려는 근저에는 미지의 것과의 접촉에 의해 이제 자기를 지킬 수 없다는 공포, 즉 '죽음에의 공포'가 있으며 그것이 인간을 될 수 있는 한 긴밀한 군중 속으로 자기를 해방시키려는 원인이라고 기술한다. 그리고 군중을 형성하려는 우리들의 마음속에는 '군중 안에서 살아남으려는 의지' 즉 '불사에의 동경'이 있으며 그것이 바로 권력의 정체라고 한다.

우리들이 어느 집단과 대립할 때 그것이 예를 들어 '미지'의 타민족 집단일 때 그 접촉이나 충격으로 자신들의 존재가 부정당하고 '자기를 지킬 수 없는' 것 같은 말살의 압력(즉 '죽음에의 공포')을 느낄 때 우리들의 마음은 '죽음에의 공포'를 반전시키려고 전력으로 '긴밀한 군중'을 형성하여 그 속에서 안주하는 것으로 '불사의 동경'을 구현화 시킨다. 그러나 이 일련의 반응은 인간으로서의 자연한 방어 반응이 아니라 '권력'에 의해 조정당하는 인간의 집단화와 전투화의 산물이라는 것을 잊으면 안 된다고 카네티는 충고한다.

2. '이제는 전후가 아니다'

한국에서 배일감정이 분출한 문제들로서 예를 들어 1991년의 전 종군위안부 문제, 2001년의 역사교과서 문제, 2005년의 시마네현의 다케시마 조례 문제, 2015년의 '메이지 일본의 산업혁명유산' 문제, 여기에 2018년의 징용공 문제 등을 들 수 있을 것이다. 주지하듯이 이러한 문제가 발생할 때 한일 양국의 국민은 '이 두 그룹을 마치 전투대형을 만드는 것처럼 배치'하여 '두 그룹을 배타적으로 만들어 서로에 대한 적의로 가득 채우는' 듯한 현상이 종종 보인다. 인터넷이나 SNS 등의 개인적인 정보 발신 미디어가 발달한 오늘날에는 국가 간이 아니라 국민 간에 의한 격한 비난 전쟁이 반복된다. 이제는 자동 번역 사이트를 사용한 온갖 욕설을 직접 들을 수 있는 시대가 되고 있다

그렇다면 왜 이러한 배일감정이 분출하는 문제들이 정기적으로 발생하는 것일까? 전 종군위안부 문제, 역사교과서 문제, 시마네현의 다케시마 조례 문제, 메이지 일본의 산업혁명 유산 문제, 징용공 문제에 공통된 것은 전전의 일본이 짊어진 유산, 즉 일본인이 한국인에 준 피해나 비극을 잊으려 하는 태도이며 그러한 역사의 의도적인 말소(혹은 '해결완료'라는 정치적 판단)에 대해 한국 미디어가 민감하게 반응하면서 점차 대중 사이에 전투 대형이 형성되어 서로에 대한 적의가 충만해 가면서 결국에는 배일, 혐한감정이 분출하는 커다란 문제로까지 에스컬레이터(escalator)화 되어 간다.

카네티의 분석을 적용한다면 그러한 현상은 다음과 같이 정리할 수 있을 것이다.

일본인의 의도적인 역사망각(말소)정책이 한국인에 과거의 비극을 지우려는 폭력, 즉 '죽음에의 공포'를 불러일으키고 그것이 한국인을 긴밀한 집단 형성으로 내몰며, 일본인의 폭력에 대해 살아남으려는 충동을 만들어 내어 결국 이 둘은 적의로 가득 찬 전투 대형을 만들어 낸다고. 그러나 왜 일본인의 정책이 한국인에게 '죽음에의 공포'를 불러일으키는가?

그것은 한국인에게 전쟁체험이 현재에도 생생한 '죽음'의 기억과 함

272 反韓 내셔널리즘의 계보학

께 있기 때문은 아닐까? 이전에는 일본인에게도 전쟁체험은 '죽음'과 함께 있었다. 그러나 전후 미국 문화의 대량 유입과 함께 급격한 경제 부흥이 진행되는 중에서 많은 일본인이 육친이 전사하고 먹을 것도 없고 결국에는 '일억옥쇄(一億玉碎)'를 진심으로 각오한 비참한 과거의 역사를 봉인하고 이코노믹애니멀(economic animal, 경제상 이윤추구를 제일로 삼는 것)이라고 세계로부터 야유당하면서도 한눈팔지 않고 일심분란하게 일하여 의식적으로 혹은 무의식적으로 '죽음'을 동반한 전쟁체험을 망각해 갔다.

1956년에 일본의 경제기획청은 『경제백서』에서 '이제는 전후가 아니다'라고 기술했는데 이 말은 유행어가 되었다. 그 근거는 1955년에 1인당 GNP가 전전 수준을 초월했기 때문이라고 했다. 일본인에게 1955년은 고도경제성장의 시작을 고하는 전환점이 된다. 그 후는 경제성장이 항상 정치에서 가장 중요한 과제로 제출되어 그것이 성공할 때마다 정당도 성장한다는 정치와 경제의 유착시대를 맞이하게 된다. 1973년과 79년의 오일쇼크, 1995년의 한신아와지 대지진, 그리고 버블경제가 붕괴한 2008년의 리먼 쇼크조차도 어떻게든 헤쳐 나가 '죽음'을 완전히 잊어버린 그 흐름에 급제동을 건 것은 2011년 동일본 대지진에 의한 후쿠시마 제1원자력발전소 사고와 쓰나미에 의한 2만 명이 넘는 희생자의 발생이었다. 극심한 '죽음'과 떨어질 수 없는 절실한 문제로 일본인에 다가왔다. 이 후쿠시마에 직면하기까지 일본인은 실로 50년 이상에 걸쳐 '죽음'을, 그리고 '죽음'을 동반한 전쟁체험을 잊고 살아 왔다. '이제는 전후가 아니다'라고 선언한 1956년은 한국전쟁이 끝난 직후이며 한국에서는 전쟁도 '죽음'도 눈앞의 현실로 실재한 시기이다. 이 전쟁에 참가한 미국 군은 막대한 군사 물자의 보급 그리고 전차나 전투기의 수리를 일본에서 조달하고 그 특수로 일본의 고도 경제성장의 기반이 놓여졌다. 일본에서는 이 특수를 '조선특수'라 부르고 축제(마쓰리) 무드에 싸여 이웃나라의 비극이나 '죽음'을 봐도 못 본 척한 것은 일본 현대사의 커다란 오점이다.

36년간의 식민지 지배의 경험, 그리고 한국전쟁의 비극을 체험한 한국인에게 전후의 일본인이 전쟁의 기억을 의식적으로 망각하려 한 것은 역사의 말살을 의미하는 것만이 아니다. 생생한 '죽음'을 동반한 전쟁체험 자체가 혹은 전쟁으로 사망한 육친의 '죽음' 자체가 국가 정책이라는 폭력적인 압력에 의해 소각당한 것으로 느꼈기 때문일 것이다. '죽음'의 아픔을 가까이서 느끼는 자에게 '죽음'의 아픔을 망각하려는 자를 용서할 리 없는데, 하물며 그것이 개인의 문제가 아니라 국가 정책으로 표면화한 것이라 한다면 더욱 그러할 것이다.

3. 대립과 상호작용

한일 간의 이러한 역사인식의 어긋남과 대립에 대해서는 이미 많은 연구자에 의한 분석이 있다. 예를 들어 안드레 슈미트는 "근대 민족에 관한 연구의 대다수가 민족주의의 분열적인 효과를 강조한다. 이것은 종종 집단조직의 전근대적 형태와 근대적 형태와의 '대립'으로 표현된다. 혹은 보다 최근의 술어인 전통과 근대를 사용하여 '전통'에서의 작용 및 '근대'의 그러한 작용으로 묘사하는 것이다. 이러한 접근 방법은 민족주의자의 언설과 민족주의 이전 자들의 언설과의 상호작용을 무시하는 경향이며 그것으로 근대의 민족 계보를 너무 간략화하고 있다"[4]고 지적하여 근대적인 민족의 성립을 단순하게 '전통'과 '근대'라

---

4 アンドレ・シュミット(糟谷憲一 他譯, 『帝國のはざまで』, 名古屋大學出版會, 2007, 15쪽.

는 개념으로 설명하는 것에 이의를 주장한다.

슈미트의 연구가 시사하는 것은 근대의 민족 문제를 단순한 '대립'이라는 관점에서 분석하는 것이 아니라 '상호작용'이라는 관점에 유의하여 분석하는 것의 중요성이다. 이러한 점을 배운다면 한일 간의 역사인식의 '대립'을 고대부터의 양국의 역사적, 숙명적 대립으로 환원하거나 혹은 근대의 대한제국과 일본제국과의 대립, 종주국과 식민지의 대립이라는 전투적 대립으로 문제화하는 것이 아니라 대립을 만들어내는 배경이나 원인을 꼼꼼하게 분석하여 양자의 '상호작용'을 밝히는 것이 요구된다.

그렇다면 그것은 무엇인가? 이미 전술한 것처럼 일본인의 역사인식에는 '죽음'을 동반한 비참한 전쟁체험을 제거하려는 의식이 강하게 작용하고 있으며 정치가가 말하는 '미래지향'도 그러한 문맥에서 발신된 언어이다. 한편 한국인의 역사인식에는 '죽음'을 동반한 비참한 전쟁체험을 결코 가볍게 망각할 수 없다는 의식이 강하게 작용하고 있는데 전 종군위안부 문제나 징용공 문제는 그 상징일 것이다. '죽음'을 동반한 비참한 전쟁체험을 망각하려고 하는 많은 일본인에게 가혹한 식민지 지배나 한국전쟁을 경험한 한민족의 비극과 고난은 강 건너 불구경 같은 것이며, 남의 일처럼 밖에는 인식되지 않는다.

예를 들어 박은식의 『조선독립운동지혈사』에 쓰인 다음의 언설은 어느 정도의 일본인이 알고 있을까?

조선 민족의 일본 민족에 대한 경멸
　　조선 민족은 오랜 세월 동안 일본인을 '왜놈, 왜놈'이라 불러 이것을 역사적 관용어로 삼아 왔다. 조선인은 일본인이 훈도시 한 장만 걸친 맨몸으로 있는 것이나 매춘의 습관이나 남녀 간의 풍기 문란 등을 비웃었다. 여기에 큰 것은 국가, 작은 것은 개인 재산에 이르기까지 모두 교활하게 사기와 폭력으로 빼앗은 것으로 우리 민족에는 그렇게 당한 경험이 많다.

또한 일본 민족이 아직 금수처럼 야만적인 생활을 하고 있던 시대에 조선 민족이 각종의 문화를 가져다주어 문명세계로 교도한 것은 역사가 기억하는 바이다. 조선 민족이 아시아 제일의 강대국인 한민족과 그 문화를 경쟁하던 시대에 일본은 아직 세계가 돌아볼 것 없는 절해의 야만 민족에 지나지 않았다는 것도 또한 역사적 사실이다. 일본인은 당에 유학하려고 해도 당과 직접 교섭하지 않아 신라의 소개와 인도가 필요했다. 그 때문에 동북 삼성에는 신라원이 있어서 신라 외교관이 일본 외교를 겸섭하고 있었던 것도 또 역사적 사실이다.

최근 조선, 일본 양국 관계 상황을 보니 조선 민족은 원래부터 일본이 여기 50년 이래 서양 문화를 수입하는 것으로 조금 발전했다고 생각하고 있다. 그러나 일본은 유럽 민족들에는 멀리 미치지 못한다고 생각하고 있는 것도 사실이다. 그러나 만약 조선 민족에게 20년 동안 노력을 경주할 자유가 있다면 지금의 일본 문화의 부강 정도에는 도달할 수 있다고 확신하는 것도 말이 필요 없다. 문화를 흡수하여 창조하는 능력에서 조선 민족은 일본에 비하여 훨씬 뛰어나다는 것도 또 우리들이 믿어 의심하지 않는 점이다. 조선에서는 일본인의 기관지와 관리의 입으로 항상 '일본은 세계 일등국이다'라고 자만하고 '일본인은 조선 민족에 비해 훨씬 우수한 지도자이다'고 자부할 정도로 과시하고 있는데 조선 민족은 이러한 경우에 대해 특히 억제하기 어려운 불쾌한 감정을 갖는다. 이 모욕에 맞서는 절실한 마음이 '왜놈, 왜놈, 너희들은 폭력으로 너희의 어미 되는 나라 사람들을 지배하려고 하는가? 언젠가, 언젠가 두고 보라'고 말한다. 나는 이러한 것을 보고 들으면서 절치액완(切齒扼腕: 이를 갈고 소매를 걷어 붙이며 몹시 분해함)의 생각이 더욱 깊고 더욱 격해지는 것이 있다.

조선 민족은 일본 민족에 대해 그 잔박 경조한 민족성을 경멸하고 그 장래성이 없다는 것에 대해 연민의 정을 갖고 있다. 가령 오늘날 일본 민족의 억압을 받고 있다고는 해도 자민족이 일본보다 우수하다는 것을 강하게 믿어 의심하지 않는다. 조선 민족이 일본에 두려워하는 것은 단지 일본이 무기를 갖고 있다는 것뿐이다. 현재 30만의 일본인이 조선의 전국 각지에 산재하는데 조선인은 직접적인 접촉을 반복하는 가운데 일본 민족 처신의 무례함을 간파하여 더욱 경멸의 생각을 더해 가고 있다.[5]

일본인이 한반도에서 식민지 지배의 격렬함을 설명할 때 종종 '그렇지만 일본인이 식민지 지배를 해준 덕분에 한국은 근대국가가 될 수 있었던 것 아닌가?'라는 반론이 난무한다. 이러한 언설에는 한국인의 생생한 '죽음'을 동반한 전쟁체험은 뇌리에서 해소되어 있다. 일본인들에게 근대화란 도로가 생기고 교량이 생기고 유통만이 정비되었다, 소작농이 해방되었다 하는 경제학적, 제도론 적인 문제에 지나지 않으며 여기에는 인간의 감정이나 생활 양태에 대한 상상력이 결여되어 있다.

또한 윤동주의 〈하늘과 바람과 별과 시〉는 일본인의 마음에는 도달하지 않는 것일까?

서시

죽는 날까지 하늘을 우러러
한 점 부끄럼이 없기를
잎새에 이는 바람에도
나는 괴로워했다.
별을 노래하는 마음으로
모든 죽어가는 것을 사랑해야지

---

5 朴殷植(姜德相 譯), 『朝鮮獨立運動之血史』 I, 平凡社東洋文庫, 1920, 123~125쪽.

그리고 나에게 주어진 길을
걸어가야겠다.

오늘 밤에도 별이 바람에 스치운다.

길

잃어버렸습니다.
무얼 어디다 잃었는지 몰라
두 손이 주머니를 더듬어
길에 나아갑니다.

돌과 돌이 끝없이 연달아
길은 돌담을 끼고 갑니다.

담은 쇠문을 굳게 닫아
길 위에 긴 그림자를 드리우고

길은 아침에서 저녁으로
저녁에서 아침으로 통했습니다

돌담을 더듬어 눈물짓다
쳐다보면 하늘은 부끄럽게 푸릅니다

풀 한 포기 없는 이 길을 걷는 것은
담 저쪽에 내가 남아 있는 까닭이고,

내가 사는 것은 다만,
잃은 것을 찾는 까닭입니다.[6]

---

6 金時鐘 譯, 『尹東柱詩集 空と風と星と詩』, 岩波文庫, 2012, 9쪽 및 29~31쪽.

이 시에는 숫자로는 말할 수 없는 인간의 투명한 감정이 표현되어 있으며 생과 '죽음'이 공존하고 있다. 일본인에 의한 많은 '혐한'의 언설에는 인간이라면 누구라도 갖고 있는 인간적 감정에서 눈을 돌리고 한국인을 혐오해야 할 대상이라고 필사적으로 증명하려는 심리적 압박이 느껴진다. 그들은 무엇에 내몰리고 있는 것일까?

나는 히로시마현에서 태어나 고등학교까지 히로시마에서 살았다. 우리들 히로시마현에서 태어난 사람들에게 초등학교부터 고등학교까지 히로시마에 원폭이 투하된 8월 6일은 여름방학 중이었어도 등교하는 날이었으며, 어렸을 때부터 학교에 가서 원폭이 투하된 히로시마의 비극을 교육받아왔다. 초등학생이 컬러필름에 비친 원폭투하 직후의 불에 탄, 혹은 불에 타 검어진 사람의 모습을 또 말 그대로 폐허로 변한 히로시마의 비참한 거리의 풍경을 보는 것은 고통 이외의 어떠한 것도 아니었다. 그러나 동시에 전쟁의 비참함은 충격적인 사실로 우리들의 가슴에 깊이 새겨져 있다. 우리들 히로시마 사람들에게 전쟁의 기억은 지금까지 '죽음'과 함께였으며 많은 일본인처럼 잊어버릴 수 없는 기억이다. 그것은 히로시마에서 삼일 후에 같은 원폭이 투하된 나가사키, 그리고 섬 전체가 전쟁터로 변한 현민의 네 명 중의 한 명이 사망한 오키나와 사람들에게도 잊을 수 없는 기억으로 틀림없이 존재할 것이다.

우리들 히로시마나 나가사키, 오키나와 사람들에게 전쟁의 기억은 생생한 '죽음'과 함께 있으며 식민지 지배나 한국전쟁에 의한 참극을 경험한 이웃나라 사람들을 남의 일처럼 무시하는 것은 쉬운 일이 아니다. 자신의 마음속에 '죽음'의 아픔이 계속해서 살아 있는 한 타자의 '죽음'에 대한 공감은 극히 자연스럽게 생겨날 것이다. 만약 자기 '죽음'의 아픔은 느껴도 타자의 '죽음'의 아픔을 생각지 못한다고 한다면 거기에는 카네티가 말하는 '적의 있는 집단을 형성하려는 충동'이 들어 있는 것은 아닌가?

히로시마에서 피폭된 시인 도우게 산키치(峠三吉, 1917~1953)는 한국전쟁 때 미군이 중화인민공화국에 대해 원자폭탄 사용을 생각한다는 뉴스를 듣고는 원자폭탄을 쉽게 사용하려는 미국에 대해 다음과 같은 항의의『원폭시집』을 간행했다.

1945년 8월 6일 히로시마에서, 8월 9일 나가사키에 투하된 원자폭탄으로 생명을 빼앗긴 사람, 또 현재에 이르기까지 죽음의 공포와 고통에 시달리고 있는 사람, 그리고 살아 있는 한 우민(憂悶: 근심과 번민)과 슬픔을 해소할 도리가 없는 사람, 더욱 전 세계의 원자폭탄을 증오하는 사람들에게 바친다.

서(序)

아버지를 돌려주오 엄마를 돌려주오
늙은이들을 돌려주오
아이를 돌려주오

나를 돌려주오 나와 연결된
인간을 돌려주오

인간의 인간이 세상에 있는 한
무너지지 않는 평화를
평화를 돌려주오

8월 6일

저 섬광이 잊혀질리야
순간에 거리의 삼만(三萬)이 사라져

뭉개진 어둠의 바닥에서
오만(五萬)의 비명은 끊어지고

회오리치는 잿빛 연기가 엷어지자
빌딩은 갈라지고 다리는 무너지고
만원 전차는 그대로 타버리고
끝없는 와륵(瓦礫)과 불에 타다만 퇴적더미였던 히로시마
이제 망가진 듯한 피부를 축 늘어진
두 손을 가슴에
허물어진 뇌장(腦漿)을 밟고
불타 그슬린 포대기를 허리에 걸치고
울면서 걸어가는 한 무리의 나체의 행렬

지장보살처럼 흩어진 연병장의 시체
묶여진 뗏목을 따라 뒤엉킨 강기슭의 무리들도
작렬하는 더위 아래 서서히 시체로 변하고
저녁 하늘을 덮는 불빛 속에
깔린 채 살아 있던 엄마와 동생의 마을 부근도
불에 타 변하고

병기창 바닥의 분뇨 위에
도망가다 넘어진 여학생들의
큰 북처럼 불룩한 배의, 한쪽 눈이 찌그러진, 하반신이 벌겋게 벗겨
진, 민머리의
누가 누군지도 모르는 한 무리들 위에 아침 해가 비추면
이미 움직이는 것도 없고
고약한 냄새가 내려앉은 가운데
쇳대야에 날아드는 파리의 날개소리뿐

삼십만의 도시 전부를 점유한
저 정적이 잊혀지겠는가?
그 조용함 속에서

돌아오지 않은 처와 자식의 하얀 눈망울이
우리들 심혼을 쪼개어
넣은 바람을
잊겠는가?[7]

　'죽음'이 생생한 것인 이상, 전쟁이 '죽음'을 동반한 것인 이상, 인간
은 그 기억을 잊지 못한다. 역사교과서 문제, 전 종군위안부 문제, 징용
공 문제가 발생하는 것은 '죽음'을 동반한 전쟁의 기억을 잊으려 하는
일본인이 '죽음'을 동반한 전쟁의 기억을 잊을 수 없는 한국인의 감정
을 거슬렀기 때문에 생겨난 문제가 아니겠는가? 문제는 한일 간의 서
로 다른 내셔널리즘 등이 아니라 생생한 '죽음'을 동반한 전쟁의 기억
을 지우려고 하는가, 지울 수 있는 것이 아니라고 생각하는가의 차이에
있다고 생각한다.

4. 『만세 · 메이지 52년』

　일본의 식민지 지배하에 있었던 한국 경상남도 진주에서 태어나 식민
자(부친은 농림학교 생물 교사였다)의 아들로 한국에서 자라 대구중학교를
거쳐 1944년에 육군예과 사관학교에 입학하여 패전으로 일본으로 귀국
한 후 와세다 대학에서 러시아문학을 배운 고바야시 마사루(小林勝,
1927~1971)는 1969년에 『만세 · 메이지 52년』이라는 소설을 발표한다.
그 2년 전인 1967년(쇼와 42)에 일본의 재계나 자민당 정부는 고도경제
성장에 열광한 그해를 메이지유신에 필적하는 '쇼와유신'이라 하고, 메

7　峠三吉, 『原爆詩集』, 日本ブックエース, 2010에서.

이지유신의 선배들에 자신들을 중첩시키면서 쇼와 42년을 '메이지 백년'이라 호칭하며 자화자찬의 분위기에 싸여있었다. 메이지 52년은 메이지가 45년에 끝났기 때문에 실재하지 않는 가공의 연호이다. 고바야시는 패전 후 20년 남짓이 경과해도 더욱 메이지시대의 연장선상에서 세상을 평하려는 정치가들에 대해 이의를 제기하여 오히려 '메이지 52년'이라는 연호를 만들었다. '메이지 52년'이란 1919년을 말하며 '만세'란 일본에서 만세 사건이라 칭하는 조선독립운동을 가리킨다.

고바야시는 그 『만세·메이지 52년』이라는 소설의 후기에서 다음과 같이 기술한다.

> 이 '메이지 백년'되는 허위 개념의 중요한 특색의 하나는 조선·중국을 중심으로 하는 아시아가 완전히 결락한 일일 것이다. 즉 메이지도 다이쇼도 쇼와도 그리고 수치를 모르는 총칭 '메이지 백년'도 일본 자본주의의 발전, 차질, 재발전의 역사도 먼저 조선을 그리고 중국을 빼놓고는 하물며 이러한 나라들과 그 인민에 대한 냉혹 철저한 탄압과 수탈을 빼놓고는 성립할 수 없다. 이 조선·중국·아시아를 결락시킨 '메이지백년'은 그렇다면 당연히 백1년, 백2년으로 계속되어 가는 과정에서 거기에 무엇이 일어날 수 있는가 라는 것은 이제 명백할 것이다. 나는 지금부터 계속될 백6년, 백7년 … 백9년을 향해 나의 불화살을 준비하기 위해 오히려 그들이 '메이지 백년'이라 한다면 그렇다면 그 안에 포함되는 '메이지 52년'이란 진실로 무엇이었는지를 기록과 상상력의 힘을 빌려 백일하에 드러내려고 생각했다.[8]

그 후 고바야시는 1970년에 『쪽발이』라는 소설집을 발표한다. 여기에 수록된 〈가교〉라는 작품에서 고바야시는 주인공인 아사오(朝雄)에

---

8 『小林勝作品集』 5, 白川書院, 1976, 318쪽.

게 다음과 같은 말을 하게 한다.

> 아사오는 니와가와(蜷川: 한국전쟁이 발발하기 전 아사오가 근무하
> 던 공장지대의 지구 위원을 하던 남자)에 접근하고 사회과학연구회에
> 도 참가했다. 그는 식민지화된 조선과 그것을 해낸 일본에 대한 역사를
> 배웠다. 식민지화된 조선에 오랜 어려움으로 가득 찬 저항운동이 있고
> 그 운동에 대한 가차 없는 탄압의 역사가 있었다는 것을 공부해 보고
> 처음으로 알았다.[9]

50년 전에 고바야시가 소설에서 호소한 것은 안타깝게도 오늘날 일
본에도 그대로 적용된다. 많은 일본인은 지금까지 근대를 메이지유신
의 연장선상에서 생각하여 '일본 자본주의의 발전, 차질, 재발전의 역
사도 먼저 조선을, 그리고 중국을 빼놓고는 하물며 이러한 나라들과
그 인민에 대한 냉혹 철저한 탄압과 수탈을 빼놓고는 성립할 수 없다'
는 것을 모른다. 또한 식민지 시대에 '오랜 어려움으로 가득 찬 저항운
동'이 있었다는 것, 그리고 '그 운동에 대한 가차 없는 탄압의 역사가
있었다는 것'도 모른다. 그것은 종종 지적되는 역사인식의 문제가 아니
라 확실히 역사교육의 문제이며 결국은 일본 근대사에서 아시아의 고
난을 지우려는 권력의 문제이다.

권력이 역사인식에 계속해서 개입하는 한 국민의 역사인식이 일정한
방향으로 조정되는 것은 피할 수 없다. 그러나 그것은 어디까지나 '국정
(國定)'의 역사 해석이며 하나의 역사 해석에 지나지 않는다. 우리들은
역사를 자유롭게 이해하고 해석하고 대화할 권리가 보장되어 있다.

고바야시는 『쪽발이』의 마지막에 〈우리의 '조선'-후기를 대신하여〉

---

9 『小林勝作品集』 4, 70쪽.

라 제목을 붙여 자신에게 '조선'은 무엇인가를 자문자답하면서 다음과
같은 말로 맺는다.

> 패전에서 겨우 5년 지나 한국전쟁이 일어나고 그 덕분에 일본 자본주
> 의가 살아나 재편 강화되기 시작한 모습을 떨리는 마음으로 바라봤습니
> 다. '과거'는 '과거'가 아니었습니다. 일본 자본주의는 또다시 조선의
> 피로 소생한 것입니다. 저는 패전으로 추악한 일본 자본주의가 큰 타격
> 을 입은 모습을 얼마 전에 봤습니다. 저의 머리에는 바싹 말라 죽음에
> 끊어진 듯한 거머리의 흐느적대는 몸이 조선의 피를 계속해서 빨아먹어
> 포동포동하게 살이 올라 힘 좋게 늘었다 줄었다 하면서 전신을 흑자색
> 으로 번들번들하게 윤기를 내면서 성장해 가는 역겨운 모습이 떠올랐습
> 니다. 그리고 저는 경시청 유치소에서 냉혹 무참하게도 조선에 송환되
> 어 가는 조선인들을 마주쳤습니다. 저는 분노에 가득 찼습니다. …
> 그때부터 저의 문학이 시작되었다고 말할 수 있습니다. 그때에 제
> 안에 있으며 또 제 나라가 짊어진 '과거'는 지나가고 완료된 '과거'라는
> 것을 멈추고 현재 그 안에서 살고 미래로 계속되어가는 살아 있는 하나
> 의 총체 일부분이 되어 저에게 다가오기 시작했습니다.
> 깊은 틈바구니에 끼인 두 민족 간에 다리를 놓고 피를 통하게 하기
> 위한 방법을 더듬으면서 표현의 칼날을 연마하고 그러한 것을 안으로
> 감싸는 자기 독자적인 사상을 현실에서 붙잡는 작업은 제게는 너무나
> 어려운 것입니다만 저는 앞에서 말한 분노에 떠밀리면서 그것을 계속해
> 서 수행해갈 것이라고 다짐했습니다.[10]

패전으로 일본에 귀국한 후에 '식민자의 자식'이라는 부채 아이덴티
티를 유지하면서 문학 활동을 한 고바야시가 1970년 시점에서 새롭게

---

10 위의 책, 256쪽.

"자신에게 '조선'이란 무엇인가"를 자문할 때 그의 뇌리를 스친 것은 메이지유신에서 식민지 지배, 그리고 전후의 고도경제성장을 경과하는 가운데 일본의 근대사가 "완료한 '과거'라는 것을 멈추고 현재 그 안에 살면서 미래로 계속되어 가는 살아있는 하나의 총체 일부분"으로 계속해서 살아가야 한다는 분노와 사명감이었다.

그로부터 50년. 고바야시의 통절한 자문자답을 우리들은 '미래지향'이라는 명목 아래 묵살해야 할 것인가? '깊은 틈에 끼인 두 민족 간에 다리를 놓고 피를 통하기 위한 방법을 더듬는' 것은 고바야시 한 사람이 짊어질 과제가 아니라는 것은 명백하다. 한국인과 일본인 사이를 가교하기 위해서는 어떻게 하면 좋을까?

5. 가시

반복된 일본인의 역사 망각에 기인하는 정치문제가 발생할 때마다 일본인에 대한 한국인의 유감과 한이 되살아난다. 그러나 이 부채의 연쇄는 어딘가에서 끊어야만 한다. 유감과 한을 가진 채로 계속해서 존속하는 것은 한일관계에서 커다란 손실이다. 그러면 두 민족을 가교하기 위해서는 구체적으로 무엇이 필요할까?

일본인은 다음 두 사람의 일본인의 말을 상기해야 할 것이다. 한 사람은 1988년에 '싸우지 않는 병사의 모임'을 만든 고지마 기요후미(小島淸文, 1919~2002), 또 한 사람은 1994년에 노벨 문학상을 수상한 오에 겐자부로(大江健三郞, 1935~)이다.

1943년 9월에 게이오 대학을 조기 졸업한 고지마는 44년 5월에 전함 야마토의 암호사로 레이테만해전에 참가했다가 구사일생으로 살아 돌아온 후, 같은 해 12월에 또다시 필리핀 루손섬 전투의 최전선으로 보내

진다. 미군의 박격포가 비 오듯 쏟아지는 가운데 무기도 없이 굶주림과
열병에 위협당하면서 45명의 소대 중 겨우 살아남은 3명을 데리고 고지
마는 미군에 항복하여 하와이 포로수용소에 수용되었다. 지옥과 같은
전쟁을 산 고지마는 전후 모친의 고향이었던 시마네현 하마다시로 돌아
와 일본의 민주화를 지방에서 시작하자고 하면서 1947년 7월에『이와미
타임즈』라는 지방 신문을 간행한다. 그 후 65세까지 실업자로 활약하는
데 67세가 된 1987년『아사히신문』에 자신의 전쟁체험을 투고하여 커
다란 반향을 일으켰다. 다음 해 같은 전쟁의 지옥을 경험한 17명의 옛
전우와 함께 '싸우지 않는 병사의 모임'을 결성했다.

　고지마는 1979년에 출판한『항복』이라는 책에서 다음과 같이 기술
한다.

　　지금부터 34년 전에 비참한 전쟁이 있었다는 것 등 이제는 사람들도
잊어 버렸다. 아니, 기억하는 것조차 뭔가 죄악과 같은 기분이 든다.
　　내일을 알 수 없는 목숨을 걸고 고통, 발버둥, 기근에 책망당하고
영양실조로 얼굴이 창백해져 죽어간 당신들의 조부나 아버지, 삼촌들이
겪은 일은 어느 누구라도 잊어버렸을 것이다.
　　스스로 생각하고 스스로 자신의 행동을 결정할 수도 없었던 이러한
사람들이 정글 속에서 남해의 고독한 섬에서, 손쓸 방도도 없이 죽어
간 것도 모를 것이다. 그리고 포로가 된 일본인이 전전긍긍하면서 어떠
한 태도를 취했는지와 같은 일은 더더욱 모를 것이다.
　　일본인은 전후 많이 변했다고 말한다. 그러나 정말 변한 것일까?
　　명령에 충실하고 자기주장을 할 수 없었던 이전의 병사들과 오늘날의
샐러리맨들, 어디가 다른 것일까? 언제라도 누군가의 명령이나 지시를
기다리지 않으면 행동하지 않는 일본인이 이제는 정말 없어진 것일까?
　　전쟁 중 일본인을, 제일선의 병사들을, 사지로 내몰던 지도자를 어떻
게 할 수도 없었던 국민이 오늘은 그것을 자유롭게 변경하여 정말 국민

을 위한 지도자로 삼고 있는 것일까? 우리들 일본인은 일찍이 소수의
지도자들의 자기 보신이나 교만에서 필설로 다하기 어려운 커다란 희생
을 지불했다. 특히 그들의 종전 처리의 미숙함이 수 만 인의 남해제도의
일본 병사들을 기근과 열병의 생지옥으로 내몰았다는 사실은 30여 년
의 세월을 가져도 결코 잊지 못할 통한의 일이다.

그러나 우리들은 전쟁의 비참함을 강조하는 것만으로는 안 된다. 우
리들이 지불한 희생이나 경험은 단지 그것만으로 충분하다고 하기에는
너무나 크다. …

나아가 또한 일본인이 이전에 중국대륙이나 조선, 타이완 사람들에
게 저지른 죄, 필리핀이나 말레이시아 사람들에게 저지른 죄에 얼마나
깊은 반성을 하고 있을까?

전후 이러한 나라들의 국민에 대해 관료적, 법비적(法匪的: 법을 악
용하여 사적 이익을 추구하는 것) 발상밖에는 갖지 못하고, 국적이 다르
기 때문에 어떠한 보상도 생각하지 않는 염치없는 일본인과 은혜를 잊
는 망은(忘恩)에 나는 인간으로서 부끄러운 생각에 사로잡혀 있다. 행
동을 동반하지 않는 말뿐인 반성은 그 이름값도 하지 못할 것이다. 사랑
에 국경이 없는 것처럼 인간의 신의에도 국경은 없기 마련이다.[11]

또한 전후 일본 문학을 대표하는 한 사람 오에 겐자부로는 1994년
12월에 개최된 노벨상 수상 스피치에서 다음과 같이 말했다.

국가와 인간을 함께 갈라놓을 정도로 강하고, 예리한 이 애매함
(ambiguity)은 일본과 일본인 위에서 다양한 형태로 표면화되고 있습니
다. 일본의 근대화는 오직 서구에 배운다는 방향이었습니다. 그러나 일
본은 아시아에 위치하며 일본인은 전통적인 문화를 확고하게 계속해서
지켜오기도 했습니다. 그 애매한 진행은 아시에의 침략자 역할로 그

11 小島清文, 『投降-比島血戰とハワイ收容所』, 光人社NF文庫, 1979, 20~21쪽.

자신을 내몰았습니다. 또 서구를 향한 전면적으로 열려있어야 하는 근대의 일본 문화는 그럼에도 서구 측에는 언제까지나 이해불능의, 또한 적어도 이해를 정체시킨 암부(暗部)를 계속해서 남겨 왔습니다. 또한 아시아에서 일본은 정치적뿐만 아니라 사회적, 문화적으로도 고립하게 되었습니다.

일본 근대문학에서 가장 자각적이고 또한 성실했던 '전후 문학자', 즉 세계대전 직후의 파괴되어 상처받으면서도 신생에의 희구를 안고 나타난 작가들의 노력은 서구 선진국뿐 아니라 아프리카, 라틴 아메리카의 깊은 골을 메워 아시아에서 일본의 군대가 범한 비인간적인 행위를 고통과 함께 속죄하여 그 위에서의 화해를, 작지만 찾는 것이었습니다. 나는 그들의 기억되어야 하는 표현 자세가 마지막까지 이어지기를 바라마지 않습니다.[12]

고지마가 말하는 것처럼 우리들 일본인은 '일찍이 중국 대륙이나 조선, 타이완 사람들에게 저지른 범죄, 필리핀이나 말레이시아 사람들에 저지른 범죄에 어느 정도 깊이 반성하고 있을까'라는 말을 기억해야 하며, 또 오에 겐자부로가 말하는 것처럼 우리들 일본인은 '세계대전 직후의 파괴되어 상처받으면서도 신생에의 희구를 안고 나타난 작가들의 노력은 서구뿐만이 아니라 아프리카, 라틴 아메리카의 깊은 골을 메워 아시아에서 일본 군대가 범한 비인간적인 행위를 고통과 함께 속죄하여 그 위에서 화해를 작지만 찾는 일'을 잊어서는 안 될 것이다.

전쟁은 종종 위정자의 입장에서 말한다. 그러나 전쟁 체험은 위정자의 입장에서 말하는 것이 아니라 전쟁으로 '죽음'을 강요당한 사자의 입장에서 그리고 전쟁을 실 체험한 생존자의 입장에서 말하지 않으면 안 된다. 그리고 그것은 일본인의 '죽음'만이 아니라 중국인, 한국인,

---

12 大江健三郎, 『あいまいな日本の私』, 岩波文庫, 1995, 8~9쪽.

타이완인, 필리핀인, 말레시아인 등의 아시아 사람들, 나아가서는 세계 사람들의 '죽음'을 포함하는 것이어야 한다. 전쟁체험은 결코 일국만의 닫힌 체험이 아니라 전쟁에 참전한 모든 나라가 공유할 수 있어야 한다. 그 의미에서 전쟁체험은 국가를 초월한 '대화'를 본래적으로 요구하고 있으며 우리들은 전쟁을 체험한 사람들과 대화를 계속할 필요가 있다.

그렇다면 한국인에게는 무엇이 필요할 것인가? '전쟁의 비참을 의식적으로 잊으려 하는 것은 일본인이며 한국인에 책임은 없다'라 하여 현상을 방치하고 일본인을 계속 비난해야 할 것인가?

카네티는 『군중과 권력』을 다음과 같은 말로 끝맺고 있다.

> 진정으로 바라는 것은 살아남은 자(권력자) 자신을 없애는 것이다. 그리고 그것을 위해서는 그들의 행동이 가장 자연스럽게 보이는 때조차 그가 무엇을 위해 존재하고 있는가를 간파하는 것을 우리들은 배워야 한다. 그의 행위 속에서 가장 등한시 된, 따라서 가장 위험한 행위는 명령을 내리는 일이다. … 명령의 체계는 어디에 있어서도 인정받는다. 그것은 아마 공포스러운 군대에서 가장 명료하겠지만 대략 문명생활에서 다양한 명령이 미치지 않는, 우리들 중의 누구도 보충할 수 없는 영역이라는 것도 거의 생각할 수 없다. 명령에 따르는 자의 죽음의 위협은 권력의 화폐며 이 분야에서는 화폐를 거듭 모아 큰 부를 쌓는 것은 너무나 쉽다. 만약 우리들이 권력이라는 것을 극복하길 바란다면 우리들은 거리낌 없이 명령을 직시하고 명령에서 그 가시를 뽑아내는 수단을 찾아내어야 한다.[13]

---

13 エリアス・カネッティ(岩田行一 譯), 『群眾と權力』 下, 312~313쪽.

나는 한국인에 필요한 것은 전쟁의 '죽음'의 기억을 잊으려는 일본인에 대항하려고 긴밀한 집단을 형성하여 살아남으려는 행동에 따라 적의에 가득 찬 전투대형을 만드는 것에서 자유롭게 되는 것이라 생각한다. '죽음'의 아픔을 알고 있는 사람은 '죽음'의 아픔을 잊은 사람에게 일부러 집단을 형성하여 전투할 필요는 없을 것이다. 문제는 일본인의 망언에 대해 한국인이 즉각 '집단'을 형성하여 '전투대형'으로 돌입하는 대중심리가 형성되어 버린 일이다. 카네티라면 국민을 그러한 '혹평하는 즐거움'에 가두어 곧 전투 집단으로 변모시켜 버리는 압력이 권력자에 의한 '명령'이라고 경고할 것이다.

우리들에게 필요한 것은 '가차 없이 명령을 직시하고 명령에서 그가시를 뽑아내는 수단을 찾는' 일이다. 그렇다면 그 '가시'란 무엇인가? 카네티는 다음과 같이 설명한다.

> 가시는 명령을 수행한 인간의 깊숙한 곳에 박혀 그대로 거기에 머무른다. 인간의 모든 심리 구조 안에서 이 정도로 변화가 적은 것은 유래를 볼 수 없다. … 수행된 명령만이 그 가시를 명령에 따른 자 안에 찔러 둔다. 회피된 명령은 비축할 수도 아니다. 자유로운 인간이라는 것은 명령을 수령한 후에 그것을 모면하는 인간이 아니라, 무엇보다도 먼저 어떻게 하여 그것을 회피할 것인가를 알고 있는 인간의 일이다.[14]

집단화나 전투화의 명령에 따르는 자에게 '가시'는 그 인간의 마음 깊은 곳에 박혀 언제까지나 거기에 머물러 버린다. 그러한 이상 중요한 것은 명령을 '회피'하는 것이며 그것이 바로 '자유로운' 인간이라고 말한다. 그렇다면 우리들에게 필요한 것은 근대사에서 아시아의 고난을

---

14 위의 책, 41~42쪽.

제거하려는 일본의 권력, 그리고 일본인 정치가의 망언에 대해 곧바로 '집단'을 형성하여 '전투대형'을 형성하려는 한국의 권력, 이 둘의 권력으로부터의 '명령'을 함께 회피하는 것이다.

　카네티는 가시는 명령수행 중에 형성되는 것이며 일단 찌른 가시를 제거하는 것은 곤란하다고 설명한다.[15] 권력의 명령이라는 '가시'를 뽑아 제거하는 것이 아니라 명령의 '가시'가 우리들의 마음을 찌르지 않도록 우리들은 스스로의 행동의 시비를 냉정히 생각하여 명령을 현명하게 회피해야 할 것이다. 그러나 가령 명령의 가시에 찔렸다 해도 그것을 제거하는 노력을 포기하면 안 된다. 그것이 바로 '자유로운' 인간이라고 카네티는 강조한다.

6. 맺음말

　여기서 다시 한번 카네티가 던진 문제로 돌아가 보자. 평화롭고 온화하게 살고 있던 사람들이 왜 전쟁 하에서는 어떠한 망설임도 없이 사람을 죽이는 흉포한 전투집단으로 변모하는 것일까? 카네티는 인간의 군집형성의 근저에 '죽음에의 공포'를 찾아내어 그것이 '긴밀한 군중' 속에서 '자기를 해방'하고 싶어 한다고 해석한다. 즉 '죽음에의 공포'를 느끼는 인간이 '긴밀한 군중' 속에 들어가면 사람을 죽이는 '자기의 해방'을 지향한다고.

　그러나 '긴밀한 군중 속'에 들어갔다고 해도 '죽음에의 공포'가 실제로 사라지는 것은 아니다. '긴밀한 군중' 속에서 어깨를 기대는 것으로 일순 '죽음에의 공포'를 잊을 수 있다고 해도 그것은 착각에 지나지

---

15 위의 책, 76쪽.

않는다. '죽음에의 공포'는 여전히 존재하고 있으며 '긴밀한 군중' 속에서 오히려 '죽음에의 공포'는 공명하고 증폭하는 것은 아닌가? '긴밀한 군중' 속으로 들어간 인간이 왜 어떠한 망설임도 없이 사람을 죽이는 전투집단으로 변모하는가? 그것은 '긴밀한 군중' 속에 있기 때문에 그 것만으로 '죽음에의 공포'가 증대하여 '우리들 모두가 죽는 것은 아닌가' 하는 공포(집단심리)에 춤추어 '죽음에의 공포'를 가져오는 원인(타자)을 제거(살해)하려고 하기 때문인 것은 아닐까?

'죽음에의 공포'를 가져오는 원인(타자)을 제거하려 해도 전쟁은 타자를 일방적으로 죽이는 것뿐 아니라 자기도 죽임을 당하는 위험에 내몰린다. 그럼에도 왜 사람은 자기 목숨을 던져서까지 타자의 살해(전쟁)에 가담하는가? 왜 '죽음에의 공포'를 느끼는 인간이 자기의 '죽음을 두려워하지 않는' 행동을 취할 수 있는가?

오자와 마사치(大澤眞幸)는 거기에서 네이션의 역할을 찾는다. 오자와는 보봐르(Simone de Beauvoir)와 베네딕트 앤더슨을 인용하면서 '죽음'과 네이션의 관계에 대해 다음과 같이 기술한다.

보봐르는 개체의 죽음이 함의하는 허무에 '인류의 불사'라는 이념을 대치하는 것으로 극복하려 한다. 앤더슨이 주장한 것은 '사람 저마다의 죽음'을 보상하는 것은 근대 사회에서는 일반에는-보봐르가 관념적으로 조정(措定: 존재의 긍정과 내용을 명확히 규정하는 것)한 '인류'가 아니라-네이션(국민, 민족)이라는 공동체였다는 것이다. 가령 자기 자신은 죽어버린다 해도 스스로가 동일화한- 즉 자기의 자기동일성의 중심적인 구성 계기가 되고 있다-네이션이 존속한다고 생각한다면 그 허무함은 완화된다는 것이다.[16]

---

16 大澤眞幸, 『ナショナリズムの由來』, 講談社, 2007, 391쪽.

보봐르는 개인의 죽음에 '인류의 불사'를 대시치키는데 앤더슨은 '네이션의 불사'를 대치시켰다. 그러나 오자와가 묻는 것처럼 "개체의 죽음이라는 문제에의 응답이 근대에 네이션이나 내셔널리즘에 의해 이루어져 온 것은 왜 일까?"[17]를 생각해야 한다.

오자와는, 사람은 20세기의 두 세계대전에서 이상할 정도의 수가 넘는 인간들을 죽였는데 동시에 어처구니없는 수의 인간들이 스스로의 목숨을 자국을 위해 바친 것을 들어 이것이 바로 "네이션의 존속이 개인의 죽음을 대체하고도 남는다"는 것을 증명한다고 말한다.[18] 그러면 왜 인간은 '네이션의 존속'으로 자국을 위해 '스스로의 죽음을 바쳐'서 '이상할 정도의 수가 넘는 인간들을 죽일' 수 있었던 것일까?

'스스로의 목숨을 바친다'는 것은 일반에 자기희생이라 말하는 행위이다. 다무라 히토시(田村均)는 이 자기 희생에 대해 다음과 같은 흥미 깊은 지적을 한다.

> 자기희생이란 원래 행위하는 주체가 분열할 수밖에 없는 행위 유형이다. 계속해서 살고 싶은데도 나아가 죽으라고 하는 주체의 분열이 바로 자기희생의 본질이다.[19]

> 자기희생적 행위에서는 상황을 이해할 수 있는 주체가 드러낸 사실에 입각한 자신의 기분은 보류되고 상황의 요청에 입각한 허구의 설정에 맞도록 적절한 말이나 처신을 의도적으로 산출한다.[20]

---

17 위의 책, 392쪽.
18 위의 책, 392~393쪽.
19 田村均,「自己犧牲的行爲の說明-行爲の演技論的分析への序論」,『哲學』2010卷 61號, 268쪽.
20 위의 책, 269쪽.

'자기희생'이란 행위하는 주체의 의지에 기초한 것이 아니라 '계속해서 살고 싶은데도 나아가 죽으라'고 하는 것처럼 자신의 기분은 '보류되'고 '상황의 요청'에 입각하여 허구의 설정에 맞추어 행위하는 것이라고 말한다.

그러나 자기 생사에 관한 중대한 일에 관하여 어째서 자신의 기분을 '보류'할 수 있는가? '보류'하기 위해서는 '보류'하는 충분한 의미나 가치가 있어야 한다. 그것이 대의명분이라 부르는 것이다. 인간은 대의명분이 있으면 자신의 목숨을 바치는 자기희생을 실행할 수 있다. 대의명분이 있다면 자신의 의지에 반하는 행위라 해도 자신을 납득시킬 수 있다.

대의명분이란 인간으로서 실천해야 하는 중요한 도의(예를 들어 군신관계)인 '대의'와 이름에 동반한 인륜상의 분한인 '명분'이 합쳐진 말이며 사람으로서(신하로서) 행동해야 하는 근본적인 도의를 의미하는 언어이다.[21] 즉 사람은 네이션(혹은 네이션을 지키는 일)에는 대의명분이 있다고 이해하고 있기 때문에 '자기 목숨을 바친다'고 생각할 수 있다. 그러면 왜 사람은 네이션에 대의명분을 느낄 수 있는가?

사람이 '스스로의 목숨을 바치는' 경우란 예를 들어 아이의 난병을 위해 부모가 장기를 제공하는 경우 혹은 동일본대지진 때의 소방대나 경찰관이 죽음을 각오하고 인명 구조에 나서는 경우 등이 상정된다. 전자에는 가족을 구한다는 대의명분이 있으며 후자에는 직무로서의 인명구조라는 대의명분이 있다. 그렇다면 사람이 네이션에 대해 '스스로의 목숨을 바칠' 때 사람은 네이션을 가족, 혹은 가족에 등가된 것으로 인식하며 그 때문에 구해야만 한다는 의무를 느끼게 된다. 인간에게 네이션이란 가족과 등가된 살아 있는 몸의 실체로서 이해되고 있으며

---

21 대의명분은 일본인에게는 친숙한 개념인데 중국이나 한국에서는 '대의'만으로 충분하며 명분으로 숙어화하여 사용된 용례는 거의 없다.

인간은 네이션을 가족의 목숨을 지키려고 '사수'하려고 한다.

다무라는 자기희생적 행위란 "상황의 요청에 입각한 허구의 설정", "타인의 의도", "주위가 자신에 기대하는" 것에 맞추려 한다고 설명한다.[22] 사람이 주위의 기대에 부응하기 위해 자기희생적 행위를 한다고 한다면 주의의 관심이 네이션에 모아지고 네이션에서 기대된다고 느낄 때 사람은 자기희생적 행위를 하는 것을 국민(네이션)의 의무로 이해하려는 것이 된다. 주위의 기대가 크면 클수록 사람은 '자신의 기분은 보류하고 상황의 요청에 입각한 허구의 설정에 맞게 적절한 언어나 처신을 의도적으로 산출'하는 것이다.

따라서 카네티의 '평화롭고 온화하게 살고 있던 사람들이 왜 전쟁 하에서는 어떠한 망설임도 없이 사람을 죽이는 흉포한 전투집단으로 변모하는가'라는 질문에는 사람은 가족(및 가족과 등가한 네이션)을 지키기 위해 사람을 죽인다고 일단 답할 수 있다. 그러나 가족이나 네이션이라는 대의명분을 내세운다 해도 '사람을 죽이는 흉포한 전투집단으로 변모하는' 것이 면죄되지 않는다. 오히려 네이션을 가족과 동일화시키는 것으로 사람은 '자신의 기분은 보류하고 상황의 요청에 입각한 허구의 설정에 맞도록 적절한 언어나 처신을 의도적으로 산출한다'고 한다면 네이션을 가족과 동일화시키는 것은 위험한 가상이라고 인식해야 한다.

자기희생적 행위가 '허구의 설정'으로 유도되지 않도록 그리고 '자신의 기분'을 보류함 없이 주위로부터의 기대나 '타인의 의도' 안에 권력으로부터의 명령=유도가 들어 있지 않는가를 진중하게 통찰해야 할 것이다. 이것이 바로 카네티가 말하는 '명령을 직시하고 명령으로부터의 그 가시를 뽑는 수단을 찾는' 것이다.

---

22 『哲學』 2010卷 61號, 269쪽.

국가와 언설 편제

1. 한일 상호인식의 새로운 단층

제1장 〈한일관계의 멸시관의 변용〉에서 멸시어의 변용에 주목하여 '당인'에서 '조선'으로, '왜놈'에서 '쪽발이'라는 멸시 칭호의 변화가 근대가 되어 일어난 현상이며 전근대부터 근대까지 양국의 상호인식에 커다란 단절이 있다는 것을 지적했다. 그러나 최근 양국의 상호인식에 새로운 단층이 생겨나고 있는 듯하다.

그 징후는 2000년대의 한류 붐, 그리고 그 후의 혐한, 혹은 한국의 반일주의의 확산에 있었다. 이 일련의 움직임에 대해 한일관계의 새로운 시대의 도래, 그리고 그 비극적인 종언을 본 사람도 많았을 것이다. 그러나 빼놓으면 안 되는 것은 거기에서 일어난 새로운 언설 편성이다.

최석영은 2000년대가 되어 새롭게 생겨난 반일의 심벌, 즉 욱일기, 군함도, 독도의 강치, 일왕(천황), 종군위안부, 징용공 등 이전에 문제되지 않았던 현상이 근년 급속하게 반일의 심벌로 부상하고 있는 것에 주목하여 반일감정의 세대교체를 다음과 같이 설명한다.

　　일본에 대한 반감은 일본 통치 시대를 경험한 사람들에게도 있었으며 그 반감이 전후도 사라지지 않고 계속해서 존재하고 있는 것도 사실이다. 그러나 그 시기의 '반일'은 현재 한국 사회의 클레임 행위와는 성질이 전혀 다르다. 옛날 세대가 품은 반일감정은 자신들의 '직접체험'에 기초한 분노인데 현재의 '반일'은 전후 한국에서 일본을 '교육'과 '보도'에 의해 '간접적으로 경험'한 세대에 의한 원한이다.[1]

　어째서 "일본을 '교육'과 '보도'에 의해 '간접적으로 경험'한 세대에 의한 원한"이 생겨난 것일까? 나는 전후 세대의 한국사회의 현상에 대한 불만이나 초조함을 토로할 창구로서 새로운 '반일' 언설이 생산되고 있다고 생각할 수밖에 없다.

　'반일'의 언설이 급속히 확대되는 것과 병행하여 한일관계에 어떠한 변화가 생겼다. 그것은 한국과 북한의 접근에 의한 동북아시아의 정치역학의 변동이다. 2000년의 김대중·김정일에 의한 역사적인 남북수뇌회담을 계기로 최근 2018년의 문재인·김정은 회담 등 한국인의 염원인 남북통일 시나리오의 실현을 가속화시키는(시킨다고 생각되는) 움직임이 진행되고 있다. 이러한 남북 접근의 움직임이 한창인 때 2016년의 이른바 '촛불혁명'이 일어났다. 문경수는 '촛불혁명'의 의의와 열광에 대해 다음과 같이 해설한다.

　　이명박·박근혜로 이어지는 10년 가까운 보수·우파 정권의 시대는 진보파 정권의 10년의 민주주의와 남북화해, 나아가서는 과거 청산을 둘러싼 달성을 말소하는 듯한 역류의 시대가 되었다. 반공을 방패로 인권이나 민주주의를 억압한 구시대의 조류가 되살아났다. 시민사회와

1　催碩榮, 『韓國「反日フェイク」の病理學』, 小學館新書, 2019, 102쪽.

의 솔직한 커뮤니케이션을 결여한 권위주의적인 통치 수법이 부활하고
재벌은 물론이고 학술, 교육, 문화, 의료 등 각 계의 보수, 우익의 엘리트
층이 권력과 유착하여 폭을 넓히는 시대가 되었다. 수학여행 중의 고등
학생 등 300명 이상이 희생된 2014년의 세월호 사건은 그러한 한국
사회의 일그러진 체질을 떠오르게 했다. 참기 어려운 경쟁 압력이나
취업 불안에 더하여 사람들은 부나 권력을 손에 넣은 보수, 우파의 엘리
트들이 사회적 공정이나 상식조차도 짓밟아 부풀어 오른 듯한 모양으로
분노를 더해갔다.

　그러한 시민의 분노는 박 대통령과 그 측근에 의한 전대미문의 국정
농단, 사유화(이른바 '박근혜·최순실 게이트)가 드러난 것으로 역사상
보기 드문 거리에서의 대규모 항의 행동으로 분출했다. 최초의 촛불데
모였던 10월 29일부터 대통령 선거를 열흘 남긴 4월 29일까지 서울의
광화문 광장 중심의 23회에 걸친 촛불집회, 데모가 시민들 자신의 발의
로 계속되었다. 이 촛불데모는 시민에 의한 거리에서의 항의행동으로서
는 세계적으로도 이례적인 규모와 내용을 갖고 계속적으로 펴져갔다.
데모나 집회의 참가자는 연인원 1700만 명에 달하여 피크 때(12월 3일)
에는 서울에서 170만 명, 전국에서 232만 명이 참가했다(『한겨레』
2016년 12월 4일). 이 촛불데모의 거대한 소용돌이가 탄핵에 의한 현직
대통령의 파면(2017년 3월 10일)이라는 한국의 현대사상 초유의 사태
를 초래하여 다시 진보파를 권력의 자리에 올렸다.[2]

'반공을 방패로 인권이나 민주주의를 억압한 구시대의 조류가 되살
아' 나서 '참기 어려운 경쟁압력이나 취업 불안에 더하여 사람들은 부
나 권력을 손에 넣은 보수, 우파의 엘리트들이 사회적 공정이나 상식조
차도 짓밟아 부풀어 오른 듯한 모양으로 분노를 더해', '연인원 1700만

---

2 文京珠,「激動する朝鮮半島情勢」,『現代思想』, 2018年 8月號, 第46卷 第12號, 68~
69쪽.

명'에 달하는 시민에 의한 촛불데모나 집회가 널리 계속되어진 결과
'다시 진보파를 권력의 자리에 올렸다'고 한다.

일치단결한 시민에 의한 '촛불혁명'으로 권력의 자리에서 강제로 내
려온 박근혜 정권이지만 2015년 12월에는 일본의 아베 정권과 전 종군
위안부 문제에 관한 한일합의를 이뤘다. 그러나 이 합의는 '촛불혁명'을
수행한 전후의 젊은 세대에게 '반공을 방패로 인권이나 민주주의를 억압
한 구시대의 조류'에 의한 행동이며 전전의 일본제국주의에 의한 억압과
동일시되어 한국의 '민주화' 운동과 '반일'운동은 이 시점에서 결정적으
로 통합되기에 이른다. 그리고 한일 양국에 의해 전 종군위안부 문제의
'최종적이며 또한 불가역적인 해결'을 목표로 설립된 재단은 관계자의
노력과는 달리 친일 세력에 의한 '반민주화' 활동의 심벌이 되어 버렸다.
이렇게 하여 한국인의 반일감정은 촛불 혁명을 추진한 젊은 세대가
주도하는 새로운 반일감정으로의 치환이 이루어졌던 것이다.

그러나 그들 전후의 젊은 세대에게도 진정한 목표는 생활의 안정화
이며 한국의 민주화이며 남북통일이다. 그러면 왜 거기에 '반일'의 언
설이 개재되어 나오는가?

오자와 마유키는 자본주의가 생산한 모순을 완화하는 네이션의 작
용에 대해 다음과 같이 설명한다.

> 본 절의 고찰은 네이션이 자본주의의 동태에 규정되면서 그것을 완
> 화하는 작용을 갖는다는 것을 보여준 것이 될 것이다. 제3자의 심급(審
> 級)에 내재하는 모순을 철저하게 해소하려는 것에 자본주의의 운동이
> 발생하는데 이 운동의 보상으로 시스템의 내부에는 규범적인 불균형이
> ―즉 다른 규범적인 지평의 공존이―불가피하게 들어서게 된다. 현재적
> 인 지평에 대한 위화감이 긍정적인 감정(쾌락)을 빼앗는 미래의 타자이
> 다. 그런데 네이션이 현실화할 때에는 규범적인 이물감(異物感)은 '외

국'으로 공간화 된다. 그렇게 되면 외국이 바로 네이션의 긍정적인 감정
(쾌락)을 빼앗아 네이션에 비참을 가져오는 타자로 간주되게 된다. 불행
의 원인을 '외국'에 전가하는 것이다.[3]

한국에서의 '반일' 주장은 생활의 불안정화나 민주화의 정체, 생각한
것처럼 진전되지 않는 남북통일의 원인을 모두 일본이라는 '외국에 전
가'시키기 위해 일어난 것으로 보인다.

먼 고대부터 긴밀한 관계를 유지해 온 한일 양국이 왜 여기까지 격심
한 정치적 대립을 일으켜야 하는가? 생각할 수 있는 것은 한일 양국이
내셔널리즘의 고양을 필요로 하는 사회 상태에 놓여있다는 것이다. 내
셔널리즘의 끊임없는 공급을 필요로 할 정도로 우리들은 해결 곤란한
사회 상황에 놓여 있다. 한일 양국의 격심한 내셔널리즘의 충돌은 실은
양국이 직면하고 있는 사회 문제의 거대함을 증명한다.

2. 상극된 국가의식

근대 이전의 한일관계의 언설 편성을 주도한 것은 주자학(송학)의 개
념 체계였다. 특히 그 이기론은 사람들의 인식에 새로운 형식의 분절화
를 가져왔다. 많은 현상은 리와 기로 설명할 수 있으며 이기론을 몰랐
던 그 이전의 설명방식은 모두 이기론으로 대체시키는 것으로 처음으
로 설득력을 획득할 수 있었다. 그런데 근대 이후의 언설 편성은 주자
학적 개념이 급속하게 힘을 잃고 새로운 형식의 분절화로 대체되었다.
그것이 서양사상의 번역에 의해 초래된 신한어이다. 그리고 신개념으
로 재구축된 세계의 중심이었던 것이 국가(네이션)였다.[4] 한일 양국 함

3 大澤眞幸, 『ナショナリズムの由來』, 講談社, 2007, 384~385쪽.

께 서양열강에 맞설 수 있는 근대적 국가를 건설할 필요에 직면했다. 일본인도 조선인도 서양 계몽사상이 일본어로 번역되는 가운데 그때까지의 언설 편성에는 존재하지 않던 '국가 nation=state'라는 새로운 개념을 자국어의 문맥에서 이식하기 시작했다. 즉 근대적인 국가를 수립하기 위해 주자학적 개념에서 서양 계몽사상적 개념으로의 전환이 추진된 것이다.

이 이식의 과정에서 일반에 한일 양국 함께 국민국가 개념을 이식하기 시작했다고 생각되는데 실은 일본과 조선의 국가 개념은 상당히 다른 것으로 이해되어 왔다.

양자의 국가에 대한 이해의 차이를 상징하는 말이 조선의 '애민'과 일본의 '안민'이다. 조선인의 국가 이해의 배경에는 500년에 가까운 조선왕조시대에 형성된 '애민'사상의 문맥이 있으며 일본인의 국가 이해의 배경에는 에도시대에 형성된 '안민'사상의 문맥이 도도히 흘러왔다. 애민과 안민, 겨우 한 글자 다른 것에 그 정도의 커다란 차이가 있는가 하고 믿지 못하겠다고 할지도 모른다. 그러나 정치사상이라는 관점에서 양자를 비교해 보면 거기에는 현대에도 연장되는 커다란 발상의 차이가 가로놓여 있다.

조선의 '애민'이란 왕(군주)은 통치로 곤궁에 처한 백성을 구제해야 한다는 유교적 정치사상이다. 한국에서 출판된 『유교대사전』(1990)에 '애민'은 다음과 같이 설명되어 있다.

---

4 조경달은 한국병합 이전의 일본인에 의한 조사보고나 여행기에서 "그 국민일반의 머릿속에는 조선이라는 나라가 없다. 귀천상하에 오직 자신이 있는 것을 알 뿐으로 국가라는 관념은 털끝만큼도 없다고 소개한 사례를 들어 당시의 일본인의 조선인식이 '국민국가화'와 자본주의화를 이미 달성한 근대 문명국의 입장에서 하는 열등국가에 대한 모멸이다"라고 설명한다. '국가' 개념이 당시 일본인과 조선인을 식별하는 중요한 지표였다는 것을 시사하는 것이다. 趙景達, 「近代日本における朝鮮蔑視觀の形成と朝鮮人の對應」, 『朝鮮の近代思想 日本との比較』, 有志舍, 2019, 401쪽.

애민사상

유교의 민본적 정치사상의 근간을 이루는 사상을 가리키는 말. 애민
이라는 말은 『상군서』, 『순자』 등에 보이며 그 맹아로서 『서경』〈고요
모〉에 '안민', 『춘추좌씨전』〈문공 6년조〉에 '위민', '생민', 『맹자』〈양혜
왕상〉에 '보민'이 있다. 『상군서』의 경법(更法)은 법을 애민의 방법이라
하며 『순자』〈왕제〉는 군주로서 나라를 평안히 하려는 방법으로 평정과
함께 애민을 강조하고 군주가 백성으로부터 친애 받으려 한다면 반드시
애민, 이민(利民)해야 한다는 것을 강조하고 있는데 이것은 애민사상을
하나의 수단으로 간주하는 것이다. 청대의 황종의는 『명의대방록』원
신(原臣)에서 천하의 치란의 척도는 왕조(일성)의 흥망에 있는 것이 아
니라 만민의 우락(憂樂)에 있다고 말하여 민본정치의 출발이 애민에
있다는 것을 강조한다.[5]

조선왕조시대에 확립된 애민사상은 백성의 왕에 대한 절대적 신뢰
를 나타냄과 동시에 왕의 백성에 대한 절대적 의무를 의미했다. 조선의
애민사상의 전통은 현대에서도 대통령은 '백성에게 친애 받으려면 반
드시 애민, 이민(利民)해야 한다'는 형태로 계승되어 있다.

한편 일본의 '안민'은 오규 소라이의 『변명』 기술이 유명하다. 소라
이는 인(仁)의 해석에서 "성인의 도는 백성을 편안히 하는 것으로 귀결
될 뿐이다. 모이는 것이 아름답다 해도 모두 인을 도와 이것을 이룰
뿐이다. 사람의 성은 다르다고 해도 지혜 있는 자나 어리석은 자, 현명
한 자나 불초한 자 없이 모두 서로 사랑하고 서로 기르고 서로 돕고
서로 이르는 마음, 운영영위의 재능이 있는 것은 하나이다. … 그 '군
(君)'이라는 것은 무리들(群)이다. 이것이 바로 사람을 모아 이것을 통일
하는 자는 인이 아니면 무엇으로 할 수 있겠는가"[6]라고 설명한다. 즉

---

5 儒教事典編纂委員會 編, 『儒教大事典』上, 1990, 884쪽.

성인의 도는 '백성을 편안히 하는' 것으로 귀결되는데 '군'이라는 한자가 '군(群)'을 의미한다는 것은[7] '군'이 '사람을 모아 이것을 통일하기' 때문이라고 설명한다. 즉 '안민'에는 군주에 의한 백성의 통일만이 강조되어 군주의 백성에 대한 의무는 기술되어 있지 않다.

'안민'은 도쿠가와 막부가 무사정권이었다는 것과 분리할 수 없다. 무사에 의한 위로부터의 일방적인 통치의 전통은 근대가 되어 서양 근대국가 개념을 이해할 때에도 계승되었다. 예를 들어 러일전쟁 직후인 1908년(메이지 4)에 메이지천황이 발포한 무신(戊申) 조서에 '전후 하루하루가 더욱 희미하니 정세는 더욱 새롭게 하기를 바란다. 상하의 마음을 하나로 하고 충실하여 일에 복종하고 근검하여 생산을 다스리고 오직 믿음, 오직 의, 순후하여 풍속을 이루고 화려함에서 떠나 실제로 나아가며 황태(荒怠: 말과 행동이 거칠고 게으른 것)는 서로 경계하고 자강이 그치지 않도록 해야 한다'고 한 것처럼 국민(신민)의 군주(천황)에 대한 의무만이 강조되어 군주(천황)의 국민(신민)에 대한 의무는 기술되어 있지 않다.

이 '애민'과 '안민'의 발상의 차이를 이해하기 위해서는 다키가와 히로히데(瀧川裕英)의 관계적 책임론에 관한 고찰이 도움이 된다. 다키가와는 '어느 사람이 어느 국가의 국민이다'는 것이 '그 사람이 그 국가에 대해 정치적 책무를 지고 있다'는 것을 설명하기 위해서는 조건의 하나로서 '상호적인 관계'가 성립되는 것이 필요하다고 말한다.[8] 즉 국가에서 국민의 일방적인 관계는 관계적 책무(associative obligation)의 근거가

---

6 荻生徂徠, 『弁名』, 日本思想大系, 『荻生徂徠』, 岩波書店, 1973, 54쪽.

7 董仲舒, 『春秋繁露』, 深察名號, 賈誼, 『新書』 卷九大政下, 『荀子』 〈王制〉 등에 용례가 있다.

8 瀧川裕英, 『國家の哲學 政治的責務から地球共和國へ』, 東京大學出版會, 2017, 31쪽.

되지 않으며 '상호 배려하는 것, 상호 관심을 갖는 것'이 관계적 책무의 근거가 된다고 한다.

일본의 '안민' 사상은 국가(천황)가 국민(신민)에 정치적 책무의 이행을 요구하는 '일방적인 관계'에 머무는 것이었다. 국민(신민)에 '자발적이고 계속적으로 상호적인 감정, 관여, 배려'를 요구하는 것은 어렵다. 그러한 상황에 있는 국민에게 관계적 책무를 이행시키기 위해서는 강권적 통제(무단, 국가 총동원법 등)나 특별한 윤리적 조작(국민도덕, 교육칙어 등)이 필요해진다. 태평양전쟁의 패배로 전후에 신생 일본의 재생을 도모한 일본인에게 국가의 일방적 복종의 요청은 전전의 초국가주의의 재현을 의미했으며 일본의 전후 민주주의가 그러한 일방적인 책무 이행을 거부한 것은 충분한 이유가 있었다.

조선의 '애민'사상은 국가는 국민의 생활을 안녕히 유지하는 의무가 있으며 국민은 국가에 봉사할 책무를 갖는다고 생각하는 점에서 '상호적인 관계'라고 할 수 있다. 국가와 국민은 호혜적 관계이며 이 호혜성이 지켜지는 한에서 조선인은 국가를 지지하고 왕(군주)의 명령에 복종했다. 전후의 한국은 이승만·박정희 시대의 독재 정치에 의한 국민의 탄압, 전두환 시대의 광주 사건 등 국민은 의도치 않게 일방적 복종을 강요당했다. 그러나 그 인종(忍從)의 시대가 있었기 때문에 그 이후의 민주화 투쟁은 첨예화되어 정부에 의한 일방적 탄압이라 생각되는 정책에 대해서는 단호한 항의를 해 왔다.

그러나 최근 한국의 국가의식은 단순하게 전근대의 애민사상의 전통에서는 설명할 수 없다. 여기에는 새로운 국가의식의 형성이 보인다.

오자와는 네이션이 '감정의 공동체'라는 것에 대해 다음과 같이 해설한다.

　　네이션이라는 추상적인 전체를 준거할 때에는 그 내부 사람들은 동일한 감정을 공유하는 동지로, 즉 '공감'에 기초한 연대하는 전인격이며 비 한정적인 관계(게마인샤프트적 관계)로 서로를 인지하게 된다. 네이션의 규범적인 통일성이 사람들의 감정 전체를 동원하는 것으로 존립하는 심급으로 유지되고 있기 때문이다. 개인 간의 한정적인-때로는 부정적인- 시민적 연대(부분적인 면에서)가 네이션이라는 전체에 있어서는 유기적(에스닉)인 통일성으로 반전하는 기제는 이렇게 하여 설명된다. 이때-네이션의 현실성은 구체적인 관계를 겹겹이 쌓은 것으로는 얻지 못한다-. 사람들은 구체적인 누군가에 대한 애정과는 다른 것으로 네이션의 애착을 보게 된다. 따라서 네이션은 감정(특히 비극적인 감정)의 공동체이다.[9]

　　2000년대의 한국이 직면한 정치적 과제, 즉 민주화의 실현이나 남북통일은 조급한 실현으로 막힌 곤란한 과제이다. 한편에서 급속한 글로벌화의 진행에 의한 경제 격차의 확대는 재벌이 지배하는 한국 사회에서 날마다 심각함을 더해 간다. 최석영이 "한국이 초 법규적인, 혹은 룰에 기초하지 않는 조치를 취하려고 할 때 꺼내는 관용적인 말이 '국민정서' 혹은 '국민감정'이다. 말을 바꾸면 '여론'이라거나 '민의'가 된다. 논리적인 설명에 막히면 꺼내는 집안의 보물"[10]이라고 지적하듯이 중층적인 곤란을 해결하기 위해 필요한 것은 강인한 '국가'의 건설이며 흔들리지 않는 '국민의 단결'이나 부동의 '국민감정'을 무리하게라도 가시화하는 것이다.

　　일본인이 알기 어려운 것은 한일관계의 악화가 양국의 정치, 경제에 막대한 나쁜 영향을 미친다는 것을 알면서도 왜 한국인은 '반일'의 언

9　大澤眞幸, 『ナショナリズムの由來』, 382쪽.

10　催碩榮, 『韓國「反日フェイク」の病理學』, 282쪽.

설을 계속해서 생산하는가이다. 그것은 한국인에게 한일관계의 악화
보다도 우선되어야 하는 정치목표가 있기 때문이다. 그것이 생활의 안
정화이며 정치의 민주화이며 그리고 궁극적으로는 한반도의 통일이다.

3. '죽음'과 내셔널리즘

국가 문제를 생각할 때 잊어서는 안 되는 것은 자본주의 경제 체제하
에서 억압되고 소외당하는 약자의 존재이다. 자본의 글로벌화가 진전
하는 가운데 선진국이라도 발전도상국이라도 국가에 의해 착취당하는
사람들이 존재한다. 경제적으로 약한 입장에 내몰린 사람들은 정치적
으로도 무력한 존재로 강제적으로 내몰린다. 내몰린 약자는 국가 안에
서 소외당하면 당할수록 자기를 헤게모니를 장악한 지배적인 집단에
가탁=동화하고 소외된 객체 측에서 소외하는 주체 측으로 심리적 변환
이 일어나려 한다. 아무리 심리적으로 피해자에서 가해자로 전환했다
고 해도 현실에 처한 약자의 입장에는 아무런 변화도 없고, 여전히 경
제적으로 내몰린 상황에 변함은 없다. 그러나 그들에게 이 심리적 전환
은 생존을 위해 필요한 방어회로이며 자신이 처한 비참한 상황을 잊기
위한 심리적 아질(argil: 점토)이다. 그것이 작금의 인터넷을 통한 한일
청년에 의한 요설(饒舌)스러운 중상비방 싸움을 만들어 낸다.

인터넷을 통하여 내셔널리즘을 부추겨 확산해 가는 현상을 보고 있
으면 지금 내셔널리즘의 에너지원은 자본주의사회에서 내몰린 약자가
아닌가 하는 생각조차 든다. 내몰린 약자의 신변은 '죽음'이다. 그것은
개인의 죽음을 의미하는 것이 아니다. 가족의 죽음, 민족의 죽음, 그리
고 국가의 죽음에 연결되는 것이다. 한편 자본주의사회의 정점에 선
대기업이나 대자본가에게도 '죽음'은 역시 무시할 수 없는 것으로 존재

한다. 정점에 선 강자인 부유층도 저변에 내몰린 약자인 빈곤층도 테러
리즘이나 핵전쟁의 공포, 그리고 지진이나 쓰나미 등의 자연 재해를
경험하면서 '죽음'은 신변의 일로 다가온다.

예를 들어 한국 민주화운동을 논한 논문에서 '죽음'은 다음과 같이
말한다.

　　　　국가폭력과 거기에 대항하는 민주주의 투쟁은 많은 희생을 내었다.
　　국가폭력에 의한 역사적 희생의 주체를 기준으로 한다면 개인적 차원의
　　희생과 가족적 차원의 희생, 그리고 사회적 차원의 희생이라는 세 가지
　　로 구분할 수 있다. 희생의 위해(危害) 영역을 기준으로 한다면 신체적
　　위해와 정신적 위해로 구분할 수 있다. 희생의 형태와 관련해서는 민주
　　주의 투쟁 과정에서 분신자살이나(그 이외의-역자주) 자살, 타살, 사고
　　사, 의문사, 행방불명 등 다양한 형태의 죽음으로 나타나는 희생을 생각
　　할 수 있다. 투쟁 중에 각종의 신체적 피해를 입고 상처나 병을 입는
　　일도 있다면 해고 등의 경제적, 사회적 희생을 강요당하는 경우도 들
　　수 있다.[11]

한국에서 국가폭력에 대항하는 민주주의 투쟁은 현실에서 '죽음'과
인접한 활동이었다. 그러나 민주주의 투쟁의 희생자가 된 사람들의 죽
음은 어떻게 보상받는가? 이 논문의 저자는 그것은 '국가폭력에 일어
선 적극적인 희생행위의 정신을 다음 세대에 전하고 그 물질적, 문헌적
흔적을 수집, 정리, 공유하는' 것, 즉 '과거계승'이라고 대답한다. 그리
고 과거계승은 '국가적 차원'에서 수행될 필요가 있다고 한다.[12] 그러나

11　チョヒヨン, 「韓國の民主化運動, 過去の繼承, そして聖公會民主化運動資料館」, 法
　　政大學大原社會問題硏究所, 『大原社會問題硏究所雜誌』 673卷, 2014, 18쪽.
12　위의 책, 18~19쪽.

국가폭력을 저지른 것은 독재국가라고 해도 역시 국가이다. 과연 우리들은 국가를 거기까지 신용해도 좋은 것일까?[13]

한국인의 민주주의국가 수립의 열의는 국가에 대한 사자의 진혼 요구와 중첩되어 강렬한 애국심으로 승화한다. 한국의 민주화 운동에 매진하는 자는 과거 대일본 제국과 군사독재정권에 의한 수많은 '죽음'을 진혼하기 위해, 또 미래의 진정한 민주주의 국가를 수립하기 위해 '국가'로부터 떨어질 수가 없는, 필연적인 내셔널리즘으로 이끌고 있는 듯하다. 내셔널리스트에게 왜 국가가 필요한 것일까? 그것은 그들이 날마다 직면하는 '죽음'에서의 해방을 바라고 있기 때문이 아닐까? 정치적 탄압에 의한 희생자의 '죽음'을 민주주의국가 건설의 공헌자의 '죽음'으로 변환하지 않으면 안 된다. 탄압을 한 국가라 해도 희생자의 '죽음'의 의미를 변환할 수 있는 것은 역시 국가밖에는 없다. 여기에 한국인의 국가 의식의 패러독스가 있다.

한국인이 직면한 '죽음'은 북한에서 매일 발신되는 전쟁 발발의 위협에 노출되면서 재벌에 지배당한 경제사회의 바닥에서 고용이 중단되어 빈곤층에서 탈출할 수 없는 사회적 약자에게는 두말할 것도 없이 눈앞에 있는 현실이다. 거기에 '반일', '배일'의 언설이 겹쳐진다. 일본은 1910년의 병합에서 일관되게 한국의 민주화를 방해하며 독재 정권과 결탁하고 나아가 미래로 나아가서도 계속해서 방해하는 반민주주의의 심벌이다. '반일', '배일' 감정을 갖고 있는 사람 중에 젊은 세대나 전전의 일본을 체험하지 않은 세대가 많은 것은[14] 그들이 한국의 민주

13 조희현은 국민적 캠페인과 민주화운동기념사업회법이나 과거청산에 관한 법률 성립으로 과거청산과 과거계승이 '국가화'되었는데 정치권력의 변화로 커다란 영향을 받게 되었기 때문에 '민간적 차원'에서 자율적으로 진행하는 노력을 해야 한다고 기술한다. 「韓國の民主化運動, 過去の繼承, そして聖公會民主化運動資料館」, 20쪽.
14 정대균에 의하면 1989년 및 1990년에 실시된 대규모 여론조사에서 이러한 결과가

화와 생활의 안정을 간절히 바라는 집단이기 때문이다. 한일관계는 민주주의 국가의 수립, 그리고 남북통일의 실현이라는 커다란 목표 앞에 서는 불면 날아갈 것 같은 작은 문제이다.[15]

한국의 민주화 투쟁에서 언급되는 '반일'의 언설은 한국에 민주주의 국가를 실현하기 위한 언설 생산의 중요한 에너지원이 되어 있다. 혹은 '반일'이 민주주의를 말하기 위한 필요조건이 되어 있다고 해도 지나치지 않다.

4. 국가(nation)와 지령어(指令語)

한국인의 열광적인 내셔널리즘은 일본의 내셔널리스트들을 부러워하게 만들기에 충분하다. '왜 일본인의 내셔널리즘은 한국인에 비교하여 이렇게 빈약한 것인가?', '한국인에 지지 않을 것 같은 내셔널리즘을 어렸을 때부터 교육해야 한다'고 하는 초조감에 내달리는 것도 무리는 아니다.

나왔다고 한다. 『韓國のナショナリズム』, 岩波書店, 2003, 206~207쪽. 또한 근년에는 이른바 '386세대'(2002년의 대통령선거에서 노무현을 지지한 당시 30대로 1980년대에 대학생으로 민주화 운동에 참가한 1960년대 태어난 세대)라 말하는 민주화 운동을 주도한 세대의 대두가 잘 알려져 있다. 또한 사와다 가쓰미(澤田克己)는 그들의 특징으로 "군부 주도의 강권적 정치와 싸워 1987년에 민주화를 쟁취했다는 강렬한 자부심"을 갖고 "그때까지의 강권적인 정권하에서 주장하는 것 자체가 어려웠던" 종군위안부 문제나 징용공 문제에 대처하기 시작했다고 파악하고 있다. 澤田克己, 『韓國「反日」の眞相』, 文春新書, 2015, 108~109쪽.

15 이케하타 슈헤이(池畑修平)는 한국에서 한일관계의 위치에 대하여 북한을 '적대하는 사실상의 국가'로 파악하는 보수파와, '같은 민족이며 통일을 달성해야 하는 동포들'로 파악하는 진보파에 의한 격렬한 권력 투쟁 하에 있어서 일본의 외교 면에서의 배려는 진보파인 문재인 정권에 의한 '보수파 정권의 실적에 대한 전체 부정의 소용돌이 속으로 빨려 들어가 사라진' 듯한 상태에 있다고 지적한다. 池畑修平, 『韓國 內なる分斷-葛藤する政治, 疲弊する國民』, 平凡社新書, 2019, 40~45쪽 및 246~247쪽.

일본인의 소극적인 내셔널리즘에 대해 "전후의 민주주의는 반국가
주의를 표방했기 때문에 민주적 정치를 지탱하는 것으로서의 국가의
존재를 상실했다"[16]고 주장하는 논자도 있다. 그러나 일본인의 국가의
식이 소극적인 것에 머문 것은 전후에 '국가의 존재를 상실했기' 때문
이 아니라, 전후 세대가 '안민'사상이 갖는 위험성을 예리하게 감지하
여 '상호적인 관계'로 바람직한 민주주의 국가의 실현을 추구했기 때문
이다. 한일 양국의 국가의식에서의 차이를 인식하지 못하고 오직 한국
의 열광적인 내셔널리즘을 선망하는 것은 일본의 사상적 전통에서 본
다면 전전의 초국가주의로 회귀하는 위험성을 높일 뿐이다. 그리고 또
한 한국의 열광적인 내셔널리즘에 지지 않는 열광적인 내셔널리즘을
일본에서 만들어 낸다면 양국의 내셔널리즘의 격돌은 점점 더 밀고
올라가 한일관계에 수복 불가능한 커다란 파열이 생길 것이다.

들뢰즈와 가타리는 언어란 '지령어'라고 말한다.

언어활동의 기본적 통일성, 즉 언표란 지령어(le mot d'ordre)이다.
정보를 중심화하는 능력보다도 오히려 지령어를 발신하고 수신, 전달하
는 하나의 불길한 능력을 정의해야 한다. 언어는 믿기 위해 만들어진
것도 아니다. 따르기 위해 따르게 하기 위해 만들어진다. … 언어는 첫째
사람에서 두 번째 사람에게, 목격한 사람에서 목격하지 않은 자에게
전해지는 것만으로는 충분하지 않다. 반드시 일의 사태를 보지 않았던
두 번째 사람에서 역시 보지 못한 제3의 사람에게도 전해야 한다. 언어
가 지령어로 기능하는 말의 전달이지 정보로서의 기호 커뮤니케이션이
아니라는 것은 이러한 의미에서 이다.[17]

---

16 佐伯啓思, 『國家についての考察』, 飛鳥新社, 2001, 162쪽. 사에키 게이시는 또한 전
  후 일본의 국가의식에 대해 "내셔널리즘을 전면 부정한 전후의 언론", "전후의 왜곡
  된 국가의식"이라고도 주장한다. 같은 책, 58~59쪽.

컴퓨터나 휴대폰을 통하여 주위에 넘쳐나는 정보가 우리들의 감정을 부채질하고 우리들의 행동을 유도하는 의미에서 현대는 실로 '지령어(le mot d'ordre)'에 의해 지배당하는 시대를 맞이하고 있다. 글로벌 시대에서 일상생활의 불안정함이 지령어에 의한 지배를 용인하고 강력한 국가에 의한 보호주의적 구제책을 찾도록 일본인을 유도한다.

한국의 내셔널리즘도 실로 지령어에 의해 '반일' 운동과 운동하도록 유도당한다. 그 유도를 상징하는 것으로 평화의 소녀상 건설이 있다. 평화의 소녀상은 당초 전쟁 중의 일본인 만행을 일본인에게 알리기 위해 서울의 일본 대사관 앞에 세웠는데 지금은 지방 도시 곳곳에 설치되어 있다. 그것은 이제 일본인에게 보이기 위한 것이 아니라 한국인에 보이기 위한 동상으로 변질되어 있다. 평화의 소녀상은 '반일'주의자라는 것을 가시적으로 증명하는 심벌이며 현대 한국사회의 '후미에(踏み繪)'로 변하고 있다.

왜 지금 한국 사회는 '반일' 애국자를 필요로 하는가? 그것은 글로벌화하는 가운데 전통적인 인간관계가 급속하게 붕괴하고 있는 것과 관련되어 있다. 약체화한 사회적 유대를 회복하기 위해서는 전 국민이 일치단결하여 일본과 싸워야 한다. 그러나 왜 '일본과 싸우는'가? 전투는 인간의 마음을 고무하여 적에게 이긴다는 목표를 위해 국민의 단결을 촉구한다. 국민이 일치단결하면 한국은 틀림없이 일본이나 중국에 지지 않는 강대한 국가가 될 것이며 그렇게 된다면 국민의 생활이 안정될 것이다. 이러한 본말전도의 논리가 젊은이들을 '반일' 운동으로 내몰 정도로 현재 한국의 경제 상황은 안정되지 못하며 사회적 근간이 약체화되고 있다.

17　ジル・ドゥルーズ/フェリックス・ガタリ(宇野邦一・小澤秋廣・田中敏彦・豊崎光一・宮林寛・守中高明 譯), 『千のプラトー』, 河出書房新社, 1994, 97~98쪽.

　　일본의 '혐한류'의 가시화도 같은 현상이라고 생각된다. '혐한'을 표방하는 것이 애국자라는 것의 증명이며 한국에 조금도 타협하여 걸어가는 자세를 보이면 곧바로 비국민이라 비난당한다. 그 정도로 '혐한'과 국가를 결합시키려는 지령어가 매스컴이나 인터넷에 가득 차 있다. 그러나 왜 '혐한'이 국가와 결합해야 하는가?

　　야마모토 게이(山本圭)는 국가에 대한 무한정의 의존현상의 위험성을 설명하는 데 '네이션의 함정'과 '정동(情動)'이라는 개념을 제시한다. '네이션의 함정'이란 네이션을 중심으로 사회적 연대를 재생하려는 시도가 '배타적이고 불관용적인 유대'에 빠져 버리는 위험성을 갖고 있는 것이며[18], '정동(affect)'이란 어느 하나의 대상을 특별한 사물의 차원으로 밀어 올리는 비급(備給, cathexis: 정신의학 용어로 심리에너지를 어느 대상을 향해 집중하는 것)을 의미한다. 사람은 정동으로 도달 불가능한 것을 구현화(embodiment)하여 정동으로 대상을 보편적인 위치까지 승화시켜 전체의 표상화를 가능하게 한다고 한다.[19]

　　평화의 소녀상 건설이나 혐한류의 확산은 '네이션의 함정'에 빠지는 것은 아닐까? 또한 국가로의 과도한 기대는 한일 양 국민의 '정동' 바로 그것이 아닐까? 전국적인 평화의 소녀상 설립은 '배타적이고 불관용적인 유대'를 형성하고 있지는 않을까? 혐한류를 부채질하는 매스컴이나 인터넷의 정보 발신자는 일본 국내에 '배타적이고 불관용적인 유대'를 형성하고 있지는 않은가?

　　한국 사회도 일본 사회도 빈부의 격차가 해마다 확대되어 비정규노동이나 부당 해고가 사회 문제화되고 있으며 또한 외국인 노동자의

18　山本圭, 「ポスト・ネイションの政治的紐帶のために」, 松本卓也・山本圭編著, 『〈つながり〉の現代思想』, 明石書店, 2018, 81쪽.
19　위의 책, 93쪽.

급격한 증가에 의한 충돌도 빈발하고 있다. 이러한 사회의 급격한 변동기에서 '배타적이고 불관용적인 유대'가 형성된 것은 사회적 약자나 외국인 등의 마이너리티에게 생존 그 자체와 관련되는 압력이며 지속 가능한 사회 실현을 방해하는 요인이다.

한일 양 국민에게 요구되는 것은 '배타적이고 불관용적인 유대'를 강화하는 것이 아니라 우리들의 관심을 가까운 이웃과의 생활로 돌리는 것이다. 국가에 의존하는 심성에서 시민을 신뢰하는 심성으로 의식 전환을 추구해야 한다.

5. 맺음말

이 책에서 제1장부터 제9장까지 분석해 온 한일관계에 관한 언설 편성에는 인간의 차이화, 모멸화, 계층화라는 질서화, 언어나 국체, 정신이나 국가 등 본래 실체를 갖지 않는 관념의 실체화, 자존심이나 아이덴티티, 예의 등의 인간 내면의 가시화, 아이덴티티나 기억 등의 부정·소거 등 수 많은 욕망이 관계해 있다. 본래 대등해야 할 인간을 근거 없는 요인으로 질서화하고 본래 실체를 갖지 않는 언어나 정신, 국체를 전설을 이용하여 실체화하고, 본래 누구라고 갖고 있는 민족적 아이덴티티나 기억을 부정화(否定化: 그렇지 않다고 하는 것)하는 것. 이러한 질서화, 실체화, 부정화의 모든 것에 공통되고 또한 핵심으로 언설 편성을 지배하고 있는 것이 국가이다. 국가가 언설 편성을 지배한 순간 사람은 질서화, 실체화, 부정화라는 명령에 조종당하여 긴밀한 집단을 지키려고 '죽음'에 필사적인 투쟁으로 돌입해 버린다. 동시에 잊어서는 안 되는 것은 도요토미 히데요시의 조선 침략 이래 일본과 조선은 상대의 언동을 이용하는 것으로 자국의 내셔널리즘을 강화해

왔다는 것이다. 즉 일본에게 조선(한국), 조선(한국)에게 일본은 내셔널
리즘의 강화에 필요 불가결한 요인이 되어 그 소용돌이에서 빠져나올
수 없게 되어 있다는 것이다.

그러면 우리들은 국가와 어떠한 관계에 있어야만 하는가? 다키가와
는 관계에는 형식적 관계와 실질적 관계가 있다고 하다. 예를 들어 부
자관계와 같은 관계는 생물학적인 혈연관계를 갖는 실질적인 관계이
다. 하지만 같은 맨션에서 생활하는, 혹은 같은 마을에서 생활하는 관
계가 되면 그 관계를 근거로 전 구성원이 상호간 책무가 발생한다고
생각하지 않는 것에서 형식적 관계에 머문다. 형식적 관계가 관계적
책무(associative obligation)의 근거가 되지 않음에 비해 실질적 관계는
상호적인 관계(상호간 배려하는 일, 상호간 관심을 갖는 일)이기 때문에 관
계적 책무의 근거가 된다고 한다.[20] 즉 부자관계는 실질적 관계이기 때
문에 부모도 자식도 관계적 책무(서로에게 위로하는 의무)를 갖고 있는데
같은 맨션에서 생활한다는 관계는 형식적 관계이며 관계적 책무를 갖
지 않는다.

국가가 언설 편성을 지배할 때 국가와 국민과의 관계는 일방적 관계
로 이해하도록 재촉당한다. 전전 일본의 초국가주의 체제를 상기한다
면 이것은 쉽게 이해될 것이다. 따라서 국가가 언설 편성을 지배하려
할 때 그 그물망을 빠져 나가거나 혹은 그물망을 파괴하거나 지배의
외부로 탈출해야 한다. 들뢰즈와 가타리는 '균열'에 대해 다음과 같이
기술한다.

---

20 瀧川裕英, 『國家の哲學 政治的責務から地球共和國へ』, 31쪽.

사람들은 자신들을 지켜주는 우산을 끊임없이 만들고 있다. 그 뒷쪽에 허공을 그려 자신들의 관례나 오피니언을 써넣는데 시인, 예술가는 우산에 균열을 가하여 허공을 잡아당겨 찢기까지 하며 이렇게 하여 바람과 같은 자유로운 카오스를 조금씩 통하게 하여 그 균열을 통해 나타나는 비전-워즈워스(William Wordsworth)의 앵초 혹은 세잔느의 사과, 마크베스 혹은 에이바브의 실루엣-을 돌연의 빛 속에서 불꽃을 낸다. 그 뒤를 무리를 이루어 쫓는 것은 모방자들이며 그들은 그 비전에 어렴풋이 비슷한 작품으로 그 우산을 수선한다. 또 그 뒤를 무리를 이루어 쫓는 것은 주석자들이며 그들은 수많은 오피니언으로 그 균열을 막으려 한다-그것이 커뮤니케이션이라는 것이다. 그러나 다른 균열을 만들기 위해서는 항상 또한 별도의 예술가가 필요해 질 것이다. 별도의 예술가들은 아마 점점 커지는 필요한 파괴를 수행하고 이렇게 하여 자신들의 선배들에게 이제 사람이 볼 수 없는 커뮤니케이션 불가능한 새로움을 회복해 준다. 다시 말하면 예술가가 싸우는 것은 카오스에 대하여 라기보다는(예술가는 어느 종류의 방법으로 카오스를 바라기 때문에) 오히려 오피니언이 갖는 '형식적인 표현'에 대해서이다.[21]

'균열'이란 '형식적인 표현'을 파괴하여 "사람이 볼 수 없는 커뮤니케이션 불가능한 새로움을 회복해 준다"고 한다. 그렇다면 어떻게 하면 '형식적인 표현'을 파괴하여 '새로움을 회복'할 수 있을까?

카네티는 『군중과 권력』을 "만약 우리들이 권력이라는 것을 극복하려고 바란다면 우리들은 기탄없이 명령을 직시하고 명령에서 그 가시를 뽑아내는 수단을 발견해야 한다"[22]는 말로 마친다. 우리들은 국가나

---

21 ジル・ドゥルーズ/フェリックス・ガタリ(財津理 譯), 『哲學とは何か』, 河出書房新社, 1997, 289쪽.
22 エリアス・カネッティ(岩田行一 譯), 『群衆と權力』下, 法政大學出版局, 1971, 312~313쪽.

내셔널리즘이라는 지령어에 도발되어 '명령을 직시하고 명령에서 그 가시를 뽑아내는' 것을 게을리하고 있는 것은 아닐까? 한일관계를 둘러싼 증오(憎惡)의 언설 생산에 '균열'을 만들어 언설 편성에 '새로움을 회복'하기 위해서는 증오의 언설이 국가와 결합되면 질서화나 실체화, 부정화가 확대 진행되는 것을 상기하여 지령어가 발신하는 명령을 검증하는 냉정함을 회복시켜야 한다.

국가에 계속해서 집착하는 것은 한일관계를 개선시킬 기회가 영원히 찾아오지 않는 것을 의미한다. '반일'이나 '혐한'의 언설에 공통된 것은 타자에의 공감이 결여되어 있다는 것이다. 한일관계를 일방적인 형식적 관계로 취급하는 한 지령어에 의해 몸도 마음도 지배당해 자신의 주장에 동조하지 않는 타자를 한쪽에서 부정하고 싶은 욕망을 억제하지 못하고 '반일'이나 '혐한'의 언설을 계속해서 생산하게 될 것이다. 타자에 대한 공감을 상실한 자에게는 자기에 동조하지 않는 존재는 모두 배제해야 하는 이물질이며 거기에 한국인도 일본인도 상관하지 않는다.

우리들은 국가에 정신을 뺏겨 눈앞에 있는 인간을 신뢰하는 것을 잊고 있는 것은 아닐까? 범람하는 지령어에 유도되어 눈앞에 있는 인간의 신뢰를 방해당하고 있는 것은 아닐까? '반일' 데모 참가를 명령하는 지령어, '혐한'의 풍조에 편승하기를 명령하는 지령어. 지령어는 온종일 우리들을 감시하고 있다.

모든 것은 눈앞에 있는 인간을 신뢰하는 것에서 시작된다. 눈앞에 있는 인간에게 국적도 성별도 연령도 상관하지 않는다. 지속 가능한 사회는 다양한 시민의 공생 공존으로 유지되는 것이며 국가라는 망령에 조정당하여 이웃을 상실하는 것은 고립과 죽음을 의미한다.

국가 간의 분쟁에 휘말려 존엄한 인명을 '죽음'에 처하게 하는 국가

의 폭주를 저지하고 권력에 의한 명령의 '가시'가 자신의 마음을 찌르
는 것을 주의 깊게 회피하는 일. 그것이 바로 전쟁으로 '죽음'을 강요당
한 우리들의 앞 세대가 바라던 일이다. 내셔널리즘에서 시티즌십
(Citizenship)으로의 전환이 요구된다. 아시아에 사는 시민(Citizen)의 한
사람으로서 우리들이 할 수 있는 것을 모색해 가는 일. 그 뜻을 지속하
는 가운데 희망이 있다고 믿는다.

초출일람

第一章 井上厚史, 「解説 日韓関係における蔑視観の変容ー「唐人/倭人」から「チョーセン/チョッパリ」へ」, 河宇鳳(井上厚史訳), 『朝鮮実学者の見た近世日本』, ぺりかん社, 2001.

第二章 井上厚史, 「近世思想史における朝鮮と日本」, 『大航海』No.67, 2008.

第三章 井上厚史, 「新井白石の朝鮮観」, 『環』vol.23, 2008 Autumn, 藤原書店, 2008.

第四章 井上厚史, 「十八世紀日本人の朝鮮観」, 『環』vol.11, 2002 Autumn, 藤原書店, 2002.

第五章 井上厚史, 「李芸と石見のつながりー『朝鮮王朝実録』『同文彙考』『漂人領来謄録』を中心にー」, 島根県立大学北東アジア地域研究センター, 『北東アジア研究』第27号, 2016.

第六章 井上厚史, 「「一視同仁」というはてしなき旅路ー雑誌『朝鮮』に見る近代日韓関係の精神史的考察」, 待兼山比較日本文化研究会, 『比較日本文化研究』第7号, 2003.

第七章 井上厚史, 「戦時広告資料に表象された「朝鮮」ー「礼儀」から「精神」へー」, 平成14年度~平成16年度日本学術振興会科学研究費基盤研究(B)(代表 江口真理子), 『戦時下, 対東アジア戦略と広告宣伝』報告書)

第八章 井上厚史, 「近代日本社会における在日朝鮮人の自己認識ー「文化国家」と「自己のテクノロジー」, 島根県立大学総合政策学会, 『総合政策論叢』第2号, 2001.

第九章 井上厚史, 「韓国文化の中における排日感情と大衆心理の問題」, 한일문화교류기금편, 『한일상호인식과 善隣의 길』, 경인문화사, 2016.

후기

　2017년 5월, 히로시마현 히로시마시에 본사를 둔 『주고쿠신문』의 도멘 마사아키(道面雅量) 기자가 8회 연재의 '녹지대'라는 작은 칼럼의 집필을 의뢰했다. 나는 자신의 연구생활을 돌아보면서 조선 유교 연구를 시작한 계기나 그 후의 연구에서 이해해 온 조선 유교의 특색에 대해 집필하고 있었다.

　연재도 종반에 접어든 어느 날, 게이스이샤(溪水社) 대표인 기무라 이쓰시(木村逸司) 씨에게 편지를 받았다. 그 편지에 한국에 관한 책을 출판하지 않겠는가 하는 권유의 말이 들어 있었다. 나는 지금까지 한국의 번역서를 출판한 일은 있지만 나의 단행본은 조선 유교 연구를 시작한 때부터 몰입한 이퇴계에 관한 연구서를 내려고 완고하게 결심하고 있었기 때문에 모처럼의 권유에도 시기상조로 아직 원고를 정리하는 단계가 아니라는 것을 구실로 거절하는 메일을 보냈다.

　그 후 조선 유교 자료집의 역주 관련 일이나 근무지의 일에 쫓기면서 2019년 3월을 맞았다. 일에 쫓기는 일상에 갑작스러운 변화는 없었는데 봄방학 중인 어느 날 기무라 씨의 말을 떠올려 과거 20년간에 자신이 써놓은 논문을 정리해 봤다. 그러자 조선 유교나 한일관계사에 관한 책을 출판할 수 있을 정도의 논문을 썼다는 것을 처음 알았다. 지방의 작은 공립대학에 근무하면서 하루하루를 보냈기 때문에 논문의 편수나 책의 출판을 생각할 여유는 없었다.

　지금 오래된 논문도 수록하는 형태로 이 책을 정리해 보고 싶은 생각이 든 것은 기무라 씨의 권유의 말을 떠올렸기 때문이 아니라 최근의 한일관계의 악화에 어떤 제동을 걸고 싶은 생각이 더해졌기 때문이다. 물론 나는 정치가가 아니며 지방공립대학에 근무하는 일개의 연구자에 지나지 않는다. 또한 나는 언설 분석이라는 한정된 영역의 연구에 종사하는 자일 뿐이다. 그러나 정치가 변조를 만들며 신문이나 매스컴, 인터넷이 악의적인 언설을 계속해서 재생산해 가는 세상을 보면서 한 사람의 연구자로서 단지 그것을 방관해도 좋은가 하는 자책이 날마다 더해 갔다.

그러한 것을 생각하던 때에 게이스이샤의 기무라 씨로부터 편지가 온 것은 어떠한 계시와 같다는 생각이 들었다. 게이스이샤는 히로시마시에 있는 지방 출판사이다. 히로시마 출신인 나에게 어린 시절부터 언제나 마음속 깊은 곳에 있어 나에게 말을 걸어오는 것은 히로시마이다. 재수생 시절에 읽은 오에 겐자부로가 쓴 『히로시마 노트』의 다음의 한 구절을, 나는 지금까지 몇 번이나 돌이켜 생각하며 왔는지.

> 나는 히로시마의, 실로 히로시마의 인간다운 사람들의 세상사는 법과 사상에 깊은 인상을 받아 왔다. 나는 직접 그들에게 용기를 얻었으며 반대로 지금 나 자신이 유리상자 안의 자신의 아들과의 관계에서 의기소침해지는 상태에 있는 일종의 신경증의 종자, 퇴폐의 뿌리를 도려내는 아픔의 감각도 맛보았다. 그리고 나는 히로시마와 이러한 진정으로 히로시마처럼 되는 사람들을 연마기로 삼아 자기 자신의 내부의 경도(硬度)를 점검해보고 싶다고 바라기 시작했다. 나는 전후 민주주의 시대에 중등교육을 받고 대학에서는 프랑스 현대 문학을 중심으로 어학과 문학을 공부했으며 그리고 일을 막 시작한 소설가로서는 일본 및 미국의 전후 문학의 영향 아래에서 활동했다. 그러한 짧은 내부의 역사를 갖는 인간이었다. 나는 그러한 자신이 소지하고 있을 자기 자신의 감각과 모럴과 사상을 모두 단일한 히로시마라는 연마기로 갈고 히로시마의 렌즈를 통해 재검토할 것을 바랐다.

　나는 혼미한 한일관계를, 멸시와 편견으로 계속해서 왜곡되는 한일관계사를 "히로시마라는 연마기로 갈고 히로시마의 렌즈를 통해 재검토"하는 것을 스스로에게 부과하면서 논문을 써왔다. 이 책에서의 나의 변변치 않은 시도가 아무리 정치적으로 무력했다고 해도 한일관계에 관한 증오스러운 언설의 끝없는 재생산에 조금이라도 쐐기 박는 일이 되기를 바라면서 '히로시마의 인간'으로서 이 책을 정리한다. 또한 이 책은 2020년 과학연구비조성사업(연구조성공개촉진비) 학술도서의 교부를 받았다.

　모두에서 소개한 것처럼 이 책의 성립은 모두 게이스이샤의 대표 기무라 씨의 성원에 의한 것이다. 기무라 씨에게 감사를 드린다.

2020년 5월 28일
이노우에 아쓰시(井上厚史)

이노우에 아쓰시(井上厚史, 1958~2022)

1958년 히로시마현에서 태어났다. 1983년 도시샤대학(同志社大學) 문학부에서 국문학을 전공했으며 1985년 간사이 일불학관(日佛學館) 프랑스어 상급과정을 수료했다. 1991년 오사카대학 대학원 문학연구과 일본학전공 박사과정을 수료했으며, 울산대학교 일어일문학과 전임강사(1991~1993), 1994년 시마네현립국제단기대학 강사를 거쳐 2005년부터 시마네현립대학 종합정책학과 교수 및 부총장을 역임했다.
주요 논저로는『愛民の朝鮮儒教』(ぺりかん社, 2021),『原典朝鮮近代思想史』第1卷(岩波書店, 2021, 編集協力), 공저에『歷史のなかの「在日」』(藤原書店, 2005),『西周と日本の近代』(ぺりかん社, 2005),『講座東アジアの知識人』第1卷(有志舍, 2013), 번역으로는『朝鮮實學者の見た近世日本』(河宇鳳 저, ぺりかん社, 2001),『韓國政治思想史』(朴忠錫 저, 法政大學出版局, 2016, 공역) 등이 있다.

이기원

강원대학교 철학과를 졸업하고 일본 교토대학 교육학 연구과 석사 및 박사과정을 수료, 박사학위를 취득했다. 현재는 강원대 철학과에서 강사로 있으며 주로 동아시아 사상사를 연구하고 있다.
주요 논저로는『지의 형성과 변용의 사상사―소라이학, 반소라이학, 그리고 조선유학』(경인문화사, 2013),『지식 생산의 기반과 메커니즘』(공저, 경진출판, 2019),『메이지유신의 침략성과 재인식의 문제』(공저, 동북아역사재단, 2019), 번역서에『일본인은 어떻게 공부했을까』(지와 사랑, 2009),『일본교육의 사회사』(경인문화사, 2011) 등이 있다.

일동학연구총서2
反韓 내셔널리즘의 계보학

2022년 5월 16일 초판 1쇄 펴냄

저 자 이노우에 아쓰시
역 자 이기원
발행인 김흥국
발행처 보고사

등록 1990년 12월 13일 제6-0429호
주소 경기도 파주시 회동길 337-15 보고사
전화 031-955-9797
팩스 02-922-6990
메일 kanapub3@naver.com / bogosabooks@naver.com
http://www.bogosabooks.co.kr

ISBN 979-11-6587-306-6 93300
ⓒ이기원, 2022

정가 20,000원